LE DROIT,
NOUVELLE ARME DE
GUERRE ÉCONOMIQUE

隱秘戰爭

［法］阿里·拉伊迪（Ali Laïdi）◎著　　法意 ◎譯

 香港中和出版有限公司
www.hkopenpage.com

獻給我的天使，本書的第一位忠實讀者。
獻給我的小女兒，我的巴布，
為了未來的某一天，公道得以戰勝法律……

即使是最強者也絕不會強大到能永遠做主人，
除非他將自己的強力轉化為權利。

——讓－雅克・盧梭，《社會契約論》

目　錄

引　言

　　這是 19 世紀末由皮埃爾·阿扎里亞和保羅·比才創立的一家法國公司的故事。這家公司從製造電纜、電器、電池起步,逐步拓展到生產用於水利工程、核設施、建築工程和交通設施(道路、橋樑等)的渦輪機。1968 年,這家公司兼併了電信公司阿爾卡特,開始涉足電話、計算機、手機、網絡連接器等業務。1969 年,它兼併了阿爾斯通 —— 一家生產機車和發動機的公司,並於三年後建成了當時全世界最快的列車 —— TGV 高速列車。在此期間,它還接管了對建築和公共工程部門頗為重要的企業總公司,即萬喜集團的前身。此後,這家公司還把建造大型民用和軍用船隻的大西洋造船廠收入旗下。1982 年,法國社會黨人對這家公司進行了國有化,但這並沒有使它的龐大胃口和光輝夢想受阻。1983 年,它兼併了湯姆森半導體公司的電信業務。1986 年,它進入民用核工業領域,收購了法馬通公司(即阿海琺公司的前身）[1]40% 的股份。柏林牆的倒塌使這家公司如遇風口，它雄心勃勃，想要征服世界。

這家公司就是 CGE（法國電力總公司）。它是一個龐大的企業集團，與國際上的眾多競爭對手相比毫不遜色。在 20 世紀 80 年代早期，CGE 是法國工業的驕傲。它參與了第二次世界大戰後的國家重建，從而使法國免於經濟停滯，邁入了大國的行列。CGE 的競爭對手是美國通用電氣、德國 AEG（電器品牌）和西門子等世界巨頭。這是一個真正的法國成功故事，當然，首先應當歸功於各高等專業學院培養出的精英（尤其是工程師）。這些聰明的頭腦與戰後法國領導人的政治遠見實現了完美的融合，兩者共同重建了法國的工業和經濟主權——此前在"二戰"中，在被德國佔領的六年裡，法國的工業和經濟都曾遭到嚴重破壞。

但在誕生一個世紀後，CGE 已經蕩然無存。它在 1987 年的私有化運動中被拆分，變成了幾家獨立的公司：阿爾卡特、萬喜、西技萊克、湯姆森、大西洋造船廠、阿爾斯通……但這些後繼者的命運卻與 CGE 截然不同，它們一個接一個地步入衰敗的境地。阿爾卡特始終默默無聞，[2] 在與美國朗訊進行了災難性的合併後，它投入了芬蘭公司諾基亞的懷抱。同樣，大西洋造船廠在與韓國 STX 集團分道揚鑣後，被納入意大利芬坎蒂尼集團麾下。在經歷了長期無望的掙扎後，湯姆森品牌被一位試圖重振計算機和平板電腦業務的法國投資者收購。阿爾斯通也不再屬於法國：能源業務被出售給美國，而交通業務被出售給德國^①。一代傳奇 CGE 就此謝幕。

20 世紀 90 年代末到 21 世紀初的這段時間不僅對 CGE 是致命的，對整個法國的工業也造成了巨大的衝擊。法國工業企業紛紛"外逃"到更歡迎它們的國家和地區，只留下了失業問題、排外情緒和民粹主義的升溫。但是人們卻遲遲沒能察覺到這一切，直到阿爾斯通被拆分後，法國國家領導人才如夢初醒。2014 年，阿爾斯通能源業務被出售給美國通用電氣公司，引發了法國國民議會的不滿。在野黨的右翼黨派成員希望舉行辯論，甚至要求成立一個調查委員會。但是，由於他們缺乏政治決斷，這一請求最終不了了之。三年後，阿爾斯通的處境跌入谷底，又將交通業務出售給德國企業西門子。這一次，法國議員終於不再袖手旁觀。國民議會和參議院都行動起來了，每一個人都開始討論法國去工業化的原因：波旁宮^②成立了一個調查委員會，盧森堡宮^③也派出了一個調查團。

2018 年春天，兩院提交了各自的報告，尖銳地批評了奉行自由放任主義政策的政治精英和行政人員。人民運動聯盟黨議員、調查委員會主席奧利維爾·馬萊克斯寫道："經過 6 個月的調查，

---

① 德國西門子想收購阿爾斯通的交通業務，但該收購案未獲歐盟競爭委員會通過。—— 譯者註
② 波旁宮即法國國民議會所在地。—— 譯者註
③ 盧森堡宮即法國參議院所在地。—— 譯者註

我十分確信，在批准通用電氣收購阿爾斯通這一決定上，法國未能保護本國的國家利益。"[3] 馬萊克斯指責法國外交部、財政部和司法部之間缺乏協調，並強調某些高層官員存在失職行為。他還指出："阿爾斯通案暴露出法國對美國的域外管轄司法程序缺少認識。"[4]

參議員同樣對因試圖"拯救"阿爾斯通而將它賣給德國人的對策進行了質疑。"這筆交易在資本投入上對西門子極為有利，這顯得頗為可疑。西門子不出一分錢就控制了阿爾斯通，而後者明明還擁有充裕的訂單和穩健的現金流……但是，國家對鐵路站點的維護卻沒有得到充分保障，並在未進行鐵路鑒定的情況下就接受了這些條件，這僅在短短四年之內就變成了現實。"[5]

法國正在摧毀自己的工業。那些本應該守護法國工業的人未能履行自己的職責。法國政界和經濟界的領導人無法理解這個競爭白熱化的世界，也未能看到競爭對手正在拼命打磨它們的經濟武器。"如果一個國家連自己最基本的利益都無法保護，那就是徹頭徹尾的盲目、短視和自私。"[6]

在所有這些武器當中，法律是最有殺傷力的武器之一。人們天真地以為法律為正義服務，然而它卻被用於其他目的：為大國的經濟利益服務。雖然法國和歐洲的精英一直密切關注新興國家（中國、印度、俄羅斯等），但他們沒有發覺自己的主要盟友早已將司法的"兵器庫"填得滿滿當當。這是一種極具侵略性的武器，具有巨大的威力，2010年之後，精英們為此吃盡了苦頭。根據律師奧利維爾‧德邁松‧魯熱的説法，法律是"一種攻擊性的武器，是經濟戰中可怕的子彈頭"[7]。巴黎和紐約律師公會的成員，蘇菲‧瑟姆拉律師將域外法定義為"一種大規模的司法經濟武器"[8]。

毫無疑問，最強大的司法經濟"戰士"是美國。自 20 世紀 90 年代中期以來，美國將自己的懲罰性立法鋪設到了全世界。這些法律打着懲罰踐踏人權或支持恐怖主義的國家或組織的幌子，實際上卻保護美國的經濟利益，其中最突出的就是美國的《達馬托法》和 1996 年通過的《赫爾姆斯－伯頓法》。這些立法的官方目的是，禁止企業與美國的敵對國進行任何貿易往來，從而摧毀它們。被美國列入黑名單的國家有：古巴、利比亞、蘇丹、伊朗、伊拉克、朝鮮、緬甸……這些法律禁止任何企業與上述國家進行交易。這是一種徹頭徹尾的強迫政策，企業如果不遵守法令，就會遭到美國政府[9]的追捕。不服從這些法律的企業面臨着很大的風險：針對它們的罰款可能高達數億美元，在某些情況下甚至是數十億美元。服從這種經濟制裁是為了避免更壞的結果 —— 被完全驅逐出美國市場。對於跨國公司，甚至是稍大一些的中等規模的企業來説，被趕出美國市場無異於被判處死刑。所有不遵守美國法律的企業都將遭受滅頂之災。

如果美國法律僅僅適用於美國公司 —— 正如此前幾十年的情況一樣，那麼這個問題根本就不值得世界上其他國家關注。但是情況已經發生了變化。近年來，美國《反海外腐敗法》以及針對達犯禁運令的行為的法律，即《赫爾姆斯－伯頓法》和《達馬托法》，正在逐漸擴大其域外適用效力。它們適用於所有的企業和個人，"美國警長"打算將它的法律強加給全世界。在法學家布萊克·雷丁 2007 年撰寫的一篇文章中，他將這種現象比喻成美國西部片中伸張正義的經典橋段，觸犯禁令的罪犯將被驅逐到尚未開發的美國西部荒野中："這是法律的長臂或美國法律在全球市場上適用的霸權風險。" [10]

但是歸根結底，為何不為一部與邪惡做鬥爭的法律擊掌叫好呢——即使它是域外法又有何妨？為甚麼不感謝美國人為整個地球伸張正義呢？問題是他們的干涉行動是否全都是出於匡扶正義的目的，這一點還有待觀察。如果真相確實如此，如果他們對正義的渴望是如此真誠，那麼他們為甚麼不加入負責追捕戰爭罪犯的國際刑事法院呢？ [11] 難道，商業活動中的公平公正在他們眼中比人權還重要嗎？

美國域外法的癥結在於它的目的。這些法律真的像對外界宣稱的那樣高尚嗎？我對此進行了調查，在許多觀察者 [12] 看來，美國法律的對外輸出目的頗為可疑。它絕不僅僅是為了弘揚正義，制裁反民主的政體、腐敗的企業和個人，它還有更多隱蔽性的目的。

安托萬·加拉蓬是法國司法高等研究所的大法官兼秘書長，皮埃爾·塞爾旺－施賴伯是巴黎和紐約律師公會的成員。他們合著的文章是有關這一問題的為數不多的文獻之一。"將域外管轄權稱為一種全新的治理方式是恰如其分的。這是一種新的使用權力的方式：更加務實、有效，但也更加陰險，它將美國自身的利益和商業道德綁在一起相提並論，甚至混為一談。"[13]

對於研究這一現象的法國國民議會代表團來說，美國域外法確實是一種經濟武器。議員們譴責這是一種"司法行政戰爭機器"[14]。他們認為，美國的法律有兩個目標：對目標公司的財務進行沉重的打擊；削弱這些公司的實力，使它們在美國競爭對手可能進行的收購面前變得更加脆弱。這種域外立法是美國地緣經濟戰略[15]的組成部分，被視為另一種製造戰爭和捍衛美國全球領導地位的手段。

這同樣是法國反間諜組織的觀點。2018 年 11 月 14 日，《費加羅報》頭版報道的標題是"美國是如何監視我國企業的"。文章披露了法國內政部安全總局的一份公文，這份文件認為："事實表明，美國正在部署一項旨在征服出口市場的戰略 —— 特別是對法國。這一戰略通過具有攻擊性的、對美國的經濟利益有利的政策而得以實施。"法國內政部安全總局尤其關注的問題是，美國法律被用作國家戰略武器來破壞他國企業的穩定，並用其來搜集他國企業的關鍵信息。[16]

全球"司法經濟警察"的表現是如此"傑出"，甚至成功地讓其他國家為美國經濟體系的功能失調付費。2007 年爆發的次貸危機是 1929 年經濟危機後全球歷史上最大的一次金融危機，而由此產生的負債中，有一部分是由各大外國銀行負責償還的。別忘了究竟是甚麼引發了次貸危機——是華爾街那些蹩腳的"魔法師"發明出的"金融鴉片"。2009—2017 年，美國和歐洲各大銀行因違犯美國法律和國際規範而被大西洋兩岸的監管機構處以超過 3 450 億美元的罰款。[17] 而歐洲銀行為歐洲大陸的監管機構開出了數額高達 220 億美元的支票。這僅僅佔所有銀行為解決與 2008 年金融危機相關的追訴而支付的罰款數額的 6%。同一時期，美國監管機構從包括歐洲銀行在內的主要國際銀行手中拿走了 1 900 億美元。這些大銀行還向投訴它們的客戶支付了 1 330 億美元的賠償金。歐洲銀行總共向美國和歐洲的監管機構支付了 1 250 億美元（超過各大銀行罰款總額的 1/3），[18] 其中大部分錢款都流入了美國監管機構的口袋。

　　首先，請不要誤解，本書的目的不是要為那些被美國追訴的公司開脫，也不是把它們看作受害者。這些公司因腐敗而被追責時，其違法事實（以美國法律的標準來看）往往已經得到證實。許多證據都可以證明法國和歐洲的某些公司確實有違法行為。問題是，這種針對他國公司腐敗行為的追訴是不是破壞外國競爭對手的穩定性和保持美國世界經濟霸主地位的障眼法呢？由於與被美國制裁的國家進行貿易往來，許多歐洲企業付出了高昂的代價。而美國對古巴和伊朗的大部分制裁措施已經超越了國際法慣例。

　　事實上，無論是聯合國、世界貿易組織，還是其他多邊機構，都沒有像美國對古巴、伊朗甚至俄羅斯那樣實施如此嚴厲的懲罰……另外，一些國際法學家拒絕使用"制裁"這個術語。在他們看來，制裁應該是國際社會集體實施或通過司法途徑實施的一種行為，而不是單個國家的行為。這些法學家更傾向於將其稱為"單方面的經濟約束措施"[19]。但無論稱其為措施還是制裁，結果都是一樣的，例如對法國巴黎銀行的巨額罰款。這家銀行僅因為與伊朗、古巴和蘇丹進行了美元交易，就不得不向美國財政部繳納約 90 億美元的罰款……而這些交易事實上還是被前述國際機構准許的。接下來，美國人列出的榜單上還有哪些公司？

儘管國際原子能機構的報告證明，伊朗遵守了伊朗核協議的規定，[20] 但特朗普還是在 2018 年 5 月 8 日撕毀協議，拉開了經濟戰的序幕。[21] 同日，美國駐德國大使敦促德國企業立即離開伊朗。美國財政部僅允許這些外國企業花幾個月的時間收拾殘局，到 11 月再離開。違反命令的企業將受到來自美國司法行政部門的追訴，這些追訴可能會導致巨額罰款，甚至讓企業被徹底驅逐出美國市場。

那麼，美國為何可以將本國法律強加於他國公司、起訴外國公司並對它們處以罰款，與此同時卻沒有任何人提出抗議呢？為了解答這個問題，首先必須了解美國域外法，如美國《反海外腐敗法》《赫爾姆斯－伯頓法》《達馬托法》……它們為甚麼會被制定，又是如何被制定出來的？它們針對的是誰？各國對"山姆大叔"的這種司法入侵做何反應？然後，有必要深入分析美國的司法程序為何可以對違犯禁運令的歐洲國家和歐洲企業進行制裁，包括西門子、阿爾卡特、阿爾斯通、德希尼布等公司，並有可能在未來波及歐洲航空工業的龍頭——空中巴士。最後，有必要探討美國的經濟戰略，該戰略不僅維護美國的經濟利益，還發揮着"世界警察"的作用，使歐洲經濟淪為美國經濟的附庸，並禁止各國與伊朗等被宣佈為"不可往來"的國家進行貿易。

為了撰寫本書，我花了兩年的時間進行調查。作為一名政治學家而不是法學家，我考察了法律如何被用作經濟戰的武器。我對能促使美國域外法輸出的權力關係很感興趣，並使用"域外法"一詞來指代所有在全世界範圍內具有效力的美國法律。

我與 50 多人進行了接觸。大多數受訪者都同意做證，前提是我要對他們的身份保密。訪談者包括律師、法官、高級管理人員、法國和歐盟的公職人員、警察、情報部門成員、政治家……其中有些人向我發送了機密文件，一些是應我的要求發送的，一些是主動寄送的。他們同意進行訪談，是因為他們認為時機已到——美國已經在這條路上走得太遠了。他們認為，法國和歐洲不能再卑躬屈膝，只有採取強硬的政治措施，才能制止正在轟轟駛向歐洲並危及各國主權的、地獄般的美國經濟戰爭機器。

最後還有一句：研究經濟對抗現象絕不意味着鼓吹經濟戰爭。依本人之見，事實正好相反。20 多年來，我一直在研究經濟衝突現象，認為這是由全球化引發的"病症"，而且隨着不平等和不平衡現象的加劇，這一問題正變得越來越嚴重、緊迫，甚至失控。本書指出了實施經濟戰的某些做法——無論是國家、企業層面，還是個人層面，目的是提醒這個"病態"的世界，應當警惕經濟的過度金融化，而且它還受到"相互競爭"的意識形態的破壞。超級全球競爭的"毒瘤"正在使人類迷失方向，摧毀我們的星球，摧毀地球上的生物，包括人類。它使一些人從事不道德甚至違法的行為。這不會為全人類帶來任何收穫，卻會讓我們失去一切。揭露這種邪惡，就是為了在一切追悔莫及之前，努力與之進行鬥爭。

註　釋

1. 法馬通公司於 2001 年更名為阿海珐，又於 2018 年 1 月更名為歐安諾。

2. Pierre Suard, *L'Envol saboté d'Alcatel Alsthom*, France-Empire, 2002.

3. Avant-propos d'Olivier Marleix, 19 avril 2018, pp. 2–3. http://www.assemblee-nationale.fr/15/pdf/cr-cepolind/17-18/c1718036.pdf.

4. 同上，p. 4。

5. "Siemens-Alstom : pour un géant du ferroviaire véritablement franco-allemand", communiqué de presse, Sénat, 19 avril 2018.

6. Avant-propos d'Olivier Marleix, *op. cit.*, p. 3.

7. Olivier de Maison Rouge, "La géopolitique du droit, l'autre champ de bataille de la guerre économique", 20 mai 2013, portail de l'Intelligence économique; Synfie, Lettre d'information n°5-T1, 2016, p. 10.

8. "La coopération : une solution pour mettre fin à l'utilisation des législations anticorruption comme des « armes juridico-économiques massives »?", *Défis* n°9, 2018, p. 53; 該期刊由法國家安全與司法高等研究院發行。

9. 即英語中的 "authorities"。這一術語包括所有有權起訴企業或個人的美國主管機關：司法部的聯邦檢察官，以及某些州的檢察官，例如證券交易所所在的紐約州（紐約州地方檢察官），還有市場監督和監管機構，如美國證券交易委員會或財政部下轄的海外資產控制辦公室，後者負責核查針對禁運國家的經濟制裁措施是否得到了妥善執行。

10. *Revue de droit des affaires internationales*, n°5, 2007, pp. 659－667.

11. 美國於 1998 年簽署了《羅馬條約》，該條約規定設立國際刑事法院，但美國於 2002 年撤銷了簽字，沒有批准該條約。2018 年 9 月，唐納德·特朗普的安全顧問約翰·博爾頓在聯邦黨人協會舉行的一次演講中稱，國際刑事法院 "非法、無效、極其危險"，並且 "已經死了"。他甚至威脅道，如果國際刑事法院繼續調查駐阿富汗美軍士兵的行為，那麼會考慮對國際刑事法院實施制裁。見 "國家安全顧問約翰·博爾頓講話"，聯邦黨人協會，2018 年 9 月 10 日。https://fedsoc.org/events/national-security-advisor-john-rbolton-address.

12. 例如律師、法學家、政治人士、企業領導人等。

13. Antoine Garapon, Pierre Servan-Schreiber (sous la dir.), *Deals de justice. Le marché américain de l'obéissance mondialisée*, PUF, 2013, p. 6.

14. Pierre Lellouche, Karine Berger, "Rapport d'information sur l'extraterritorialité de la législation américaine", Assemblée nationale, 5 octobre 2016, p. 132.

15. 地緣經濟戰略的定義是 "利用經濟手段促進和維護國家利益，並產生有利的地緣政治結果 "。Robert D. Blackwill, Jennifer M. Harris, *War by Other Means. Geoeconomics and Statecraft*, Belknap/Harvard, 2016, p. 20. 布萊克威爾在布殊政府期間任美國駐印度大使，哈里斯曾和他一起在美國外交關係協會工作。

16. Jean-Marc Leclerc, "La DGSI s'alarme de l'offensive américaine contre les entreprises françaises", *Le Figaro*, 14 novembre 2018.

17. "Future-Proofing. The Bank Risk Agenda. Global Risk 2018", Boston Consulting Group, février 2018.

18. Chiffres tirés d'une étude du Boston Consulting Group, cité dans Édouard Lederer, "L'Amérique a fait payer cher la crise aux banques de la planète", *Les Échos*, 1er mars 2018.

19. Geneviève Burdeau, Brigitte Stern, "Droit international public et sanctions unilatérales. Rapport général", *in* Habib Gherari, Sandra Szurek (sous la dir.), *Sanctions unilatérales, mondialisation du commerce et ordre juridique international*, Cedin-Paris X Nanterre, Montchrestien, 1998, p. 164.

20. 2015 年 7 月，伊朗與聯合國安理會的五個常任理事國（中國、俄羅斯、美國、英國、法國）以及德國在維也納簽署協議。在這項協議中，伊朗方面承諾大幅限制其軍用核計劃，以解除對其實施的主要國際經濟制裁措施。

21. 2018 年 5 月底，美國國務卿邁克·蓬佩奧提出了 12 項條件，作為與伊朗之間恢復信任關係的前提。這些條件從未被列入 2015 年簽署的伊朗核協議，等於要求伊朗投降：包括完全停止鈾濃縮活動，從敘利亞撤軍，與也門停止接觸，放棄對黎巴嫩真主黨、巴勒斯坦哈馬斯政府和巴勒斯坦伊斯蘭聖戰組織的支持，停止對以色列特拉維夫的威脅等。

第一部分

"山姆大叔"的域外管辖

　　美國領導人認為，經濟戰已經取代了冷戰。1989年，柏林牆轟然倒塌；兩年後，蘇聯解體。東西方對抗終結，美國自此把國家戰略重心轉向了捍衛經濟利益。1993 年，美國比爾·克林頓政府的國務卿沃倫·克里斯托弗向美國國會請求將政府曾用來對抗敵人的手段和資源用以應對全球競爭。2001 年發生的"9·11"恐怖襲擊未能遏制這一勢頭，恰恰相反，藉着打擊恐怖主義的旗號，自 1993 年啟動的經濟戰爭機器運行得越發肆無忌憚。打擊極端主義分子成為美國在全世界範圍內實施霸權主義、干涉盟友經濟事務的最佳託詞。[1] 2000 年年中，美國聲明，通過 SWIFT（環球同業銀行金融電信協會）系統獲取歐洲大陸上眾多銀行的用戶數據和轉賬信息開展間諜活動是合理且合法的，並且其藉着打擊宗教極端分子之名指派美國國家安全局在全世界範圍內部署監控系統。在美國當局看來，打擊企業不法經濟行為就是在阻斷恐怖分子的財路，從而讓他們沒錢實施恐怖襲擊。而對非民主國家的貪腐行為，美國則先下手為強，禁止他國與其進行經濟往來，理由是出於公平競爭的需要，以期維護世界經濟體系，這樣做亦是為了阻斷犯罪組織、黑幫和恐怖分子的財源。所謂的打擊恐怖主義、黑幫、犯罪組織、核擴散、獨裁專制、貪腐和違犯禁運令等名頭，不過是為了讓美國可以名正言順地對它的敵人開戰。
美國當局部署多條戰線，各戰線協同推進，只是為了
維護美國國家安全和經濟霸權地位。

美國用一個像儲備齊全的彈藥庫般龐大的法律體
系，使自己立於全球化的道德制高點，這種不成文的
潛規則也維護着上文提到的那些協同戰線，甚至有人
單純地認為，美國利用這些市場"伎倆"只是為了維
護自己的國家利益。[2]美國藉由域外管轄的合法化，
讓它可以堂而皇之地用政治和軍事手段對任何國家施
壓，無論是它的盟國還是敵對國。美國隻手遮天，肆
意挑選那些可以與其結盟的國家，打擊不與其結盟的
對手。歐洲屈服於"山姆大叔"的經濟霸權，只是為
了得到美國的施捨。

註 釋

1. Voir Juan C. Zarate, *Treasury's War*, Public Affairs, New York, 2015.
2. Antoine Garapon, Pierre Servan-Schreiber (sous la dir.), *Deals de justice. Le marché américain de l'obéissance mondialisée*, PUF, 2013, p. 30.

1.《反海外腐敗法》
—— 全世界圍捕腐敗企業

在美國，打擊貪腐本源自一起國內糾紛。20 世紀 70 年代中期，水門事件把企業貪腐行為曝光在公眾眼前，讓美國人民大為駭異。隨後美國國會決定通過一部法案 —— 1977 年 12 月 19 日頒佈了《反海外腐敗法》。1975-1977 年，代表選民的眾議院議員目睹參議院議員由於 "多國境外支付問題" [1] 不斷捲入聽證會醜聞，為了應對這種情況，《反海外腐敗法》應運而生。《反海外腐敗法》禁止公務員在境外受賄。為了釐清這部法案的誕生始末，還要從那個年代的政治經濟背景說起。

1974 年 8 月，水門事件的陰霾尚未完全散盡，尼克遜總統的引咎辭職坐實了無論是在美國本土，還是在境外企業和政黨間都存在權錢交易。各大報紙頭版頭條報道了這些腐敗交易，其中以洛克希德公司行賄案和香蕉門案影響最為惡劣。

洛克希德公司：行賄大師

20 世紀 50 年代末期，航空製造業巨頭洛克希德公司以在多國毫無廉恥地賄賂中間人的行為而出名，上至身居要位的政客，下到幫派頭目，都受其"恩惠"，其腐敗網絡極為龐大，但其所作所為在該企業高層看來不過是"收買"市場的必需之舉。

洛克希德公司的重要銷售主管約翰‧肯尼斯‧赫爾曾被派往日本，肩負向日本空軍售賣 F-104 戰鬥機的重任。為了更快速地完成任務，赫爾和第二次世界大戰戰犯、日本黑社會頭目兒玉譽士夫接上了頭兒。兒玉譽士夫擁有一張極其龐大的關係聯絡網，他與執政的自由民主黨副主席極為熟識。日本自由民主黨本由自由黨和激進黨合併而來，而激進黨正是由美國中央情報局一手締造並慷慨資助的。兒玉譽士夫又與時任日本首相岸信介交好。藉着如此得天獨厚的人脈網絡，洛克希德公司不費吹灰之力就向日本空軍賣出了 200 架戰鬥機。而其競爭對手，同為美國企業的諾思羅普‧格魯曼公司則慘淡出局。

洛克希德公司發現，將政治、投機與犯罪聯結起來的這一做法十分奏效，便在民用航空市場如法炮製。時運亨通的洛克希德公司又恰恰趕上交際甚廣的兒玉譽士夫與日本新任首相田中角榮有交情，田中角榮本人又出自自由民主黨，因此只需引導這位大權在握的首相在洛克希德的訂單上輕輕劃幾筆便大功告成。全日空航空公司購入了許多洛克希德 L-1011 三星客機，作為交換和酬勞，兒玉譽士夫獲得了數百萬美元。

1976 年，美國媒體曝光了這一醜聞。洛克希德公司的伎倆和美國中央情報局在其中扮演的角色成為各大報紙的頭條。日本首相引咎辭職。在美國，這一事件引起了巨大轟動。國務卿亨利·基辛格為國家安全憂心忡忡：中央情報局的秘密及其內部網絡的曝光對美國的國際形象極為不利。基辛格致信美國聯邦檢察官，令其遏制參議院報告中包含的敏感信息的擴散趨勢。隨後親自促成眾議院、檢察官與洛克希德公司的法律顧問——羅傑斯和威爾斯律師事務所的律師——秘密協商解決該案。[2]

美國民主黨參議員、跨國公司小組委員會[3]主席弗蘭克·丘奇卻沒有聽從基辛格的安排。1976 年，他揭發洛克希德公司為了壟斷市場動用 30 億日元作為暗箱活動資金，公司內部將這一行動命名為"落花生"①。這顯然名不副實：貪污者所貪何止小小的花生。數百萬美元被其收入囊中，其中的一部分，約 6 億日元（折合約 200 萬美元），被用於賄賂日本政府官員。[4]

洛克希德公司並非唯一行蠅營狗苟之勾當的企業，但由於它的做法已成反面典型，所以定要為此付出沉重代價。在由弗蘭克·丘奇參議員牽頭組織、傑克·布盧姆具體執行的調查中，諾思羅普·格魯曼公司（與洛克希德競爭的航空企業）的總裁宣稱他亦受到洛克希德公司做法的影響，賄賂了多國公務員，其中包括一些歐洲國家的公務員。

---

① 英語中"落花生"亦可指代一筆微不足道的小錢。 —— 譯者註

　　1975 年 8 月 15 日，洛克希德公司醜聞被揭發的 6 個月前，弗蘭克·丘奇參議員曾向參議院負責銀行案件的同僚諮詢過一些相關信息，此時他已對美國飛機製造商洛克希德公司在歐洲市場的所作所為有所懷疑。隨即參議院就發現了洛克希德公司曾以向德國政黨領袖行賄的手段，向聯邦德國售出多架 F-104 戰鬥機。無獨有偶，在意大利和荷蘭，洛克希德公司也如法炮製。[5] 這一案件帶來的惡劣影響已超出社會道德準則，輿論譁然，洛克希德公司的聲譽也受到嚴重衝擊，美國國會迫於壓力，決定出手力挽狂瀾。一波未平一波又起，很快，另一醜聞又佔據了各大報紙的頭條，即香蕉門事件，[6] 涉事企業向南美某個國家總統行賄，以求其盡可能少收取該企業的香蕉出口稅。

香蕉門：洪都拉斯總統發大財

　　拉丁美洲是全世界最大的香蕉生產區，而美國則是其最重要的買家。換言之，香蕉出口價格有任何波動，都會給美國進口商帶來巨大影響。事情始於美國三家企業拒絕接受提高香蕉進口關稅。香蕉出口國聯盟負責協定和調整關稅，該組織就像一個香蕉出口卡特爾 ①。1974 年，這個聯盟的成員涵蓋中美和南美多國，如哥倫比亞、哥斯達黎加、厄瓜多爾、危地馬拉、洪都拉斯、尼加拉瓜和巴拿馬。聯盟決定對每箱 40 斤香蕉收取 1 美元關稅。這

---

① Cartel 音譯，亦稱同業聯盟，是一種經濟壟斷組織。 —— 譯者註

無疑會引起美國國內跨國公司[7]的怨懟，它們威脅要撤出市場。掌握着生殺大權的生產國並不理會它們的抗議。然而，同年，洪都拉斯卻通過了一項規定香蕉關稅為每箱 50 美分的法律，不久後又毫無預兆地將其降至每箱 25 美分。

美國當局對此表示極為驚訝，證券交易委員會對此展開了調查。戲劇性的突發事件為調查贏得了很多時間。1975 年，美國三大進口企業之一的聯合商標公司的總裁伊萊·M. 布萊克自殺。通過調查他生前的舉動，美國市場監管機構證券交易委員會很快就查清了為甚麼洪都拉斯的關稅會突降。證券交易委員會調查發現，聯合商標公司以 250 萬美元賄賂了時任洪都拉斯總統奧斯瓦爾多·洛佩斯·阿雷利亞諾。250 萬美元對該公司來說着實是一筆巨款，但與回報相比還算值得，算下來這為該公司節約了 750 萬美元。證券交易委員會的調查還顯示，該公司向一位意大利高層官員行賄 75 萬美元，以求阻止意大利降低進口價格。

事實上，對於這種賄賂行為，證券交易委員會本可以睜一隻眼閉一隻眼，但讓其感到困擾的是，這些錢並沒有計入公司賬目。在當時，美國法律並沒有把貪腐行為定為一項罪行。相反，向持股人隱瞞各種信息司空見慣，即使是賄賂中間人這種重要信息。

比起證券交易委員會的制裁懲罰，聯合商標公司更擔心這一事件對公司聲譽的影響。也正因如此，科文頓與柏靈律師事務所負責該公司案件的律師們刻意接近美國國務院的斡旋人，讓他們對證券交易委員會施壓，把事態平息下來。他們的主要論據是，這一事件既有損涉事企業，又讓美國在外交舞台上顏面無光。但這一做法並未奏效。1975 年春天，媒體還是曝光了聯合商標公司的這起醜聞。[8]

航空製造業和農業並非被腐敗荼毒的兩個特例行業。1977年 9 月，美國國會的一份報告顯示，逾 400 家美國企業曾有可疑或非法的轉賬交易。"不少企業供認曾對外國政府領導人、政客或政黨行賄，金額累計超過 3 億美元。"[9] 報告表達了對喪失道德感的企業家們和這些讓全體美國企業蒙羞的貪腐行為的惋惜。歷史充滿諷刺，調查顯示，大部分涉事企業的貪腐行為都不是為了和外國企業競爭，其目標往往是本國的競爭者。總之，報告顯示，這些經濟把戲玷污了美國的國際形象。

弗蘭克·丘奇參議員也持有類似的觀點，但比起美國老闆的道德感和良知，他更擔心美國的對外政策何去何從。"我們對公共良知或者私人道德感問題並不感興趣。讓我們備感焦慮的是美國的對外政策。"[10] 美國企業的貪腐行為演變成了關乎國家安全的大事。因此美國國會決定出手整頓秩序。但如何禁止這些不法行為呢？當時沒有任何一條法律可以禁止這些賄賂行為，即使受賄的外國公務員觸犯了他們國家的法律，美國司法也無權干涉。

更何況，捲入醜聞的國家常常沒有財力、物力進行調查或者組織證據，"對於這些國家來說，實施調查着實困難，因為它們掌握不了證據。我們有這些證據，但是不能展開調查，因為我們國家的法律並沒有禁止這種行為"。[11] 在當時的美國，人們完全可以貪腐賄賂，只要他們把一切都放在明面上。只有一種例外是法律所禁止的：任何意圖壟斷市場的腐敗行為。

那麼，僅僅呼籲廣大企業家的良知和道德感就夠了嗎？參議員們持否定態度，他們擔心如果坐視不管，這種行為會越發猖狂。為甚麼眾多企業節衣縮食也要行賄呢？因為歸根結底，它們並不會承受甚麼風險。微小的風險能換來巨大的利潤，所得遠償所失。民主黨參議員威廉‧普羅克斯邁爾注意到，沒有任何一個國家的領導人因此鋃鐺入獄，並且僅有三位企業主管因行賄被解雇。更糟糕的是，即使醜聞頻出，像洛克希德這樣的公司仍然在持續攫取利潤。結論就是，要改變法律，並禁止對外國公職人員行賄。

有了這樣一部法律，參議員們才長舒一口氣，美國在世界上的領導地位得以鞏固，這部法律也在一定程度上成為美國企業的競爭優勢。從此，企業只要展示其道德感，並且將專注度放在提高產品質量上就可以拿下合約。然而，凡事無絕對。如何保證在面對不服從美國法律的競爭者時，這個金科玉律仍然有效呢？辦法只有一個，那就是讓它們遵守相同的法律。

美國希望其他國家也乖乖遵守它制定的規則。[12] 它甚至想幫這些國家借鑒自己的道路，尤其想將這套打擊國際貿易合約締結和談判中的貪腐行為的體系推廣出去。1977 年，美國國會通過了一項有關規範打擊多邊貪腐行為的決議。20 年後，這一目標達成了。經濟合作與發展組織通過了一項打擊對外國公職人員行賄的公約（之後我們再來說這件事）。

　　先回到最初這一步：1977 年美國通過了這部法律。參議員們紛紛思忖是將強制企業申報行賄金額這一舉措寫入法條，還是簡單粗暴地明令禁止這種行為。當時美國政府採取了較溫和的手段，其最大的顧慮就是，在美國境外無法搜集到足夠多的證據。某些國家甚至會以危害國家利益和主權為由拒絕合作，還有一些國家會對制裁在其境內經濟活動較為活躍的企業感到不滿。

　　1976 年，由美國總統傑拉爾德·福特擔任負責人、經濟部長埃利奧特·理查森直接領導的立法工作小組正式組建，該小組的任務是推出一部約束性不那麼強的法律。[13] 美國總統希望這部法律僅要求企業公開申報它們行賄的金額，違者將被追究民事和刑事責任。這一舉措迫使企業必須要將情況告知其股東。這一法律的局限就是它的權限被嚴格限制住了，而且其執法範圍只在美國本土。傑拉爾德·福特通過參與國際事務不斷和美國的經濟夥伴商談共同遵守這一規則的可能性，並不斷推廣這一法律。[14]

　　福特最主要的反對者是民主黨的吉米·卡特。卡特強烈反對這一法律，他認為總統的回應太軟弱，對企業及其高層領導太過寬容。在 1976 年大選中，卡特作為競選人猛烈抨擊了福特的政策，甚至駁斥福特在某種意義上立法許可了腐敗賄賂。卡特當選後就立刻摒棄了福特的計劃，並將貪腐定罪量刑。美國國會議員們認為，"將貪腐賄賂定罪是抵制其不斷蔓延的最有效方式，也是對企業的限制最少的做法"。[15]

　　1977 年 12 月，聯邦 305 號法案——《反海外腐敗法》被表決通過，然而反對聲卻此起彼伏。這部法律最受人們質疑的地方是如何制裁發生在境外的違法行為，而且往往別的國家和美國的法律體系並不兼容。自《反海外腐敗法》通過以來，如何進行域外管轄這一難題就擺在面前。時任總統卡特深知這一點，他呼籲國際社會攜手合作，並推動其他多個國家在本國也通過類似的法律。[16] 即使這樣，吉米·卡特依然聽到了一些美國企業的怨言，它們認為市場中仍廣泛存在着惡性競爭，外國競爭者依舊可以為所欲為、不受管轄。[17]

全世界範圍推行《反海外腐敗法》

《反海外腐敗法》全文有二十幾頁。它的執法範圍[18] 包括外國公職人員、已註冊證券發行人、有權限呈交各類報表的人、各類領導人、行政高層、證券發行人或股東的代表或為他們工作的人的腐敗行為，以及上述人群以權謀私、瀆職違紀、收受各種形式的賄賂，包括各種口頭或書面約定承諾等，以操縱國際貿易或利用權力對公共代理人行使職權而構成惡劣影響或唆使其收受好處、違反其法律義務的，或協助證券發行人刻意為某一方佔有或保留市場或協助某方佔有市場的行為。[19]

《反海外腐敗法》一出台便自帶域外屬性，無論是在哪裡發生的案件，只要涉事企業或其旗下任何一家分公司（抑或僅有一個貿易辦事處）與美國有某種聯繫，比如用美元進行交易等，美國司法部門就可以對其展開調查或實施制裁。

　　哪怕其間的聯繫非常小，比如一封簡單的電子郵件。2011 年美國證券管理部門——證券交易委員會——和美國司法部聯合向匈牙利電信公司開出一張數百萬美元的罰單，其貪腐行為涉及該企業在馬其頓和黑山的市場。匈牙利電信公司的母公司德國電信也因監管不力吃了罰單。與此同時，證券交易委員會還對匈牙利電信公司的三位前高管展開了調查，其中就包括公司的前任總裁埃萊克·施特勞布。這起案件和美國本土並無關聯，但美國司法部卻可以對這三位高管展開調查。為甚麼呢？因為其中一人使用在美國有服務器的電子郵箱發送了一封承認貪腐行為的郵件！2013 年 12 月，美國紐約一法院判定證券交易委員會應用《反海外腐敗法》對這三人展開調查是合法的。換句話說，只要使用了在美國有服務器的電子郵箱，美國司法部就可以摧毀一個企業，制裁它的高層管理者和雇員。

　　美國司法部擁有了這個無懈可擊的搜刮金錢的"武器"，使用它可以調查任何有財務腐敗方面問題的外國企業，只要有一個模棱兩可的罪名，就可以名正言順地查閱企業母公司的所有加密賬目，藉以得知其子公司的經營狀況。對財務腐敗問題的調查會使罪名疊加，讓罪行越發嚴重，如違犯《反海外腐敗法》、違反財務規範（賬目與記錄）、違反內部管控規定等。罪名越多，涉事企業受到的懲罰就越重，對其聲譽的影響也就越惡劣。

主宰開頭難

　　吉米·卡特明白，推動《反海外腐敗法》絕非易事。美國政府內部已將此問題置於最高優先級談論數次，但無任何實質性結果。1975 年，聯合國通過 3514 號決議，[20] 意在打擊所有違犯相關國家法律法規的腐敗行為，美國力邀聯合國成員國一起簽署相關國際公約。聯合國經濟與社會理事會將相關公約整理成 2041 號決議，並於 1976 年 8 月 5 日通過了該項決議。該項決議提出，要組建一個世界貿易反腐敗行為政府間工作小組。該小組組建三年後轉變為"非法交易特別委員會"。非法交易特別委員會起草了一份計劃書，旨在將企業視為法人追究刑事責任。美國大力倡議簽訂該計劃書，但無功而返。1979 年，非法交易特別委員會由於各方意見出現分歧而停擺。"儘管大家，特別是美國代表付出了諸多努力，但各方並未達成共識……" [21]

為甚麼會發生這樣的反轉呢？這一結果並不能歸咎於諸多發展中國家，它們雖然沒有直接對計劃提出疑問，但也並未實質性地參與談判。分歧主要源自西方陣營。法律和政治問題是阻礙協議達成的兩大主要因素，發達國家將國家主權看得比甚麼都重。哪一方的司法審判權能更有效地展開調查、追蹤案件並打擊犯罪呢？域外管轄之爭依然是大家關注的焦點。誰都不甘心屈從於一部外國的法律，讓其來監視自己國家的企業。"關於司法上的問題，很多國家的代表表示，即使存在一個強有力的域外管轄機制，它也無法和本國法律相容。" [22] 大家已經開始懼怕美國會主導世界市場。

美國人依然沒有退讓。他們通過國際商會從中斡旋，繼續提倡這一主張。起初，國際商會組織了一項關於清查各國反腐敗立法的國際調查。然後，它聯絡各個國家和企業，希望它們同意相關規定。[23] 很多跨國公司從中受到啟發並制定了自己的內部戰略方針。但也僅此而已。

由於 1979 年聯合國和國際商會的嘗試接連失敗，美國政府開始反思：是否要減輕對企業的約束，抑或是繼續提升《反海外腐敗法》在全世界的影響力？聯邦檢察官菲利普·海曼也在思考，究竟能否阻止美國企業出於搶佔市場、擊敗本國競爭者的目的進行的貪腐行為，[24] 而放任它們在面對外國競爭者時這樣做？《反海外腐敗法》的管轄界限究竟在哪裡？ 1988 年，《反海外腐敗法》的修正案允許在某一國家法律允許的情況下向該國公職人員饋送禮物和提供好處。美國的各大跨國公司認為這依然是對法律的粉飾，遠不足以捍衛權益，他們呼籲要求統一法規。美國的遊說人員便重新拿起他們的"魔法棒"，再次出山，準備為實現這一目標奔走造勢。聯合國這條路行不通，他們就決定從經濟合作與發展組織入手，向其兜售他們的計劃。

經濟合作與發展組織如法炮製《反海外腐敗法》

一場曠日持久的遊說和司法外交拉鋸戰打響了。經濟合作與發展組織終於在 1997 年 12 月 17 日通過了《反對在國際商務交易活動中行賄外國公職人員公約》（簡稱《反賄賂公約》），這部公約的條文幾乎照搬了美國的《反海外腐敗法》。"經濟合作與發展組織的公約很明顯至少在四點上借鑒了《反海外腐敗法》"[25]：在一定範圍內允許外國公職人員收取酬勞；限制主動行賄（追查行賄人而非受賄人）；為了維護市場公平，對不法行為實施一定懲戒（不可出於私人目的的行賄，制裁為行賄而偽造或隱瞞賬目和資產負債表的行為）；允許跨國執法。

公約第五條明確規定，簽約國要積極參與案件調查，即使這樣做會對其涉外政策有一定的影響。"對於賄賂外國公職人員的調查和審訊，會在各方都可以接受的規則和準則下進行，不受國家經濟利益、與別國的關係或涉事自然人法人身份的影響。"

美國的目的達到了：世界上絕大部分的經濟主體都加入了美國的反腐敗標準體系。"《反海外腐敗法》的推動者們大喜過望，這部法律不僅直接影響了打擊跨國腐敗行為的國際公約和國家立法，如今還成功地使美國有權約束很多外國企業。"[26] 真是完美的一石二鳥：美國法律在世界範圍推廣開來，還將外國企業置於美國司法的審判台上。

44 個國家批准通過了經濟合作與發展組織的《反賄賂公約》，其中有 8 個國家非該組織成員。該公約自 1999 年 2 月 15 日正式生效。這是否標誌着美國司法開始對外國企業開槍了呢？從理論上講，美國方面展開調查是完全合法的。但在最初，美國刻意有所收斂。兩年後，2001 年的"9·11"恐怖襲擊導致一條新的戰線被開闢，美國領導人把所有精力都放在打擊恐怖主義上了。首先是軍事打擊，入侵阿富汗；然後是伊拉克戰爭。但美國也沒有停下向經濟領域進軍的腳步。

美國是如何做到的呢？切斷恐怖主義組織的財源，打擊腐敗等一切疑似資助本·拉登及其他極端組織的骯髒交易。[27] 美國政府開始派出精銳力量追查這些款項的下落。美國中央情報局、國家安全局以及財政部工作人員變身為商業"特工"，他們的目標不只是企業、基金會或者近東和中東的非政府組織，他們的任務是掃描這個星球上經濟領域發生的大事小情。在 2000 年初，各大銀行和企業家進入了他們的雷達區。4 年後，第一批案件結案送審，美國國庫充盈了。罰款金額從每年 1 億美元上漲至 2010 年全年超過 18 億美元，直到 2016 年罰款金額從未回落至兩億美元。[28]

與此同時，支持經濟合作與發展組織公約的隊伍也不斷壯大。20 世紀 90 年代，一直迴避該問題的歐洲委員會於 1997 年 11 月 6 日簽署了一份決議，其中提出了打擊腐敗的 20 條準則，[29] 包括創建標準體系、監管機制和技術支持機制。同年，拉丁美洲加入經濟合作與發展組織的 34 個國家中有 33 個聯合簽署了《美洲反腐敗公約》，隨後 2003 年非洲聯盟也通過了《非洲聯盟預防和打擊腐敗公約》。唯獨亞洲缺席，沒有簽署該領域的區域聯合公約。[30] 在 20 世紀 70 年代組織簽約受挫後，聯合國於 2003 年 10 月 31 日在墨西哥梅里達通過決議，簽署《聯合國反腐敗公約》。[31] 該公約與之前已簽署的公約相比並無太多變化，而簽約國卻增加到逾 170 個國家。該公約鼓勵國家間相互協助調查，在司法方面給予便利。

註 釋

1.　參見該領域最負盛名的專家邁克・凱勒的研究，"The Story of Foreign Corrupt Practices Act", http://moritzlaw. osu.edu/students/groups/oslj/ files/2013/02/73.5.Koehler.pdf 。

2.　Anthony Sampson, *La Foire aux armes : le grand jeu des firmes et des États*, Robert Laffont, 1978, p. 392.

3.　跨國公司小組委員會隸屬於參議院外交委員會。

4.　http://www.atimes.com/article/lockheed-scandal-40-years-downfall-prime-minister-kakuei-tanaka/. 亦可參見：https://thebluereview.org/man-pulled-trigger-scandal/ 。

5.　Anthony Sampson, *La Foire aux armes : le grand jeu des firmes et des États*, Robert Laffont, 1978.

6.　Steve Striffler, Mark Moberg, *Banana Wars*, Duke University Press, 2003.

7.　包括聯合商標公司、標準果品公司、德爾蒙食品公司。

8.　Pauly David, Rich Thomas, "The Great Banana Bribe", *Newsweek*, 21 avril 1975.

9.　"Unlawful Corporate Payments Act of 1977", House of Representatives, 28 septembre 1977.

10.　Statement of Senator Frank Church before the subcommittee on Multinational Corporations of the Senat Committee on Foreign Relations, 94th Congress 1 (1975).

11.　Statement of Senator William Proxmire, chairman subcommittee on Banking, Housing and Urban Affairs, "Foreign and Corporate Bribes", 94th Congress (1976).

12.　同上。

13.　Prohibiting Bribes to Foreign Officials, Letter from Elliot Richardson, US Secretary of Commerce to Senator William Proxmire, 94th Congress 19 (1976).

14.　Gerald R. Ford, "Remarks Announcing New Initiatives for the Task Force on Questionable Corporate Payments Abroad", Memorandum, 14 juin 1976.

15. H.R. Rep NO. 95–640, at 6 (1977), in "1977 Legislative History–House Report – Department of Justice", PDF.

16. Presidential Statement on Signing the Foreign Corrupt Practices and Investment Disclosure Bill, 13 weekly Compilation of Presidential Documents 1909, 20 décembre 1977.

17. A. Cuervo-Cazurra, "The Effectiveness of Laws against Bribery Abroad", *Journal of International Business Studies*, vol. 39, 2008.

18. 對企業處以罰款,對個人處以罰款及監禁。

19. Paragraphes 78dd-1. Traduction tirée du livre d'Emmanuel Breen, *FCPA. La France face au droit américain de la lutte anti-corruption*, Joly éditions, 2017, p. 34.

20. "Mesures visant à empêcher les sociétés transnationales et autres, leurs intermédiaires et autres parties en cause de se livrer à des pratiques de corruption", Assemblée générale de l'ONU du 15 décembre 1975.

21. Catherine Yannaca-Small, "Les paiements illicites dans le commerce international et les actions entreprises pour les combattre", *Annuaire français de droit international*, vol. 40, 1994, p. 795.

22. 同上, p. 795。

23. "Extortion and Bribery", Chambre de commerce internationale, 1977.

24. 引自經濟合作與發展組織的一份文件, "Rapport de l'application de la Convention sur la lutte contre la corruption d'agents publics étrangers dans les transactions commerciales internationales et de la recommandation de 1997 sur la lutte contre la corruption dans les transactions commerciales internationales, États-Unis : phase 2", octobre 2002, pp. 30–31。

25. Emmanuel Breen, *FCPA. La France face au droit américain de la lutte anti-corruption*, Joly éditions, 2017, p. 24.

26. 同上, p. 3。

27. 自小布殊總統入主白宮後,他對經濟合作與發展組織打擊避稅天堂措施不夠有效越發不滿,他認為需要將經濟競爭和洗錢區分開。這也說明美國人內部對打擊腐敗這個問題的理解存在較多分歧。

28. Shearman & Sterling LLP, FCPA Digest, janvier 2015: http://www.shearman. com/pers-pectives/2015/01/fcpa-digest. 2018 年 2 月 11 日查自網絡。

29. Résolution 24 (97), Comité des ministres du Conseil de l'Europe, 101ᵉ session.

30. Voir *La Lettre de Transparence*, n°37, juillet 2008.

31. 聯合國大會於 2003 年 10 月 31 日以 58 票贊成，4 票反對通過該決議，協議於 2005 年 12 月正式生效，逾 170 國聯合簽署了該決議。

2. 以法律為武器實施經濟制裁

　　對於古巴，美國半個世紀以來都渴望着推翻卡斯特羅政權，一雪"豬灣事件"之恥。① 為達目的，美國轉而以經濟制裁為手段。自 1962 年始，美國通過法案對古巴實施禁運措施，[1] 希望藉此封鎖古巴的經濟，進而鼓動古巴人民推翻卡斯特羅政權。然而，歷史證明，"經濟制裁往往並不能迫使制裁對象改變其行為"。[2]

　　同樣，美國對古巴的經濟貿易封鎖政策並沒有達到它的目的，因為蘇聯對古巴的經濟援助一直持續到 1989 年，儘管古巴居民的生活水平依然達不到西方國家的標準。蘇聯的存在，讓美

① 1898 年西班牙在美西戰爭中失利，美國開始控制許多原屬於西班牙的殖民地，古巴即為其中之一。1959 年菲德爾·卡斯特羅領導古巴人民推翻了美國長期扶植的巴蒂斯塔政權，加之卡斯特羅在冷戰中的親蘇政策，古巴成為美國的"眼中釘，肉中刺"。1961 年，美國中央情報局協助一些流亡的古巴人（主要是反卡斯特羅政府群體）發動對卡斯特羅政權的軍事入侵，但計劃最終失敗，這次事件有着深刻的國際影響，慣稱"豬灣事件"。 —— 譯者註

國的禁運措施見效甚微……直到蘇聯在 1991 年解體。失去蘇聯的援助後，面對嚴重困難，古巴必須自力更生。美國更是藉機強化經濟孤立政策，並希望快刀斬亂麻，將古巴的政治經濟開放徹底扼殺在搖籃之中，正所謂“在敵人最虛弱的時候摧毀敵人，這就是勝利的法則”。[3] 從 1992 年起，古巴政府啟動了一系列改革，尤其是取消了國家在對外貿易上的壟斷。[4] 同年，美國民主黨議員羅伯特‧托里切利向美國國會提交的《古巴民主法》被表決通過，[5] 該法案在很大程度上是受美國佛羅里達州反卡斯特羅政治遊說的影響。如其名所示，《古巴民主法》宣稱要在古巴推行民主制度。同樣，法案禁止美國企業的海外分支機構和子公司與古巴進行貿易，美國政府也鼓勵美國盟國最大限度地減少與古巴的貿易往來。[6]

4 年後，1996 年 5 月 12 日，美國國會故技重施。[7]《古巴自由與民主團結法案》被表決通過，不過該法案更為人熟知的名字是《赫爾姆斯–伯頓法》，也就是法案的提交者 —— 兩位國會議員的名字。傑西‧赫爾姆斯是美國北卡羅來納州共和黨參議員，一個徹頭徹尾的美國保守主義人物、堅定的白人主義者，極少關心與體恤美國少數群體的訴求。丹尼‧李‧伯頓是印第安納州共和黨代表，也是克林頓政府的強烈反對者。

美國《赫爾姆斯–伯頓法》進一步強化了其於 1962 年確立的禁運政策，並且要切斷加勒比海諸島與外部的貿易往來，法案不僅針對美國的個人和企業，同樣適用於美國境外的個人與企業，

其聲稱要"協助古巴人民恢復自由與繁榮""鼓勵民主自由選舉團
體常態化""加強對卡斯特羅政府的國際制裁""保護美國公民免
受卡斯特羅政府非法沒收財產,以及防止古巴非法販運被沒收的
財產"。[8]

《赫爾姆斯－伯頓法》是對"不干涉他國內政"這一基本國際
關係規則的戲弄和違背,美國政府對此心知肚明,卻完全不把這
件事放在眼裡。法案第二編甚至對"後卡斯特羅"政權進行了規
劃,法案的這部分內容的章名為"對自由獨立的古巴的援助",其
規定(推翻卡斯特羅政府後)要先任命一個過渡政府,隨後再建
立由民主選舉產生的政府(第205條、第206條),當然,這一切
都得照着美國標準來。法案預想的古巴政府,是一個不再流着卡
斯特羅家族血液的政府,不會再干擾馬蒂廣播電視台,[9]還會老
老實實地補償卡斯特羅革命後被沒收財產的美國公民,並且實行
市場經濟。從法案背後的邏輯來看,卡斯特羅政權被妖魔化到了
極點。

法案提交後引發熱議和爭論,而當時正值總統大選,這絕對
不是巧合。比爾·克林頓當時正在謀求連任,對法案的兩位推動
者來說,這是撼動克林頓選舉地位的大好機會。對共和黨人而
言,法案越來越成為其標榜自己才是美國國家利益捍衛者的選舉
籌碼。比爾·克林頓本來是不支持法案的,他違心簽署該法案也
是為了不想站在共和黨輿論的風口浪尖。[10]

《赫爾姆斯－伯頓法》分為四個部分。第一部分旨在"強化對

卡斯特羅政府的國際制裁"；第二部分是關於扶持一個向美國俯首稱臣的新政府；第三、第四部分則是制裁的具體內容，還涉及對 20 世紀 60 年代被卡斯特羅政府沒收財產的美國公民的賠償問題。

在談及與古巴的商貿往來時，法案特地使用了"trafficking"這樣的字眼，"trafficking"在英文中通常指非法交易，美國國會顯然是有意藉此給所有與古巴有經濟往來的經濟體蒙上晦暗不明的色彩，並勸阻一切想和古巴進行貿易的企業。法案毫不掩飾對歐洲企業的勒索態度，因為，在該法案第 4 條下，與古巴有商業往來的公司會被直接認定為"非法商販"。非法商販指，"直接或間接與古巴進行貿易者，即出售、轉讓、經銷、分配，用以進行金融交易……或以任何其他方式處置革命後被沒收的美國公民財產的行為；或購買、租用、接收、佔有、控制、管理、使用或其他實際獲得和享有革命後被沒收的美國公民財產的利益的行為"。[11] 而事實上，這些被沒收的財產恰恰可以指代古巴幾乎所有的產品和服務，因為革命後卡斯特羅政府將其全部國有化，這進一步使《赫爾姆斯－伯頓法》成為服務美國經濟利益的強有力工具。法案還明確規定了被沒收財產的美國公民可以在美國司法機關訴請損害賠償額的計算方式，並指明，前述"非法商販"及其家庭成員均將被美國拒簽。美國路易斯安那州共和黨代表鮑勃·利文斯頓認為："這背後的邏輯就是，眾多跨國公司必須做出一個基本的選擇，要麼無視美國公民的財產權，維持與卡斯特羅的往來，要麼遠離全球最大的市場（美國）。"[12]

被美國盯上的伊朗和利比亞

　　緊隨《赫爾姆斯－伯頓法》之後，1996 年 8 月 5 日，美國國會又通過了《伊朗與利比亞制裁法》，同樣，其更家喻戶曉的名字——《達馬托－甘迺迪法案》，也是來自法案的兩位提交者（通常稱為《達馬托法》）。艾爾馮斯·達馬托是紐約州共和黨參議員，帕特里克·甘迺迪是羅得島州民主黨眾議員。這回，輪到伊朗和利比亞來接受美國的經濟隔離政策了。法案意在切斷兩國支持國際恐怖主義行動的經濟來源，摧毀其獲取大規模殺傷性武器的能力。法案尤其給利比亞施壓，要求卡扎菲遵守聯合國安理會第 731、748、883 號決議，這幾項決議都要求利比亞對兩起民航恐怖襲擊案負責：1988 年，一架泛美航空客機受到襲擊，隨後在蘇格蘭洛克比鎮墜毀；[①] 1989 年，一架法國聯合航空運輸公司客機也因恐怖襲擊在尼日爾上空爆炸。[②]《達馬托法》至少是具備法律和國際基礎的，這兩起恐怖襲擊事件後，利比亞成了聯合國的重點監視對象。

　　依照《達馬托法》，任何企業和個人在伊朗或利比亞年投資額超過 4 000 萬美元（一次或分期），並且投資將直接或間接扶持兩國石油、天然氣行業的，應當受到處罰。其他與聯合國決議相抵觸的任何投資也都將成為處罰對象。道達爾公司前法務總監阿

---

① 即著名的洛克比空難，涉案主犯為兩名利比亞人。 —— 譯者註
② 即尼日爾空難，涉案人員也為利比亞人，法國與利比亞直至 2004 年才就此事達成協議。 —— 譯者註

蘭－馬克・伊里蘇認為，如果說反古巴的《赫爾姆斯－伯頓法》的通過在一定程度上歸功於在佛羅里達州流亡的古巴裔群體的政治遊說，那麼《達馬托法》則是強有力的親以色列遊說的結果，他指出，艾爾馮斯・達馬托在其所在的紐約州選區籠絡了一大批美裔以色列群體，"這個群體代表的正是在美國極具影響力的美國以色列公共事務委員會……委員會強烈譴責道達爾簽署的合同"。[13]

　　兩部法案都企圖狠狠地打擊古巴、伊朗、利比亞這些美國的敵對國家，使美國將其玩弄於股掌之間。但可能並非所有美國企業和海外企業都會遵守美國的禁運令。違犯者（個人及企業）將面臨被美國列入特別指定國民名單[14]的風險，這可是份頗具威力的經濟死刑名單，由美國財政部海外資產控制辦公室建立，[15]美國財政部海外資產控制辦公室是隸屬於美國財政部的利器，專門負責對禁運國家執行制裁，美國禁止任何國家的企業與特別指定國民名單上的個人、企業發生往來關係。如果你的名字出現在名單上，那麼恭喜你，美國市場的大門已經向你關閉了，而事實上這也相當於被整個世界市場拒之門外。

奠定國內法具有域外效力的判決

　　僅由美國國會通過的《赫爾姆斯－伯頓法》與《達馬托法》就能頤指氣使地去操縱國際關係，這到底合不合法？數十年來，諸多知名法學家一直沒有停止對域外法權（或者說國內法的域外效力）這一法律概念進行研究，布里吉特・施特恩就格外關注這一領域。[16] 1927 年 9 月 27 日,國際常設法院就"荷花號案"做出傳名於世的判決,該判決對一國國內法的域外效力予以認可 。這一案件值得我們探討。案件大致情況如下:

1926 年 8 月,法國"荷花號"郵船在公海撞擊了土耳其蒸汽船"博茲−庫特號",造成 8 名土耳其人死亡,並致使船體沉沒。"荷花號"上的值班負責人員被土耳其政府逮捕,並被判處刑罰。法國政府對此進行了船旗國管轄抗辯,認為在公海上發生的犯罪行為應當由行為人所在的船旗國來管轄;而土耳其主張,只要土耳其公民受到犯罪行為的侵害,土耳其就擁有對事管轄權。雙方將糾紛交予了國際常設法院受理,最終國際常設法院做出支持土耳其的判決。法院的判決書無比晦澀,可以想像當時判決書起草者在做決斷時的糾結:"國際法並不禁止一國對發生在域外,並且沒有相關國際法授權性規則規範的案件行使管轄權⋯⋯也完全未禁止一國把本國法律及其法院的管轄權擴大並適用於在其境外的人、財產和行為,國際法對此賦予各國廣泛的自由,除非特定情形下存在明確的禁止性規定;在其他情形下,任何國家均享有採用其認為最優化、最合適的原則性規定的自由;國際法賦予的這種自由權利,體現了法律規則制定的多樣性,任何國家有權不顧其他國家的反對或主張制定這些規則。"[17]

換言之,依照"荷花號案"確立的原則,凡是國際法未禁止即可為。但為何不可以這樣理解:國際法的確未否認法律的域外效力,但這就能代表肯定法律的域外效力嗎?國際法的這種立法空白只能不斷通過國際公約和協定來填補。1982 年 12 月 10 日，在牙買加的蒙特哥灣，各國共同簽署了《聯合國海洋法公約》，各國國內法對發生在公海，即國際水域上的航行事故的管轄權受到《聯合國海洋法公約》的限制。《聯合國海洋法公約》（第 97 條）規定，公海航行事故中具有管轄權的司法機關包括：船旗國司法機關、船長所在國或者被起訴人所在地司法機關。

理論上講，一國法律是可以有國際效力的。不過國內立法要具備對外效力，需要具備一定條件。[18] 國際法將國內法的域外效力（或管轄權[19]）分為五個層面。

第一個是對積極行為人的管轄，也即一國有權追究本國國民在域外的違法行為。但值得注意的是，《赫爾姆斯–伯頓法》與《達馬托法》同樣針對國外的個人和企業。

第二個是對消極行為人的管轄。只要一國的公民在域外遭受外國人的不法侵害，一國即對此有管轄權。不過，國際法規定，需要審慎行使這種管轄權，它一般被限於刑事領域。然而，美國法律對各國公民與企業的民事、刑事責任都大包大攬。

第三個是安全利益管轄。一國有權制定法律，保護本國各個方面的重大利益及國家安全。如今的古巴是如何影響到美國安全的，似乎沒人說得清楚，但對於伊朗和利比亞，美國起碼還找得出理由，阻止兩國支持對美的恐怖主義勢力。

第四個是實質利益管轄。如果某一在本國領土之外實施的行為對本國利益產生了實質性的侵害，那麼一國可以對該行為行使管轄權。《赫爾姆斯－伯頓法》(第301條) 就以此為由，主張："如果發生在一國域外的行為會對一國利益產生實質性的影響，或者行為人明知其行為會對一國利益產生實質性侵害，那麼一國有權對此制定相關的法律規則，國際法亦承認這種權利。"而且，美國對"實質性侵害"進行了大範圍的擴張解釋。[20] 依照國際法，對於實質性侵害本國利益的行為，一國應當採取合理的應對措施，而且，一國亦應判斷該侵害行為是否基於直接故意。從《赫爾姆斯－伯頓法》來看，我們很難看出古巴革命後，古巴的工商、銀行業國有化對美國本土利益有甚麼實質性侵害。對美國的一些資產進行徵用就算故意侵害美國的利益嗎？這些問題都沒有明確答案。《赫爾姆斯－伯頓法》也完全沒有任何合理的解釋，更沒有證據證明古巴確有所謂的"邪惡計劃"。何況被剝奪財產權的是個人，美國聯邦政府並未受到侵害。總之，在對古巴政策方面，美國實在沒有強有力的論據在其立法中適用"實質性侵害"管轄理論。同樣，《達馬托法》也並沒有合理評估利比亞、伊朗對美國經濟利益有甚麼實質性侵害。

第五個是普遍管轄權。在這一原則下，任何國家對於一切威脅整個國際社會利益的行為都有立法管轄權，國際社會在打擊恐怖主義方面的共同努力就是典型的例子。當然，美國也毫不猶豫地通過這一點來為本國立法找尋恰當的理由：《達馬托法》多項條款均以聯合國決議為由，將矛頭指向利比亞。而對於古巴，美國人貌似拿不出甚麼理由來證明其對國際安全構成了威脅。哪怕古巴政府人權保護缺位，也並不足以說明其適用普遍管轄原則。

　　簡言之，從國際習慣和國際法的角度講，美國法律的域外效力還是相當有爭議的，這倒不是說美國的所作所為一定非法。如前所述，國際法是允許一國制定產生域外效力的法律規則的，但美國基於此開展其在國際經濟領域的法律干涉政策，確實做過頭了。米歇爾·科納爾寫道："在未經國際社會合法授權的情況下，美國單方面授予自己打擊違犯國際法行為的權力，至此美國的全球化擴張已經超過必要限度了，因為美國妄自以'世界管轄權'來適用國際法。" [21]

　　美國以保護本國的安全和利益為由，通過制定強加於外國的法律來掀起對敵國的經濟戰，並強行讓美國盟友加入其行列，甚至不惜犧牲後者的利益。美國的經濟封鎖政策要想取得成效，勢必要做得徹底。其他的歐洲企業又無法趁美國對敵國實施封鎖政策時搶佔美國市場，美國的禁運措施實際上類似"焦土政策"，脫離了可口可樂、亞馬遜、麥當勞、波音，以及其他美國商業巨頭，沒有企業會走得長遠。美國的目的就是讓世界市場厭惡這種法律、經濟上的不確定狀態，使沒有人願意再在這些問題國家投資。也因為如此，美國得以在干涉敵對國家內政的同時，又介入第三方國家的外交。總之，這些法律在不斷增強美國的強權。桑德拉·蘇賴克評論道："如果說美國的這些法案的立法目的是出於強化對古巴、利比亞、伊朗的制裁，那麼從整個制裁機制的複雜程度來看，這其實是美國謀求世界霸權的新體現……" [22]

美國：獨自對抗全世界

《赫爾姆斯－伯頓法》與《達馬托法》在全世界都引起了不滿。美國打着維護本國安全和利益的幌子，針對他國展開經濟立法，讓各國以及各跨國機構都極為憤慨。布里吉特·施特恩寫道："美國企圖藉助這兩部法律來發揮其經濟武器的效用，最終達成規範政治秩序的公開目的：孤立古巴、推行美國式民主、倒逼伊朗和利比亞失去一切支持恐怖主義行動並發展軍工業的資金來源。然而，在美國與歐盟、日本的商業競爭如此激烈的背景下，很難說這些公開目的的背後，美國到底有沒有經濟競爭上的考量。" [23]

由於國際上對利比亞和伊朗的打擊本就不少，美國盟國對美國的指責更多的是針對《赫爾姆斯－伯頓法》的，世界範圍內因違犯這些法律而被定罪的國家和地區激增，包括加拿大、歐洲、日本、俄羅斯、中國，甚至還有埃及和中東。[24] 1996 年 8 月 8 日，埃及《金字塔報》譴責美國政府以打擊恐怖主義為名，將其意志強加於各個盟國。埃及反對派日報《華夫脫報》的指責更為嚴厲："通過簽署這項法案，美國總統放棄了民主世界領導者的地位，相反，它將我們帶回中世紀，像羅馬教皇一樣，將所有在伊朗、利比亞石油天然氣行業已經投資了 4 000 多萬美元的外國企業一律 '開除教籍'。" [25] 時任愛爾蘭外交部長的迪克·斯普林認為，法案對歐美關係的影響極其不利、令人擔憂。澳大利亞前商務部長蒂姆·費舍爾甚至認為，法案的原則從根本上就是錯誤的。俄羅斯前外交部長葉夫根尼·普里馬科夫說得更加直截了當："法案不可接受，非常不利於中東地區的和平與穩定。"

在與美國關係最緊密的幾個盟友中，作為北約成員國的土耳其最反對《達馬托法》。法案通過時，土耳其政府剛剛和伊朗政府達成商業協議，雙方簽署了一份標的額達 230 億美元、為期 22 年的天然氣運輸合同，以及一份從大不里士到土耳其邊界的天然氣管道建設合同，此次合作每年可以為伊朗創造 10 億美元的收入。另外，兩國政府還承諾致力於增加貿易往來，力求達成年貿易額從 9.6 億美元升至 25 億美元的目標。現在被《達馬托法》這麼一折騰，土耳其真是倒了大霉。

中美兩國各自的盟友和夥伴又是甚麼態度呢？"大西洋彼岸沒有誰想跟美國打商戰，沒有人願意成為美國的制裁對象。不過和歐盟一樣，加拿大、中國都不想乖乖向美國讓步，畢竟美國這些舉動是對全球市場巨大的侵略性打擊。"[26] 那麼，各國是如何應對美國強勢施壓的？

在 1996 年 8 月 23 日美洲國家組織大會上，該組織法律委員會宣佈《赫爾姆斯－伯頓法》與國際法相抵觸。1996 年 9 月 4 日，在玻利維亞科恰班巴市舉行的拉美國家峰會上，各國首腦強烈譴責《赫爾姆斯－伯頓法》。1996 年 11 月 12 日，聯合國大會以絕對多數（137 票同意，3 票反對，25 票棄權）通過了反對美國單方面對古巴採取禁運措施的決議，並以有損全球貿易自由為由，強令美國廢止《赫爾姆斯－伯頓法》。而就在 1996 年 11 月 10 日舉行的第 10 屆伊比利亞美洲首腦峰會上，21 國（西班牙語系、葡萄牙語系國家）政府首腦要求美國停止針對古巴的立法行為，他們認為美國完全是在挑戰國家主權這一基本原則。為了獲得這些國家的支持，菲德爾·卡斯特羅還簽署了鼓吹政治多元化和自由選舉的峰會宣言。

世界各大經濟體也不得不有所回應。在 1996 年 6 月里昂 G7（七國集團）峰會上，各大經濟體一致反對美國的經濟單邊主義。世界貿易組織秘書處也加入了同美國唱反調的行列："面對越來越多利用雙邊主義和單邊主義的行為，美國及其合作夥伴應當採取反對立場，這一點是至關重要的。"[27]

法國數月來也一直在幕後勸阻美國議員，可仍是徒勞的。法國外交部法律事務司副司長德尼·維博說道："法國和其他夥伴國家已經嘗試過動用傳統的外交手段，阻止美國政府和美國國會通過這兩部法案。"[28] 他還指出，法國政府向美國國會議員發送過多封信件，指明法案的非法性，並警示這些法案與美國在自由貿易協定中做出的承諾，尤其是與 1994 年的《馬拉喀什建立世界貿易組織協定》背道而馳。最後法國的努力未取得成效，不過法國政府並沒有放棄。儘管法案最終獲得通過，但（法國）一系列外交行為"給美國政府施加了一定的壓力，一定程度上可以遏制美國的種種不當行徑"。[29]

美國盟友的反擊

再來看看各國和各地區的"書面抗議"。在法律層面，加拿大、歐盟、墨西哥都將矛頭指向美國，並進行抵抗和反擊，譴責美國公然違犯國際法。1996 年 10 月 9 日，加拿大為保護本國企業的利益，修訂了 1985 年制定的一部法案。[30] 1996 年 10 月 24 日，墨西哥投票通過一部反對美國法的法案。[31] 同年 11 月 22 日，歐盟委員會通過一項"針對第三方國家制定的具備域外適用效力的法律，以及基於、源自此種法律行為的保護性條例"，即《歐盟阻斷法案》。

從字面上看，《歐盟阻斷法案》像是一部真正的反抵制（古巴、伊朗、利比亞）法，僅有丹麥對歐盟出台的這一法案態度不太明朗。與美國的兩部法案相對應，《歐盟阻斷法案》規定："這一類（某一國制定的具有域外適用效力的）法律、規章及其他法律規範性文件，以及基於、源自這些法律法規及其他法律規範性文件的行為，影響或者可能影響既定的法律秩序，並損害共同體和行使共同體條約項下權利的自然人、法人的利益。"[32]《歐盟阻斷法案》直接援引了《赫爾姆斯－伯頓法》與《達馬托法》，但又不限於這兩部法案，[33] 它呼籲歐洲企業保持透明，並應當公開所受到的（域外法的）不當制裁。《歐盟阻斷法案》生效兩年後，法國政府認為，比利時的行動力非常不足，德尼·維博評論道："可見歐盟這一規則的執行效果並不怎麼明顯。"[34]

加拿大、墨西哥、歐盟出台的應對性法律圍繞着四個主軸展開：嚴禁本國國民屈服於美國法的命令；對違犯《歐盟阻斷法案》規定的人進行處罰；忽視美國的立法決策與立法成果；最後，即實施反制措施，[35] 專門針對從美國法院獲得有利判決的美國企業與公民。

第一個主軸是抵制性立法。《歐盟阻斷法案》禁止歐盟的經濟活動者理會美國法（有域外適用效力）的禁令。其中第 5 條規定："任何被（域外法）針對的個人……不得直接或通過分支機構、中介機構積極地或過失地遵守歐盟域外法的規定、禁令，包括國外司法機關的傳票。"[36] 當然，《歐盟阻斷法案》也規定，歐盟委員會在例外情形下可准許有關法人或自然人遵守國外有權機關的要求。

前述加拿大的法案（第 7 條）和墨西哥的法案（第 1 條）都禁止任何人（包括本國國民及在本國境內的外國人）遵守國外法（有域外適用效力的）。[37]

第二個主軸，即對所有不遵守本國法律法規，反而遵守美國強制性要求的企業實施經濟制裁措施。墨西哥的法案會根據企業違犯本國法律法規的嚴重程度來確定罰款數額。《歐盟阻斷法案》將這一制裁權下放至歐盟各成員國（第 9 條）。加拿大的法案則以牙還牙，確定了比美國還重的罰款數額：1996 年法案修訂時，對一家企業的最高罰款數額從 1 萬美元增加至 150 萬加元，[38] 違規者最高還可能被判處 5 年有期徒刑。

第三個主軸就是對美國法的效力置若罔聞，參見《歐盟阻斷法案》第 4 條、加拿大的法案第 8 條，[39] 以及墨西哥的法案第 4 條。[40]《歐盟阻斷法案》明確規定："任何賦予本條例附件所列示的法律或基於源自前述法律的行為效力的歐盟外部司法、行政機關的決定或命令都是無效的，並且不能作為執行依據。"

第四個主軸，即這些抵制性立法均賦予因國外法而遭到損失的公民及企業向本國司法機關尋求援助的權利。參見《歐盟阻斷法案》第 6 條、加拿大的法案第 9 條以及墨西哥的法案第 5 條。歐盟境內的法院將使在美國法院訴訟中的受益人承擔與因被《赫爾姆斯－伯頓法》《達馬托法》處罰而造成的損失相同的賠償責任。《歐盟阻斷法案》還規定，因被《赫爾姆斯－伯頓法》《達馬托法》處罰而遭受損失的個人，可以通過請求凍結造成損失一方在歐盟境內財產的方式獲得損害賠償（《歐盟阻斷法案》第 6 條）。正所謂"以眼還眼，以牙還牙"。至少法律條款上是這樣規定的。而實際上呢？不管是歐盟、加拿大還是墨西哥，都是放低身段讓美國放過本國企業一馬。最後的態度，總歸是逐步承認和適應 1996 年的兩部美國法案。可是，這種立場與 1982 年面對羅納德．列根總統時的立場完全不同。

那一年，列根總統希望對蘇聯技術的出口禁運擴大到美國跨國企業的歐洲子公司，而當時這些公司正在進行連接西伯利亞與西歐的天然氣管道建設項目。連歷來親美的時任英國首相瑪格麗特．戴卓爾都同美國唱反調，她說道："問題在於，美國這樣的經濟強國，該不該阻止他國履行經濟合同？我認為答案是否定的。"[41] 法國阿爾斯通公司因持有美國通用電氣的許可證，大膽為蘇聯天然氣管道製造零件而成為美國的制裁對象。德國首相赫爾穆特·施密特宣佈，德國不會受制於美國的威脅。當年，團結在歐洲經濟共同體之下的歐洲人就是這樣齊心協力地譴責美國"立法的域外擴張"，並澆滅美國的囂張氣燄的。

向世界貿易組織起訴美國

再回到 1996 年。法國仍然站在"抗美"前線，時任法國外交部長赫維·德夏雷特宣稱："這兩部法案（即《赫爾姆斯－伯頓法》與《達馬托法》）已經超越了紅線，體現了美國的單邊主義立場……這是對國際貿易原則的嚴重違反，而且兩部法案與反恐毫不相關。"[42] 法國外交部長還稱，法國已經做好應對美國制裁的準備。在法國的推波助瀾下，歐盟向世界貿易組織提起了對美國的訴訟。

從 1996 年 4 月起，美歐雙方就開始安排協商討論。歐盟寄希望於 1996 年美國大選可以改變美國法案問題的局勢，但比爾·克林頓獲得連任後，美國並未改變適用法案的立場。面對美方的強硬態度，歐盟威脅將向世界貿易組織起訴。歐盟其實並不想成為這場本與自己無關的衝突的附帶犧牲品。布里吉特·施特恩寫道："這兩部法案引發了對外經濟制裁合法性的問題，法案是在制裁敵對國的背景下制定的，法案的一個精髓就在於，美國通過給那些與敵對國有經貿往來的盟友施壓，間接地打擊敵對國。"[43]

1996 年 10 月 4 日，加拿大、歐盟正式起訴，並要求世界貿易組織成立爭端解決小組，就《赫爾姆斯－伯頓法》做出裁決。美國提出異議，但異議無效。爭端解決小組成員於 11 月 20 日獲得任命，3 個月後小組正式成立。歐盟的團結一致初獲回報。歐盟委員會發言人説道："（世界貿易組織）這一舉動將建立起歐盟在國際經濟貿易舞台的信譽。"[44] 歐盟的反抗，以及向世界貿易組織一而再、再而三地上訴讓美國很不高興。世界貿易組織的宗旨是促進世界貿易，推行自由貿易的價值和利益，美國當然不希望成為第一批被世界貿易組織制裁的國家。要記得，世界貿易組織在 1994 年取代了《關税及貿易總協定》。[45]《關税及貿易總協定》最早於 1948 年生效，這是世界上第一個多邊自由貿易協定，特別值得稱道的是，其旨在降低關税壁壘。隨後美國駐日內瓦大使布思·加德納威脅稱，繼續訴訟會對世界貿易組織產生嚴峻的、不可估量的影響。美國主張其制定具備域外效力的法律是出於政治領域的考量，與經濟無關，所有對外制裁措施都是為了捍衛本國安全與利益，還援引了《關税及貿易總協定》第 21 條有關 "涉及國家安全的例外情形" 作為抗辯理由，所以這些事務已經超出了世界貿易組織這種經貿組織的管轄範圍。這些理由當然説服不了任何人，但專門小組也就此擱置爭議，於是北大西洋兩岸的關係繼續僵持着。

12 月初，局勢又發生了變化。迫於美國施壓，歐盟只好對古巴採取更強硬的態度。當時歐盟的 15 個成員國均對古巴領導人提出嚴正要求，希望古巴國內民主化能有明確的進展。美國對此十分滿意，美國國務院表示，鑒於歐盟的態度，可以考慮對《赫爾姆斯－伯頓法》《達馬托法》的適用範圍進行一定調整。所以歐盟讓步了嗎？沒有。歐盟委員會的回答很堅定，其目標從未改變，那就是讓美國的域外法受到世界貿易組織的懲治。

不過這不是歐美關係的慣常劇本。因為在一般情況下，歐盟都是先義憤填膺，再選擇退縮，以便和美國達成妥協。世界貿易組織此次訴訟在 1997 年 4 月 11 日終止。隨後歐方談判代表、歐盟國際貿易專員列昂‧布里坦爵士，與美方代表、克林頓總統特使、負責處理國際貿易事務的副國務卿斯圖爾特‧艾森斯塔特達成了協議，歐盟同意撤訴。作為回報，比爾‧克林頓承諾美國緩施《赫爾姆斯－伯頓法》第 3 條，直至其任期結束。緩施的條款內容是：允許美國公民向法院對佔用其財產（指古巴革命後古巴政府強徵的財產）獲利的非美國企業和個人起訴，或者同他們自認為是合法所有權人的國有化公司進行商貿往來。美國政府也緊鑼密鼓地與美國國會協商，暫停已經宣判的制裁歐洲企業家的舉措，並恢復歐洲企業在美國的正常運營，比如西班牙的美利亞酒店及度假村集團。

這是歐洲大陸對美國法律戰的勝利嗎？別天真了，這不過是虛假的勝利。時間會證明這一點。歐洲企業馬上就會迎來美國司法行政機關的拷打。法國、意大利、比利時、西班牙最為心灰意冷。這四國反對妥協並希望將訴訟進行到底，堅持要讓世界貿易組織強制美國廢除兩部法案。可惜四國只代表了歐盟的少數派立場。放棄訴訟，歐盟其實錯失了一個捍衛自身利益的大好時機，歐洲企業將為之付出巨大的代價。

因為根本問題靠談判並沒有解決。美國的這點妥協是靠不住的，這不過是出於總統個人的一點善意和美國國會的同情。歐盟的一部分法律和經濟主權就這麼拱手讓出了。

美國域外法律的經濟後果

法案出台前，古巴本是歐盟的重要客戶，古巴 45% 的貿易來自西班牙、意大利、德國和法國。加拿大是第一個與古巴年貿易額（進口及出口）超過 5 億美元的國家。法國、德國和英國也保持了與伊朗的貿易往來，尤其是在能源領域。西歐 20% 的石油進口來自伊朗（第四大石油供應國）和利比亞（第十五大供應國），意大利和法國均有企業在利比亞投資建廠（如能源行業的意大利埃尼集團和法國道達爾公司），法國企業在伊朗也有投資，如標緻汽車，道達爾公司在利比亞已經投資近 15 億美元，[46] 同時還參與經營馬布魯克油田。由於美國的制裁令，美國石油巨頭康菲撤出伊朗，道達爾承諾開發兩個海上油田 Sirri A 和 E 油田（投資額達 6 億美元），道達爾旗下的埃爾夫公司也從伊朗政府手中獲得經營多魯德油田的特許權，並最後和意大利埃尼集團共同開發。埃爾夫公司還和加拿大公司 Bow Valley 合資開發了位於波斯灣的海上油田 Balal 項目（埃爾夫佔有其 85% 的份額）。[47]

法國的乘虛而入令美國大為不快。隨後美國國務院發言人尼古拉斯·伯恩斯發表了挑釁性的講話。克林頓總統簽署《達馬托法》時，洛克比空難罹難者家屬都在場見證了美國制裁利比亞的時刻，這一幕也為《達馬托法》打上了"反恐法案"的烙印，可就在法案簽署幾個小時之後，克林頓就有了完全不同的另一套説法："法國道達爾公司取代了康菲公司在伊朗的位置，還藉機贏得了這份本來屬於康菲公司的大訂單，我們希望對這種截獲他人利益的公司進行懲罰。"[48]

道達爾的投機行為和恐怖勢力毫不相關，何況道達爾之所以獲得石油合同，是因為美國公司被自己國家的法案趕跑了，所以前述邏輯真是匪夷所思。道達爾前法務總監阿蘭-馬克·伊里蘇認為："《赫爾姆斯－伯頓法》和《達馬托法》就是美國在政治上倒行逆施的範例。"[49] 法國里昂信貸銀行法務部的皮耶爾·維勒奧爾認為，還有一個相對來説不那麼嚴峻，但同樣令人擔憂的問題，就是該法案對國際貿易秩序的擾亂和對第三方國家主權的侵犯。[50] 在他看來，他們所有的銀行業務，從簡單到複雜的都受到這些法律的影響。

被大企業拋棄的古巴

美國的立法收到成效了嗎？成效顯著。法案出台後，大部分跨國企業都和古巴保持了距離，古巴也喪失向國際大型公司學習技術的機會。[51] 墨西哥著名水泥建材製造商西麥斯在美國政府指示收回古巴一家曾屬於美國的工廠之後就撤出了古巴。另一家墨西哥電信公司多莫斯集團也被迫終止在古巴的業務。[52] 鮮有企業敢貿然違抗美國的制裁法案。

1996 年 7 月 10 日，法案首批制裁下達。當日，美國國務院宣佈，依照《赫爾姆斯－伯頓法》，加拿大採礦企業謝里特公司（主營業務為鎳、鈷、石油和煤炭開採）的高管，以及部分股東被美國列為"不受歡迎的人"。謝里特公司拒絕向美國屈服，而加拿大政府也暴怒，其國際貿易部長阿瑟‧埃格爾頓斥責《赫爾姆斯－伯頓法》違犯國際法以及美國兩年前在簽署《北美自由貿易協定》（美國、加拿大為當事國）時做出的承諾。《北美自由貿易協定》規定三國的企業、商家可以自由往來。[53] 西班牙旅遊經營商美利亞也同病相憐。美利亞和謝里特公司都頂住壓力，決定繼續留在古巴，謝里特公司表示對美國沒興趣，美國排斥其高管完全不影響公司在古巴的業務。以色列 BM 集團和巴拿馬國際摩托也被美國盯上了。[54]

1997 年 4 月，西班牙商人哈維爾‧費雷羅因涉嫌"與敵國進行貿易"在邁阿密被逮捕，美國的指控理由是"……向古巴販賣尿布、蔬菜罐頭、番茄醬……違犯了《赫爾姆斯－伯頓法》"。這位商人最後乖乖認罪，同時還供出了所在公司的一名高管，作為回報，美國檢方放棄指控他涉嫌洗錢，哈維爾的刑期也從 18 個月降到 16 個月。[55]

美國政府的這些指控是很有威懾力的，這是在向所有不肯屈服的企業、商家發出警告：要麼別跟古巴做生意，要麼就乖乖地接受美國的制裁。不過有個例外，美國政府在趕走所有外國企業的同時，卻批准美國電話電報公司在古巴開展業務，該公司每年都從古巴運營商處坐收數百萬美元的盈利。

法國則不妥協。1997 年 4 月 25 日，法國與古巴簽署了一項促進和維護雙邊投資的協議，頗有一絲挑釁意味，像是要以此刺激對古巴的投資。法國工業和郵電部長弗蘭克·博羅特拉表示："為了國際關係的平衡與多元化，法國國會一直對古巴開放……也正因如此，法國以及歐盟堅決反對美國出台的具有域外效力的法案，比如《赫爾姆斯－伯頓法》。"[56] "法古經濟協議"是在雙方企業平等的基礎上達成的，協議規定了爭議的解決方式，若雙方爭議經友好協商無法解決，可提交國際仲裁庭仲裁。最後古巴還承諾限制國有化，並對財產被徵收或收歸國有化的法國投資者進行補償。[57] 美國對法國的做法十分失望，並提醒法國政府三思，別忘了古巴的人權狀況。

而法國這番舉措是經過深思熟慮的，帶有機會主義色彩。歐美簽署終止世界貿易組織訴訟的協議並談判後，歐盟獲得了暫時從美國魔爪中脫逃的允諾，因此美國暫時不會對"法古經濟協議"動手。法國就是基於這一點，在歐美協議達成後插了一腳。事實上美國也確實沒有再多言。

法國全國雇主委員會[58] 非常高興，因為它對《赫爾姆斯－伯頓法》恨之入骨，稱其"在政治上荒謬無比，法案中的規定也令人無法接受"[59]。委員會承諾鞏固並加強法國企業在古巴的地位，從西班牙、意大利、德國手中奪回丟失的市場份額。總之，絕對不能任憑美國指手劃腳了。這不僅是國與國之間的政治博弈，更是一場經濟競技。柏林牆已倒塌多年，當今的世界是經濟全球化與競爭全球化的世界，歐美之間既是肝膽相照的老盟友，也是狹路相逢的競爭對手。

　　而另一家法國企業即將吞下這場競爭的苦果 —— 法國保樂力加集團。1993 年，保樂力加與古巴政府合資設立了哈瓦那俱樂部國際公司，向全世界銷售古巴朗姆酒品牌"哈瓦那俱樂部"的產品。簽訂合資協議之前，保樂力加的律師團隊完成了他們的法律服務工作，並確認古巴已經提交哈瓦那俱樂部的商標申請。然而，美國卻不這麼認為。[1] 幾個月後，這家法古合資企業就被美國媒體抨擊了，後者指責古巴多年來一直沒有繳納工業產權的續期費。於是，《赫爾姆斯－伯頓法》又"用心良苦"地加入了第 211 條。[2] 儘管沒有點名道姓地批評，但法案新添內容對保樂力加進行了直接性懲罰：法案禁止在美國境內使用哈瓦那俱樂部商標。專門負責海外經濟制裁的執行監管機構美國財政部海外資產控制辦公室認為，哈瓦那俱樂部商標被卡斯特羅政府收繳了，商標所有者為早年流亡美國和西班牙的阿雷切巴拉家族，而非古巴政府所有。

---

[1] 此處指美國釀酒業巨頭百加得集團與古巴政府就哈瓦那俱樂部的商標問題產生爭端，並且爭端持續了多年。—— 譯者註

[2] 這裡指的是美國國會於 1998 年 10 月通過的第 211 條款，這一條款限制外國酒類公司在美國註冊哈瓦那俱樂部商標。實際上，第 211 條款代表的是美國朗姆酒巨頭百加得集團的利益，其不希望保樂力加進入美國與其搶佔市場。—— 譯者註

保樂力加將百加得告上美國法庭，經歷一審、上訴的曲折後，最終以敗訴告終。在上訴階段，還有一名法官以 "法不溯及既往" 這一根本原則，拒絕簽署判決書。不過，2002 年，世界貿易組織在歐盟提起的訴訟中認定美國的《赫爾姆斯－伯頓法》法案中第 211 條款違法，但美國仍舊拒絕撤銷第 211 條。[60] 保樂力加在本國最高法院也提起了訴訟，但同樣敗訴。實質上，就是競爭對手百加得一直在背後刁難保樂力加，[61] 百加得是美國朗姆酒市場的領跑者，它可不希望一家法國酒業的龍頭企業進入美國市場與其分一杯羹。[62] 有趣的是，第 211 條經常被戲稱為 "百加得法案"，因為很多人懷疑第 211 條沒準就是由百加得的律師團隊起草的。[63]

註 釋

1. 美國 1961 年《對外援助法案》。

2. Gary Clyde Hufbauer, Jeffrey J. Schott, Kimberly Ann Elliott, Barbara Oegg, *Economic Sanctions Reconsidered*, Peterson Institute for International Economics, 2009, p. 7.

3. Ariel Colonomos, "La modernité d'un archaïsme : l'embargo cubain au défi des critiques adressées à la loi Helms-Burton", *Les Études du CERI*, n°63, mars 2000. https://spire.sciencespo.fr/hdl:/2441/1d1v lhp8p7t3k7k96idb5ikp4/resources/etude63.pdf.

4. Rémy Herrera, Isaac Joshua, "La contrainte extérieure cubaine", Trajectoires latino-américaines. Regards sur Cuba, *Revue Tiers Monde*, t. 43, n°171, 2002, pp. 517−534.

5.   https://web.archive.org/web/20000817063245/http://www.state.gov/www/ regions/wha/cuba/democ_act_1992.html.

6.   1992 年《古巴民主法》，第 1704 條，網址同上。

7.   Matt Peppe, "Repealing the US Embargo on Cuba : The Legislative Process in the US Congress", *Global Research*, 12 janvier 2015. http://www. globalresearch.ca/repealing-the-us-embargo-on-cubathe-legislative-process-in-the-us-congress/5424312.

8.   Michel Cosnard, "Les lois Helms-Burton et D'Amato-Kennedy, interdiction de commercer avec et d'investir dans certains pays", *Annuaire français de droit international*, vol. 42, 1996, pp. 33−61.

9.   馬蒂廣播電視台是設在美國邁阿密的電視台，由美國政府資助，專門進行反卡斯特羅的宣傳。

10. 1996 年 2 月 24 日，古巴戰鬥機擊落古巴反對派組織的飛機後克林頓簽署了協議。

11. Traduction tirée de l'article de Brigitte Stern, "Les lois Helms-Burton et D'Amato : une analyse politique et juridique", Europa-Institut der Universität des Saarlandes, 1997, pp. 2−3. https://europainstitut. de/fileadmin/schriften/ 363.pdf.

12. Déclaration du représentant Bob Livingston, 142 Cong. Rec. H 1731, 6 mars 1996. https://www.gpo.gov/fdsys/pkg/CREC-199603-06/pdf/CREC-1996-03-06-house.pdf.

13. Communication d'Alain-Marc Irissou, in Habib Gherari, Sandra Szurek (sous la dir.), *Sanctions unilatérales, mondialisation du commerce et ordre juridique international*, Cedin-Paris X Nanterre, Montchrestien, 1998, p. 114.

14. 名單全稱為：Specially Designated Nationals And Blocked Persons List.https:// www.treasury.gov/resource-center/sanctions/SDN-List/Pages/default.aspx.

15. 美國 1917 年與敵對國家貿易法案規定了美國海外資產控制辦公室的作用與職權。https://www.gpo.gov/fdsys/granule/USCODE2011-title50/USCODE-2011-title50-app-tradingwi.

16. Brigitte Stern, "Vers la mondialisation juridique ? Les lois HelmsBurton et D'Amato-Kennedy", RGDIP, 1996, pp. 979−1003 ; JeanMarc Sorel, "Remarques sur l'application extraterritoriale du droit national à la lumière

de la législation américaine récente", *Revue juridique de l'Ouest*, n°4, 1996, pp. 415-440.

17. CPJI, *Affaire du Lotus* (France/Turquie), arrêt du 7 septembre 1927, série A, n°10, p. 19.

18. Michel Cosnard, "Les lois Helms-Burton et D'Amato-Kennedy, interdiction de commercer avec et d'investir dans certains pays", *Annuaire français de droit international*, vol. 42, 1996, pp. 33-61. https://www.persee.fr/doc/ afdi_0066-3085_1996_num_42_1_3370.

19. Albane Geslin, "La position de la France en matière d'extraterritorialité du droit économique national", *Revue juridique de l'Ouest*, 1997, n°4, pp. 411-467. https://www.persee.fr/doc/juro_0990-1027_1997_ num_10_4_2405.

20. Traduction de Michel Cosnard, in "Les lois Helms-Burton et D'AmatoKennedy, interdiction de commercer avec et d'investir dans certains pays", *Annuaire français de droit international*, vol. 42, 1996, p. 40.

21. 同上，p. 44。

22. Sandra Szurek ", Le recours aux sanctions", in Habib Gherari, Sandra Szurek (sous la dir.), *Sanctions unilatérales, mondialisation du commerce et ordre juridique international*, Cedin-Paris X Nanterre, Montchrestien, 1998, p. 36.

23. Brigitte Stern, "Les lois Helms-Burton et D'Amato : une analyse politique et juridique", Europa-Institut der Universität des Saarlandes, 1997, p. 5. https:// europainstitut.de/fileadmin/schriften/363. pdf.

24. Serge Marti, "Le terrorisme, alibi de la guerre commerciale", *Le Monde*, 23 août 1996.

25. Cité dans Patrick Seale, "Worlwide Angers Erupts Over D'AmatoKennedy Act", *Washington Report on Middle East Affairs*, octobre 1996, p. 23. https:// www.wrmea.org/1996-october/worldwideangers-erupts-over-d-amato-kennedy-act.html.

26. 同上。

27. Jean-Claude Buhrer, Françoise Lazare, "L'OMC et l'OCDE mettent en gardent les États-Unis", *Le Monde*, 14 novembre 1996.

28. Denys Wibaux, "Un point de vue étatique. Le gouvernement français et les

lois américaines", in Habib Gherari, *Sandra Szurek (sous la dir.), Sanctions unilatérales, mondialisation du commerce et ordre juridique international*, Cedin-Paris X Nanterre, Montchrestien, 1998, pp. 131−132.

29. 同上，p. 133。

30. 指 1997 年對 1985 年一部針對外國法域外行為制度的法案的修訂。https://laws-lois.justice.gc.ca/fra/lois/F-29/.

31. "Ley de protección al comercio y a la ínversión de normas extranjeras que contravengan el derecho internacional", 為保護（墨西哥）違犯國際法的外國標準的貿易和投資而通過的法律。

32. *Journal officiel* n°L 309 du 29/11/1996 pp. 0001−0006. Voir https://eur-lex.europa.eu/LexUriServ/LexUriServ.do?uri=CELEX:31996 R2271:FR:HTML.

33. 1993 年國民財政年度《國防授權法案》和 1992 年《古巴民主法》，第 1704 和 1706 條。

34. Denys Wibaux, "Un point de vue étatique. Le gouvernement français et les lois américaines", *op. cit.*, p. 155.

35. 比如，對從美國法院獲得有利判決的美國企業進行處罰。《條例》第 6 條還規定，前述涉案企業在歐洲的資金也將被凍結或被變賣。

36. Art. 5, Règlement (CE), n°2271/96 du Conseil européen.

37. Dulce Maria Cruz Herrera, *États-Unis/Cuba : les interventions d'un empire, l'autodétermination d'un peuple*, Presses de l'université du Québec (PUQ), 2007, p. 210.

38. 對自然人的罰款則是 15 萬加元（第 7 條）。

39. L'article 8(1)a stipule que le procureur général du Canada peut déclarer par arrêté que "le jugement – qu'il porte ou non sur une somme d'argent – ne sera pas reconnu ni exécuté au Canada".

40. 本條禁止墨西哥法院執行根據域外立法採取的破壞墨西哥主權和經濟利益的法律措施。

41. James Feron, "Mrs Thatcher Faults US on Siberian Pipeline", *The New York Times*, 2 juillet 1982. https://www.nytimes.com/1982/07/02/world/mrs-thatcher-faults-us-on-siberia-pipeline.html.

42. Françoise Crouïgneau, Jean-Michel Lamy, interview du ministre des Affaires

étrangères Hervé de Charrette, "La France prépare la réplique aux sanctions américaines", *Les Échos*, 28 août 1996.

43. Brigitte Stern, "Les États-Unis et le droit impérialiste", *Le Monde*, 12 septembre1996.

44. Cité dans Blanca Riemer, "Washington menace l'OMC après sa « mise en examen » sur Cuba", *La Tribune*, 21 novembre, 1996.

45. En français Agétac : Accord général sur les tarifs douaniers et le commerce.

46. "Les entreprises européennes, très présentes en Libye, sont les principales concernées", *Le Monde*, 7 août 1996. Article non signé.

47. "Pétrole : Elf double la mise en Iran", *Les Échos*, 6 avril 1999, non signé.

48. Patrick Seale, "Worlwide Angers Erupts Over D'Amato-Kennedy Act", *Washington Report on Middle East Affairs*, octobre 1996, p. 23. Consulté sur internet le 4 février 2018. https://www.wrmeaorg/1996-october/worldwide-angers-erupts-over-d-amato-kennedyact.html.

49. Communication d'Alain-Marc Irissou, in Habib Gherari, Sandra Szurek (sous la dir.), *Sanctions unilatérales, mondialisation du commerce et ordre juridique international*, Cedin-Paris X Nanterre, Montchrestien, 1998, p. 113.

50. Communication de Pierre Villeroil, in *ibid.*, p. 123.

51. D. Farah, "Cubans Blame Slowdown on Helms-Burton Act", *The Washington Post*, 25 janvier 1997.

52. P. Blustein, "Mexican Firm Quits Cuba in Face of US Sanctions", *The Washing ton Post*, 30 mai 1996.

53. 除了公共衛生、安全和國家安全的原因。然而，與古巴有業務關係的加拿大和墨西哥企業似乎並未對美國的國家安全構成威脅。參見 Michel Cosnard, "Les lois Helms-Burton et D'Amato-Kennedy, interdiction de commercer avec et d'investir dans certains pays", *Annuaire français de droit international*, vol. 42, 1996. p. 55。

54. Steven Lee Myers, "One Key Element in Anti-Cuba Law Posponed Again", *New York Times*, 4 janvier 1997.

55. Juan O. Tomayo, "Miami Man in Illegal Business with Cuba Faces 35 Years of Prison", *Miami Herald*, 5 février 2013.

56. Akram Ellyas, "L'accord entre la France et Cuba irrite Washington", *La Tribune*, 28 avril 1997.

57. 參見法國政府與古巴政府就相互鼓勵和保護投資達成的協議。https://www. senat.fr/leg/pjl97-258.html.

58. 法國企業運動聯盟的前身。

59. Paula Broyer, "Commerce international. Cuba reste une destination pour les entreprises françaises. Malgré les lois américaines qui menacent de sanctionner les entreprises qui investissent à Cuba, en Libye et en Iran, le CNPF continuera de faire la promotion de Cuba auprès des entreprises françaises. Le gouvernement cherche à contrer les menaces commerciales américaines", *La Croix*, 6 septembre 1996.

60. Vittorio De Filippis, "Havana Club, rhum de discorde", *Libération*, 5 juillet 2000.

61. Hernando Calvo Ospina, *Rhum Bacardi. CIA, Cuba et mondialisation*, éditions EPO, 2000.

62. Voir Ali Laïdi (avec Denis Lanvaux), *Les Secrets de la guerre économique*, Seuil, 2004, pp. 104−107.

63. Jean Watin-Augouard, "Havana Club. Miroir et acteur de la culture cubaine", *La Revue des marques*, n°96, octobre 2016, p. 46. http://www.prodimarques. com/revue-des-marques/numero-96/pdf/37havana-club-miroir-et-acteur-de-la-culture-cubaine.pdf.

3. 超級貿易保護主義性質的法律 "武器庫"

美國《反海外腐敗法》、《赫爾姆斯－伯頓法》和《達馬托法》並不是僅有的影響全球貿易的美國法律。起初，立法者未必打算將它們應用於全球，但是法律中的一些條款使干涉外國企業事務 —— 無論是被視為敵人還是盟友的國家的事務 —— 成為可能。這些法律是在特定的經濟和政治背景下通過的，大多數是新法，其餘則為適應國際環境的需要進行了修改。其中的部分法律彌補了公司管理和市場監管方面的缺陷。失控的新自由主義會造成嚴重的經濟和金融危機，進而使這些缺陷暴露出來。

2001－2002 年，美國境內發生了多起金融醜聞，[1]引起 "美國立法者的激烈反應"[2]。2001 年安然公司的醜聞發生後，美國通過了《薩班斯－奧克斯利法案》(也稱《公眾公司會計改革和投資者保護法案》)。可以說，安然公司的醜聞是最轟動的財務操縱和欺詐案件之一。

法律成為打擊犯罪和恐怖主義的地緣政治和經濟戰略的一部分。柏林牆倒塌、蘇聯解體後，克林頓政府希望通過圍捕干擾市場良好運行的犯罪集團來捍衛全球化發展。2001 年，"9·11"恐怖襲擊發生後，打擊犯罪和恐怖主義成為優先實施的戰略。《銀行保密法》《外國主權豁免法》……這些針對犯罪和恐怖主義的法律將被用於打擊腐敗和追蹤違犯禁運令的行為，同時也用以證明美國對全球市場的干預是正確之舉。

《薩班斯−奧克斯利法案》：追蹤企業賬戶

與《反海外腐敗法》的情況一樣，美國公司的低劣做法促使美國政府加強了監管。21 世紀初，安然、阿德菲亞、施樂、世通的經濟醜聞接踵而至。經濟歷史學家亞當·圖茲寫道："華爾街正面臨政治層面上的強硬與新規。"[3] 2002 年，美國國會通過了《薩班斯−奧克斯利法案》。這是自 20 世紀 30 年代經濟危機以來，美國政府在金融安全領域推行的最重大的改革。

我們都記得，2001 年的安然事件是當時的頭條新聞，這甚至是歷史上最大的金融詐騙案之一。這家德克薩斯州公司，總部位於休斯敦，在開發州際天然氣和電力業務之前，曾致力於天然氣的生產與分銷，之後又開展能源領域的代理業務。2001 年，安然公司在破產前夕，是象徵着美國偉大民族自豪感的企業之一，其輝煌的成就使其成為華爾街的典範：根據世界 500 強排名，安然公司是當時世界第六大能源集團，是美國市值排名第七的大公司。

　　然而，壞的一面在暗處。安然公司的背後隱藏着一個巨大的騙局：安然公司的發展如同在流沙上建高樓。這家公司通過巴哈馬、開曼群島和百慕大群島的 3 000 多家離岸企業隱藏其最棘手的業務，以掩蓋採購交易中的借貸款項。安然公司一次又一次地耍花招，把最嚴重的風險轉移到境外，隱瞞市場損失並偽造賬戶以繼續貸款。2001 年 12 月，隨着互聯網泡沫破裂，安然公司股價暴跌。幾週後，該公司便失去了 98% 的市值，無力償還之前的債務。同年 8 月，安然公司董事長肯尼斯·萊竟睜眼說瞎話，依舊堅稱安然公司有市場吸引力，甚至大型投資銀行高盛也對此深信不疑，認為安然公司首屈一指。10 月 31 日，美國證券交易委員會展開調查，隨後發現了該公司的欺詐行為。不久，安然公司破產，轟然倒塌，並連累了著名的安達信會計師事務所，該事務所曾審核安然的賬目並表示其合規可靠。

　　安然事件的影響程度巨大，其他公司的財務報表也因此受到質疑，質疑的理由很充分……這是一系列醜聞的序幕，高潮則是電信巨頭世通公司的欺詐性破產。[4] 世通公司的審計事務所也是安達信。世通公司在 2002 年以 110 億美元的完全虛擬收入操縱賬戶後申請破產。[5] 然而事實是，它有高達 410 億美元的債務。世通公司的首席執行官和首席財務官也因此入獄：前者被判 25 年有期徒刑，後者則被判 5 年。

　　對安然公司來說，面對如此醜聞，兩萬名員工被迫下崗，數十萬小額儲戶失去了投入安然股份的大部分退休金。美國民主黨

參議員、銀行事務委員會主席保羅·薩班斯和共和黨代表、金融
業務委員會主席邁克·奧克斯利共同起草法案，迫使企業加強規
章制度、提升問責制和財務透明度。該法案是少數規範企業會計
事務的美國聯邦法律之一。此前，企業一直參考私營機構財務會
計準則委員會制定的準則。自《薩班斯－奧克斯利法案》頒佈以
來，公司必須明示身份：賬戶要經過驗證，由首席執行官和首席
財務官簽名並注明日期；接受美國證券交易委員會至少 3 年一次
的審核；公佈資產負債表外的財務信息；信息歸檔；實時更換外
聘審計人員；建立道德監督委員會；制定保護舉報人機制；成立
審計事務所監管組織"美國公眾公司會計監督委員會"……所有
在美國上市的公司，無論是美國本土企業還是外國企業，或者是
美國公司的境外子公司，都要符合其要求。該法案讓公司高度透
明化，並允許審查及監督機構訪問所有信息。這意味着，在美國
開展業務，要不言自明地接受一切商業機密都受到美國政府支配
的條件。[6]

《銀行保密法》：彌補審查缺陷

如果説《薩班斯－奧克斯利法案》是為了追蹤欺詐行為，那麼
《銀行保密法》[7]則旨在圍剿洗錢分子和恐怖主義贊助人。這項法
律於 1970 年在美國通過，間接對國際上相當大的區域造成了影
響。為防止發生疑似涉及洗錢行為的金融活動，《銀行保密法》要
求美國金融機構制訂內部審查計劃。這些合規[8]及盡職調查[9]的

計劃涉及位於美國的企業機構,也包括國民銀行、分行、聯邦基金、儲蓄銀行協會及在美外資銀行。[10] 結果是,美國銀行要承擔與其有業務往來的外國銀行所犯的任何錯誤的相關責任,這要求機構制定相應程序以保證遵守《銀行保密法》。如此一來,美國銀行可以直接訪問與其有業務往來的外國銀行機構的數據。

英國匯豐集團成了美國《銀行保密法》的犧牲品。2012 年,美國司法部和財政部以違反美國制裁和違犯《銀行保密法》的名義判處匯豐集團一次性繳納罰款 12.56 億美元 (其中民事罰款為 6.65 億美元)。美國法院指控匯豐集團及其美國子公司沒有對其墨西哥子公司進行監管,後者因在墨西哥和哥倫比亞為販毒集團洗錢,並因與美國實施了禁運令的國家(伊朗、蘇丹、古巴和利比亞)交易而受到指控。因此,應由須遵守《銀行保密法》的匯豐集團美國子公司監管其墨西哥子公司。此外,匯豐集團已承認尚未向美國子公司告知墨西哥子公司的過失。美國司法部提及一個又一個天文數字的交易金額:2006—2009 年,匯豐集團的墨西哥及美國子公司都未驗證近 6 700 億美元的轉賬和 94 億美元的採購;匯豐美國子公司甚至將墨西哥子公司歸入風險最低的 "標準" 類別。[11]

這 12.56 億美元僅僅是針對資助販毒集團這一行為的罰款!與法國巴黎銀行因以伊朗、古巴、緬甸和蘇丹客戶的名義通過美國匯款而遭到的約 90 億美元罰款相比,這簡直是九牛一毛——這些國家並不因在全球範圍內販賣可卡因而出名!

"9 · 11" 事件發生後，美國加強了打擊洗錢行為的力度。與《銀行保密法》相同，《反海外腐敗法》啟動。美國總統喬治·沃克·布殊於 2001 年 10 月 26 日簽署了美國《愛國者法案》，其中部分條款使《反海外腐敗法》的力度得到強化。《愛國者法案》的實質在於擴大安全、監視和情報部門的權力。該法律將追蹤贓款作為保障國家安全、捍衛全球金融貿易體系的優先事項。[12]

《反犯罪組織侵蝕合法組織法》：反對全球欺詐行為

保護世界的同時也要防止自食其果 —— 這是美國在 "9 · 11" 事件後的信條。沒有恐怖分子，沒有詐騙分子，沒有腐敗分子……甚至罪犯都不應在這個世界上有藏身之地。如果美國的盟友不做這項工作，那麼就由美國來做。絕無例外。

世界足球的領導人得到了教訓。多年來，國際足球聯合會內部一直有關於欺詐和腐敗的謠言，歐洲警方對此很了解但不作為。而美國聯邦調查局則掌握了一切信息，並根據美國《反犯罪組織侵蝕合法組織法》採取了行動。2015 年，美國聯邦調查局在瑞士蘇黎世的國際足聯總部逮捕了世界足球領導人（包括一名美國人）。被捕者在決定世界杯主辦國 —— 2018 年的俄羅斯和 2022 年的卡塔爾 —— 時有權力尋租和腐敗之嫌。美國曾被排除在 2022 年世界杯主辦國候選名單外。有一點並不重要：美國《反犯罪組織侵蝕合法組織法》於 1970 年投票通過，旨在打擊有組織犯罪。在美國司法部的眼中，"國際足聯受賄門" 事件足以證明足球國家出了問題，世界足球大佬的行為猶如"黑手黨"。作為國際足聯總部所在地，歐洲從來沒有想要對此行為叫停。而美國則藉助《反犯罪組織侵蝕合法組織法》清理門戶，驅逐惡劣球員。

《外國主權豁免法》：打擊曾經的罪犯

要警惕昨天、今天和明天的罪犯。美國法律有着域外效力和追溯力，這打破了法治國家的一條基本原則，即一個人或一個法人不能在受到先前準則保護的同時，受到新出台法律的約束。美國則打破了這一規則，其有權通過《外國主權豁免法》判決罪犯過去犯下的罪行。1976 年通過的這部法律一度不承認深植國際法的重要準則 —— 國家的司法豁免權。該法律允許提起針對國家的可能性訴訟。美國《外國主權豁免法》讓申訴人對滔天罪行提起民事訴訟成為可能：實施酷刑、劫持人質、海上掠奪、法外處決……申訴人可以在美國以犯罪或同謀犯罪為名對某一國家提起訴訟。

該法案曾被認為可以用來反對獨裁統治，但並非如此。法國曾受到《外國主權豁免法》制裁。2000 年，作為國有企業的法國國營鐵路公司受到美國指控，因為它曾在"二戰"期間將納粹野蠻行為的受害者運送到納粹設立的死亡集中營。[13] 審判方還參考了一部 1789 年頒佈的美國舊法 ——《外國人侵權索賠法》，該法允許境外人權被侵犯的受害者將其案件提交美國法院審理。

美國官員呼籲，只要法國國營鐵路公司不賠償受害者及其後代，就對其關閉美國的公共市場。[14] 法國政府積極尋求折中辦法，而不是質疑訴訟的實質內容。2014 年，法國政府與美國政府簽署了一項協議，表示“雙方希望本着友好合作的精神，進一步發展兩國關係，並解決過去的一些困難”。[15] 這句漂亮的官話掩蓋了法國政府的挫敗。美國方面承諾不會起訴法國，並“在與大屠殺有關的驅逐要求方面，保證法國作為外國主權國家的豁免權”。[16] 法國設立了一項由美國政府管理的 6 000 萬美元的基金。根據法令，該基金將發放給申訴人，並且須對“從法國驅逐出境的和不受法國相關計劃保障的美籍大屠殺受害者”給予全額賠償。這到底是一個公平的協議、有利的妥協，還是一個合法的勒索？仁者見仁，智者見智。協議簽訂僅 4 個月後，一家在芝加哥的法院就對法國國營鐵路公司提起了訴訟。這一次，“受害者”指責該公司曾扣押甚至變賣被驅逐者的個人財產。[17]

法國為此支付了 6 000 萬美元的支票以避免被起訴。伊朗和敘利亞的情況則並非如此。伊朗和敘利亞受為其“量身定製”的法案 —— 2012 年《減少伊朗核威脅和保障敘利亞人權法案》管轄。這項法案不承認兩國的司法豁免權，並准許美國政府凍結伊朗在美資產，甚至可以將其中一部分資產用於賠償疑似由伊朗支持的恐怖襲擊的受害者。因此，毛拉[①] 存在美國銀行的錢被用來賠償 1983 年 10 月 23 日由伊朗負責的、針對駐紮在貝魯特的美軍總部

---

① 毛拉是伊斯蘭國家（或地區）對人的一種敬稱。—— 譯者註

的自殺式襲擊的幸存者和受害者（240 人死亡）親屬。需要提及的是，就在同一天，在同一個城市 —— 黎巴嫩正陷於全面內戰中，另一場自殺式襲擊造成 58 名法國傘兵在德拉卡爾營地死亡。但是，由於法國沒有提起任何訴訟，受害者及其親屬沒能從這筆在紐約登記的伊朗基金裡獲得一分錢，而法國也沒有這樣的法律。

德博拉·彼得森是 1983 年一名遭到襲擊遇害的士兵的姐姐。2003 年，她帶領一群美國原告在紐約的一個法庭打響與伊朗的法律戰爭，並獲得勝利。根據 4 年後的一項新判決，賠償金額估計超過 26 億美元。2008 年，原告了解到伊朗中央銀行在紐約花旗銀行設有賬戶，他們要求凍結一筆 17.5 億美元的資金。但是，當時美國許多知名的法學專家認為，美國法律不足以凍結並向受害者分發這筆資金。因此，2015 年，美國國會將第 8772 節（"伊朗某些金融資產的利息"）條例添加到《減少伊朗核威脅和保障敘利亞人權法案》中，這也就允許了司法部門進行相關支付。伊朗中央銀行對法律上的詭計提出抗議，但這是徒勞的 —— 美國國會對該法律的干預超出了其憲法管轄範圍，甚至改變了司法行動的方向。伊朗中央銀行上訴美國最高法院，但上訴被駁回。根據 2016 年 4 月 20 日的判決，美國最高法院沒有發現任何違反立法機構和司法機構分立原則的行為。[18]

《對恐怖主義資助者實行法律制裁法案》：震懾美國的盟友

對美國而言，反恐鬥爭沒有國界。美國法律可以影響所有恐怖分子活動和躲藏的地方。這是 2016 年華盛頓在《對恐怖主義資助者實行法律制裁法案》投票期間發出的信息。對所有支持恐怖主義的人，以及所有因瀆職未能阻止造成美國公民死亡的人都不會有任何憐憫。國家的司法豁免原則被扔到一邊，該原則被認為是恐怖主義在美國國土上肆意蔓延的罪魁禍首。從此，所有國家都可能因管轄欠缺而被起訴。任何人、任何實體和任何國家——不僅僅是那些“支持恐怖主義”的國家，如果“向參與針對美國的恐怖主義活動的外國組織或個人提供直接或間接的物質支持”，都將受到美國聯邦政府的起訴。

美國總統貝拉克·奧巴馬並不想通過這部法案，因此他行使了否決權。但美國國會予以否決並頒佈了該法案。事實上，《對恐怖主義資助者實行法律制裁法案》專門針對一個國家——沙特阿拉伯，這個美國在中東地區的盟友被強烈懷疑是伊斯蘭恐怖分子（甚至被懷疑資助了恐怖運動）。回想一下，2001 年“9·11”事件中的 19 名恐怖分子中有 15 人是沙特公民。《對恐怖主義資助者實行法律制裁法案》允許“9·11”事件受害者親屬將沙特阿拉伯告上法庭。但沙特阿拉伯並不是該法案的唯一潛在目標。從理論上講，該法案打破了所有國家的主權豁免權。試想一下，德國可能會因沒有發現“9·11”恐怖襲擊成員、漢堡大學畢業生穆罕默德·阿塔而被起訴。那法國呢？薩卡里亞斯·穆薩維是法國移民，被認為是該恐怖襲擊的第 20 號成員，在攻擊發生幾週前在美國被捕，只因當時他在參加飛行培訓？雖然襲擊發生時穆薩維正被關押，但弗吉尼亞州聯邦法院以參與策劃"9‧11"恐怖襲擊事件將他定罪，判處無期徒刑（2006 年 5 月裁決）。未來，法國政府不得不密切關注境內 12 000 名激進分子，並阻止他們前往美國發動襲擊。[19] 否則，法國很可能會被再次指控。如何應對這樣的法律威脅呢？法國國民議會議員皮埃爾‧勒魯什和卡利娜‧伯格有一個想法，那就是互惠：採取相同的立法。2016 年，他們為此簽署了修正案，但其倡議沒有得到回應。我們將在第 5 章中説到這兩位民選代表就美國法律的域外法權所簽署的議會報告。

美國人還是非美國人？被巧妙維護的界限

在美國有兩類人（包括自然人和法人）受到域外法律的約束：美國人和非美國人。"人"（Person）可以表示個人、實體、企業或政府。"美國人"受到僅適用於美國公司的初級制裁，"非美國人"則受到針對外國公司的所謂次級制裁。接下來要定義"美國人"（US Persons）。理論上，要擁有美國國籍才是美國人，現實中卻不僅如此，因為此類別還包括永久性外籍居民、受美國法律約束的實體及外國銀行在美的分支機構。海外資產控制辦公室是美國財政部的附屬機構，負責確保制裁的恰當實施，同時規定境外的非美國金融機構不屬於"美國人"範疇，前提是它們不會通過其在美國的子公司與禁運國家進行交易。這一範疇的精確度至關重要，因為它關乎美國政府是否有權起訴一家企業。以伊朗為例：儘管 2015 年 7 月 14 日簽署了伊朗核協議（停止向伊朗軍隊提供濃縮鈾以取消部分國際經濟制裁），但大部分針對伊斯蘭國家的制裁屬於“美國人”範疇。[20] 問題在於，“美國人”這一定義十分曖昧，以至於外國公司無法保證司法當局能找到其與“美國人”之間的一絲聯繫。自 2018 年 5 月 8 日起，定義上的模糊已消失不見：唐納德·特朗普宣佈美國退出 2015 年簽署的《聯合全面行動計劃》（即伊朗核協議）。從此，任何與伊朗有往來的公司，無論是否屬於“美國人”範疇，都面臨着巨大的風險。

註　釋

1. Enron, WorldCom, Texaco Inc., Conseco Inc., Financial Corp. of America, Global Cro-ssing Limited, Pacific Gas and Electric Co… Voir Frédéric Marty, "Le cas Enron : les enseignements pour la réglementation", 2006, <halshs-00010371>, p. 4. https://halshs.archivesouvertes.fr/halshs-00010371/document.

2. Hervé Stolowy, Eduard Pujol, Mauro Molinari, "Audit financier et contrôle interne. L'apport de la loi Sarbanes-Oxley", *Revue française de gestion*, vol. n°147, n°6, 2003, pp. 133−143. https://www.cairn. info/revue-francaise-de-gestion-2003-6-page-133.htm.

3. Adam Tooze, *Crashed. Comment une décennie de crise financière a changé le monde*, Les Belles Lettres, 2018, p. 75.

4. Michèle Rioux, "WorldCom : simple écart de conduite ou dérive du capitalisme américain ?", Observatoire des Amériques, août 2002. http://www.ieim.uqam.ca/IMG/pdf/Chro_TIC1.pdf.

5. Nicolas Madeleine, "WorldCom, retour sur un scandale", *Les Échos*, 16 mars 2005.

6. Paul Lanois, *L'Effet extraterritorial de la loi Sarbanes-Oxley*, Revue Banque éd.,

2008.

7. 美國《銀行保密法》主要通過財政部下屬機構通貨監理局實施。

8. Rappelons que la *compliance* (conformité en français) consiste à vérifier que les com-portements, les pratiques et les méthodes des entreprises sont conformes à la législatio-n et à l'éthique. Voir K. Dud zinska, F. Morelle, B. Manivit, E. Marquer, *Le Guide pr-atique de la conformité*, Larcier éd., 2017. Et Christophe Roquilly, Christophe Collard, *De la conformité réglementaire à la performance : pour une approche multidimension-elle du risque juridique*, Lille, EDHEC, septembre 2009. https://www.edhec.edu/sites/www.edhec-portail.pprod.net/files/publications/pdf/com.univ.collaboratif.utils.LectureFichiergw%3FID_FICHIER%3D1328885973394jpg.

9. La *due diligence* (diligence en français) permet de s'assurer que les tiers avec lesquelsl'entreprise traite respectent les règles et les lois. Il arrive également que les entreprises commanditent une mission de *due diligence* à un cabinet externe afin de cerner les risques qu'il y aurait à contracter avec tel partenaire ou à investir dans telle société.

10. https://www.occ.treas.gov/topics/compliance-bsa/bsa/index-bsa.html.

11. "HSBC Holdings Plc. and HSBC Bank USA N. A. Admit to AntiMoney Laundering and Sanctions Violations, Forfeit $1.256 Billion in Deferred Prosecution Agreement", 11 décembre 2012, Department of Justice, Office of Public Affairs. https://www.justice.gov/opa/pr/hsbc-holdings-plc-and-hsbc-bank-usa-na-admit-anti-money-laundering-and-sanctions-violations.

12. US Patriot Act, titre III, section 302-a-3. https://www.govtrack. us/congress/bills/107/hr3162.

13. "Shoah, plainte contre la SNCF aux USA", *L'Obs*, 8 septembre 2001. Non signé.

14. AFP/AP/Reuters, "La France va verser 60 millions de dollars aux victimes américainesde la Shoah", *Le Figaro*, 5 décembre 2014.

15. 2015 年 10 月 21 日出台的 2015-1323 號法令是法國及美國政府就從法國驅逐出境的和不受相關法國計劃保障的美籍大屠殺受害者達成的協議（帶有附件）的出版版本，該協議於 2014 年 9 月 8 日在華盛頓簽訂。https://www. legifrance.gouv.fr/eli/decret/2015/10/21/MAEJ1524557D/jo/texte.

16. 同上。

17.　"États-Unis : des familles de victimes de la Shoah attaquent la SNCF", *L'Express-AFP*, 17 avril 2015.

18.　Bank Marzaki v. Peterson, 136 S. Ct. 1310 (2016). Voir https://www.supremecourt.gov/opinions/15pdf/14-770_9o6b.pdf.

19.　根據議會咨情代表團 2016 年的報告，12 000 是列為 "S" 類的人數指標（危及國家安全）。詳見：http://www2.assemblee-nationale.fr/static/14/DPR/i4573.pdf。

20.　《聯合全面行動計劃》是 P5+1 集團（聯合國安理會 5 個常任理事國及德國）於 2015 年 7 月簽署的協議。針對伊朗的大部分經濟制裁可以逐級取消；作為交換，伊朗則要盡快停止核計劃。

4. 是檢察官的事，而非法官的

　　要評判美國域外管轄立法的是非，就一定要先明白一個簡單但重要的事實：並不是司法在審判，而是體制在制裁。導致企業被判巨額罰款的過程是沒有公正可言的，完全是檢察官隻手遮天。

　　美國司法體系（普通法）實行對抗制，而法國的民法或大陸法，實行糾問制。在普通法中，原告與被告在法官或是陪審團面前激烈辯護，美國法官扮演仲裁人的角色；而在大陸法系中，法官根據原被告雙方呈遞的證據以及他可以自由援引使用的證物來組織庭上辯論。美國法律的另一典型特徵是其與真相的聯繫。在法國，被告為了維護自己的利益可以選擇拒說實情："謊言是嫌疑人或正在被調查的人自衛的一項權利，這項權利受法律保護。而在英美法系中則會責罰他們，因為他們違背了開庭前立下的不可撒謊的誓言。"[1] 在美國，做假誓的人會被判處多年的監禁。因此跨國公司的高層領導人都深知對美國政府撒謊會使他們承擔巨大風險。

　　理論上講是這樣。但實際上，在我們關注的國際經濟案件中，美國司法體系只有在審判過程的最後，雙方已經達成和解的情況下才會讓法官發揮作用，訴訟已名存實亡。而這種協商性司法的關鍵就是要企業認罪。為了達到這一目的，檢察官強制企業展開對其自身不利的內部調查。在美國法律中，認罪是一種司法傳統，對雙方來說，可以避免耗時冗長、費用昂貴的訴訟。[2] 在美國最高法院看來，"認罪不僅是承認已經犯下的罪行，也是被告認可某種未經訴訟而達成的判罰決定 —— 放棄在法官或陪審團面前為自己辯護的權利"[3]。承認自己有罪這種做法在普通法中是具有法律效力的，因為它可以讓檢方和被告快速達成和解。結果就是，在美國，95% 的聯邦案件都是以這種未經訴訟的認罪方式被解決的。[4]

　　因此我們可以明白，為甚麼在美國司法體系中沒有一例我們關注的案件是通過庭審訴訟的方式被解決的，所有案件都是在美國司法機關執法者的辦公室裡被解決的，這就好比法國司法部在沒有經過法官公正審判的情況下自行解決了與企業的各種爭端。無論是西門子還是阿爾斯通，抑或是法國巴黎銀行等，都沒有在美國經歷過正式的庭審。所有這些跨國公司都與一個或多個美國機構或機構負責人簽署了協議，如美國司法部、紐約檢察官、美國證券交易委員會和美國財政部海外資產控制辦公室。[5] 這些機構都是被檢察官而非法官控制的。

　　因此在美國組織訴訟、制裁企業的都是這些檢察官，也正是由於這個原因，在這些人面前呼籲公平公正是完全不現實的。既無陪審團又無法官，只有一個檢察官或者市場監管機構的負責人。"對美國政府來說，"世達律師事務所前律師奧利維爾·布隆寫道，"通過庭審證明大型跨國企業有罪需要經過大量的調查和證據分析，還不能確保將其定罪，而謀求涉事企業的合作，以便使其聽憑自己擺佈、接受調查，顯然是一個更令人滿意的做法，特別是這樣做的代價也更小。"[6]

法官們只有在案件最後階段，美國政府和企業已經快要達成協議的時候才會介入，在合意解決協議上加蓋印章。就如同大家起的外號那樣，這些橡皮圖章法官往往不了解案情卷宗，不問任何問題，只負責蓋章簽字。"美國法官，"法學家讓·普拉德爾寫道，"事實上只負責名義上的監管。"[7]

慢慢地，一些法官開始自問他們的職權是甚麼，把章蓋在金錢交易協議上就是真正的司法嗎？當然不是。很多法官對他們的工作持有不同意見，並且越來越多地要求介入案件審理流程。曼哈頓法庭的聯邦法官傑德·拉科夫就是反抗者之一。2011 年，美國證券交易委員會指控花旗銀行在知情的情況下向投資者售賣有毒證券，而拉科夫阻止了它們之間的協議。這位法官表示，這種企業和檢察官間的協議不能保證公平公正，他認為其中含有太多不透明和不能證實的因素。因此他大力呼籲司法應公正透明、維護大局利益和還原真相。[8] 對花旗銀行的罰款為 2.85 億美元，拉科夫認為，協議所要求的"既不合理、不公平、不充分，也不尊重公共利益"[9]。他對可證明花旗銀行有罪的證據相當匱乏表示驚訝，總而言之，他拒絕再扮演只負責監管資金入賬的角色，因此也沒有簽署協議。惱羞成怒的美國證券交易委員會將該案上訴至紐約州，終於得償所願，拉科夫法官迫於壓力簽署了協議。[10] 他的立場使他的一些同僚有所觸動，但敢於做出改變的法官終究是極少數。然而，對於美國法治和美國政府審問方法的質疑卻慢慢生根發芽。

美國政府的黑信

歷史的開端總是驚人地相似。某天，一家外國企業的總裁及其理事會主席都收到了美國司法部、美國財政部海外資產控制辦公室、美國證券交易委員會等美國監管機構的來信，指控該企業"疑似違犯了美國法律"。送信一方提出要涉事企業積極合作，否則就有面臨美國法庭審判的風險。槍就頂在太陽穴上，企業只能選擇合作。案件調查過程永遠是既漫長又煎熬的，企業在數年間都因此而膽戰心驚。更嚴重的是，該企業會被媒體大肆報道，嚴重影響其聲譽。最終，也無疑是最壞的結果，如果企業拒絕合作，那麼美國政府可以收回其在美國的營業許可。因此企業根本沒的選，只能屈服於美國獨斷專行的法令。

另外，涉事企業對美國執法人員的恐懼已經到了無須寄信就自曝罪行的程度。2017 年，歐洲飛機製造商空中巴士向英法執法機構繳納了一筆數額巨大的罰款⋯⋯以期逃過美國的重拳（空客案件在第 8 章中有詳細介紹）。一般來説，企業會在受到警告以及經過內部聽證會後，向政府監管機構申報貪腐行為，這種常規做法可以規範市場，揪出害群之馬，也可以確保各項國家法規、國際條例以及各種職業準則在市場及給定地理區域中良好運轉，維護重要客戶的利益。

從內部聽證會到內部調查

在大型企業中，內部聽證會一般是由律師事務所組織的，通常是一家英美律師事務所。"要注意到，在巴黎，所有為英美律師事務所駐巴黎辦事處工作的商業律師中，只有一小撮人是了解內情的，因為個中流程非常複雜。在聽證會過程中，處處顯示着合規原則和盡職調查原則。調查人員會細細梳理能幫助該企業贏得或保留市場的第三方。他們會盡可能深入地調查，直到確認某第三方與該企業成員無任何親屬或朋友關係。他們還要確認這些第三方是否有不誠信的前科或涉及某些可疑人員。他們也會調查第三方是不是聽命於其客戶，一旦證據被證實將對企業極為不利。在這種情況下，他們會強烈建議客戶立刻中止各種商業往來，甚至關停各種轉賬交易。一旦美國司法部、英國欺詐重案辦公室或法國國家金融檢察院案頭出現了類似證據，後果將是毀滅性的。" [11]

我們還是要回到主題上來。甚麼樣的商業行為會被美國法律制裁，而甚麼樣的則不會呢？美國人知道其中存在一個灰色地帶，他們也利用了這一點。這使他們可以持續從多個角度向企業施壓。因此，想了解法律的紅線在哪裡是極其困難的。

　　直到 2012 年，美國司法部依然拒絕公佈法律所許可和禁止的各種詳細指標。在這種情況下，企業要如何有效遵守各種市場準則呢？就連經濟合作與發展組織在 2010 年都對此表示不滿。以下內容是我們從美國牽頭推行的經濟合作與發展組織《反賄賂公約》的報告中讀到的。"此外，調查組建議相關機構根據《反海外腐敗法》整合概述並公開各種信息。"[12] 最終，兩年後，2012 年 11 月，美國司法部和美國證券交易委員會同意發佈它們的"大綱"——美國《〈反海外腐敗法〉實施指南》，[13] 這一指南成為經濟行為合規化的寶典。這份指南共有十章，旨在讓企業有的放矢地遵循、踐行各種國際公約（公司財務統計、人員培訓、訴訟和判罰等）。

　　釐清框架並沒有使情況改善多少，一些法律死角仍舊陰魂不散地困擾着企業。請人吃飯花多少錢就可以構成賄賂行為嗎？是不是商人們在商業活動中接觸任何人都要申報？怎樣支出一筆開銷才能算作合法？雇用客戶的親屬實習是不是一種賄賂行為？諸如此類。

　　自亮身份不足以自證無辜。企業還應證明自己積極配合打擊貪腐。就像在一段戀情中，只有經得起考驗才是真愛。由此，美國司法部要求被監管企業向其提供符合市場規範的雇員的工作協議。如果該崗位由一位年薪 6 萬歐元、與大老闆無甚關係的中青年負責，司法部就會認為企業沒有認真對待反貪腐問題。因此，該崗位一定要由資歷深厚、薪水優渥，特別是經常與該企業最高層負責人有直接聯繫的人負責。

因此，組織內部聽證會是為了確保企業雇員們嚴格遵守各項法規——企業也可以避免美國政府有機會滲透進來。即使聽證會顯示存在某些可疑行為，企業也可以及時做出反應而不必再遮遮掩掩。英美法系竭力推崇這種自我坦白式的做法，美國政府也鼓勵企業這麼做。內部聽證會由此便發展成一場由相關執法機構敦促、監管的內部調查。

通常不利於被告企業的內部調查

在這一階段的初期，企業應立刻採取一系列緊急措施：將其已進入美國司法機關雷達區的事實在內部（理事會和雇員等）通氣，並與外界（合作夥伴、媒體和市場等）溝通聯絡；注意保留證物，並命令信息部主管停止企業某一個或多個數據終端自動的刪除功能，這一常規功能本是為了防止硬盤過載。如果調查是因一位雇員而起，那麼企業高層應該保證這位拉響警報者的身份不被泄露並承諾不對其施壓。

即使企業落入美國政府的手中，它仍可以與美國政府商量調查的界限：哪個領域的市場、哪個國家、哪個時期，涉及哪些人、哪些數據、哪些文件、哪些電腦、哪些硬盤，等等。在美國法律中，腐敗罪和違犯禁運罪的追訴時效為 5 年。然而，美國政府卻毫不猶豫地要求企業調查近 6 年來的各種交易。"在這種情況下，"紐約和巴黎律師公會的律師蘇菲‧瑟姆拉解說，"我會向我的客戶們建議不要屈服，並向美國政府嚴正交涉追訴時效為 5 年而非 10 年。"[14]

當所有的問題都解決後，調查就開始了。這種調查正如律師奧利維爾‧布隆指出的那樣，是凌駕於企業權益之上的："這是一個漫長又沉重的非正式合作的流程。它是保密的，而且會游離於法律的界限之外。"[15] 調查通常由一家英美律師事務所負責，如諾頓羅氏律師事務所、高偉紳律師事務所、休斯‧哈伯德和里德律師事務所，這些頂級律師事務所都在巴黎和其他國家的首都設立了辦事處，它們依託於一些專門通過電子渠道搜集信息的企業，又稱"鑒識科學"。律師和諮詢顧問的酬勞是由企業支付的。這一開銷堪稱數額巨大，可達數千萬歐元，在一些大案，如法國巴黎銀行、法國興業銀行、空客或阿爾斯通的案子中，甚至高達數億歐元。

為甚麼總是由美國律所或者在美國分佈極為廣泛的英國律所負責調查呢？法國、德國、意大利等國家的律師在這方面不能勝任嗎？這是由於美國政府只想和英美律所合作。這既是能力問題，也是信任問題。美國人生怕一位法國律師在為一家法國跨國企業服務時不能很好地履行它的職責，調查對其客戶不利的種種證據。美國法律迫使企業對自己下手，就像奧利維爾‧布隆律師提到的那樣。[16] 這種做法在法國檢察官或律師看來是十分奇怪的，而在美國檢察官眼中，內部調查的目的並不是為企業辯護，恰恰相反，是為了推倒它。因此，美國域外管轄法律將律師置於一個極為尷尬的境地。顯然，法國律師相比他們的美國同僚更難抵禦這樣的窘境。"在政府面前要裝傻充愣，"一位在英美律所巴黎辦事處工作的法國律師如是說，"還要向那些極其了解美國法律的律師學習借鑒。"[17] 這種把戲難道不是無視職業道德嗎？

這些既不能徹底地扮演辯護者，也不能徹底地扮演起訴者的律師，只能依靠專業數據公司來搜集企業數據，以作為呈堂證供。成百上千封對涉事企業不利的郵件或者其他文件數據會被存儲在一個特殊的終端。從理論上講，這些終端設在歐洲，並且被認為是層層加密過的，只有英美律所巴黎辦事處的律師和一些行政人員有密碼可以登錄。但如何保證這個路徑和密碼不會被泄露給紐約和華盛頓呢？在這個極為機密的巨大數據庫的幫助下，律師們開始受美國政府之託，為後者起草一些報告。

律師轉行檢察官

當初期報告寫完後，律師就開始進入談話調查階段。雇員會被傳喚來回答一些問題。"在法律上，我沒有任何權利來強迫一位雇員接受並重視這個談話，"一位在巴黎工作的美國律師如是說，"但我敢肯定，他們的上司希望他們能夠主動拒絕這種談話。我的任務並不是整理出一份對他不利的卷宗，而是尋找事實並確認、交叉比對信息。"[18] 這是一項類似於記者或者警察的工作……

　　事實上，雇員們常常會有他們企業聘請的律師在刻意往對企業不利的方向調查的感覺。"和他們打交道那段日子真的很不舒服，"空客的一位女高管如是說，"我們感覺既孤立無援，又弱小無助，你花錢聘請的律師會把很久之前你們已經毫無記憶的郵件，扔到眼皮底下試圖動搖你們。"[19] 這些往往被一些雇員定義為名副其實的訊問談話通常是由美國律師來執行的。當這些司法人員不會說法語時，他們就會強制要求用英語對談。經驗表明，一位不能熟練掌握莎士比亞語言精妙之處的雇員，往往會被他們動搖意志。而這些訊問談話必然沒有翻譯在場，情況會更加不利。

　　馬克是空客的一位高層。他曾被英美律所的律師訊問過數次。"第一次是由三位來自休斯·哈伯德和里德律師事務所的律師執行的。他們的負責人是個美國人，希望用英語進行談話。我可以講一口流利的英語，但是在法國境內，我有權利要求講法語。因此談話就草草結束了，美國律師根本不會講半個法語詞。"[20] 最終他們配備翻譯人員後，馬克才同意進行另一場談話。

　　企業和律師面對這樣的問話都顯得難以招架。所有人只能臨場發揮，隨機應變。一些雇員抱怨無權查看自己的談話筆錄。"我們確實不提供這些文件，我也從沒讓任何雇員查閱過。"這位美國大律所的律師確認道。英美律所巴黎辦事處的另一位律師也表示："我不會讓雇員們在這些文件上簽字。"

　　更令人大驚失色的是一位在美國律所倫敦辦事處工作的法國律師所透露的情況。他曾參與法國巴黎銀行的案子，每每回想起仍感覺心酸苦澀。"今日回想，我才意識到我們對雇員的確太過苛刻，沒有意識到要保障他們的基本權益。我們曾一連兩週持續多次問該銀行瑞士分公司的一位雇員。我身邊有一位美國律師，他只用英語提問。我們給翻譯安排了座位。此前為了準備這一系列會談，我們從十幾年前的郵件和文件查起，仔細篩選。我們深知其中的一些文件會將該雇員置於險境。然而，我們從未向他提出可以讓他的律師加入訊問的建議，也從沒允許他查閱自己的談話實錄。我們清楚地知道我們這麼做是對基本辯護權益的嘲弄。"[21]

然而，律師公會建議雇員重新審閱自己的談話實錄。一份訊問實錄的立場並不是中立的。由於其中並沒有甚麼職業機密，所以它有可能被作為呈堂證供，成為對該雇員不利的證據，更何況訊問還是用英語進行的，既沒有讓雇員重新審閱，也沒有讓他簽字。"從律師公會理事會到律師公會成員，"一位英美律所前律師說道，"所有人都對這些行為心知肚明，但大家都視而不見。這就給我們聲稱捍衛法律制度的民主製造了很大挑戰。"這種漠視的態度是不是與巴黎律師公會絕大部分分攤會費[22]來自英美律所有關係？

律師公會理事會還是注意到了這個問題，並開始在行業內部發聲，它認為內部調查可能會成為律師工作的一部分。在 2016 年寫進律師職業道德規範的"負責組織內部調查的律師必備"[23]的行業總規中規定：律師應"特別注意保持道德感、獨立精神、人道主義、忠誠、體貼、知節、專業水平和謹慎態度；律師應注意不要對任何與其相處的人施加壓力"。律師公會由此要求被訊問人有權利重新審閱他說過的話的逐字記錄，並在同意的情況下簽字。此外公會也不主張律師向"涉及法國或外國相關保密條例的被訊問人提供逐字記錄的副本"。這裡提到了"外國法律"，表明美國法律可以名正言順地在法國境內實行。公會也重申被訊問人"可以在其聽證前和過程中有需要時，申請有律師在場或者向律師諮詢"。公會最終明確指出，負責內部調查的律師不能在一場針對其被訊問人的審訊會中代其出席。"這就是這個體系的漏洞，"這位律師憤怒地說，"我的同僚們根本忘記了他們的第一要務，那就是保護客戶的利益。比起這個，他們更多的是以整治市場規則為由開出罰單並中飽私囊。這樣運行的是商業而不是正義。"

在內部調查的整個過程中（根據企業的規模少則幾月多則幾年），律師們常常會拿了企業的錢，受它們之託向美國政府呈交報告，有些報告還有可能會被要求補充說明，在某些點上繼續深入或在其他方向上深度挖掘。當調查受阻時，律師們就會將情況彙報給美國政府。美國政府會用十項標準來評估這份合規文件的質量，這十項標準也被稱為"菲利普因子"[24]：違法行為的性質和嚴重性，該企業的前科，應受懲治行為的實施次數，企業配合調查的積極程度，整頓行為的落實效率，企業自我曝光其應受懲治行為的意願，企業採取的整治這些行為的措施，對其股東和公眾的可能懲罰的各種後果。

弱肉強食的合約

　　基於"菲利普因子"，檢察官可以與企業高層達成和解。存在三種可能的協議。第一種是《認罪協議》，在這種協議中，企業承認其錯誤並承擔遭受重罰的風險。當企業犯下的錯誤極其嚴重，或者美國司法部認為企業的配合態度惡劣時，企業就會受到重罰。因此法國巴黎銀行和阿爾斯通（分別於 2014 年 6 月 [25] 和 2014 年 12 月 [26]）簽署了一份罰款數額巨大的《認罪協議》，但這至少保留了它們在美國市場的准入許可。更多時候，雙方簽署的是第二種協議——《延緩起訴協議》，它使雙方對賄賂貪腐和違犯禁運令等行為心照不宣，因為違法行為並沒有被定性。而企業會承認其行為違法（如實陳述），保證決不再犯，支付一筆數額不小的罰款並實施一些監管預防措施。德希尼布、阿爾卡特－朗訊分別於 2010 年 6 月 24 日和 2010 年 12 月 20 日簽署了《延緩起訴協議》。最後是第三種協議——《不起訴協議》，美國司法部撤銷對企業的起訴，但如果企業不遵守協議，司法部完全有可能在之後重新起訴。有時當美國司法部認為企業內部的反腐敗程序無懈可擊時也會放棄起訴。這也是為甚麼 2012 年美國銀行摩根士丹利可以免於因在亞洲國家的貪腐行為而受到處罰。摩根士丹利銀行沒有被處罰，受罰的只是一個來自其新加坡分公司的高層。加思·彼得森在紐約布魯克林法院供認賄賂亞洲國家官員、中飽私囊的行為。[27] 美國司法部隨即表示該銀行內部擁有有效的反腐機制，足以震懾圖謀違法的雇員。

在前兩種協議（《認罪協議》和《延緩起訴協議》）中，美國司法部常常不滿足於只讓企業支付罰款，還會強制指派監察員對企業進行全面監察。被司法部指派的監察員直接與企業高層接觸，也因此可以接觸到企業的各種文件，無論是無關緊要的，還是極為敏感機密的。這個監察員還可以訊問任何高層，他的職責是監視企業，確保其各項行為符合法律法規以及該企業不再有貪腐風險。該監察員要定期向美國政府提交報告，彙報公司賬目情況。直到 2000 年以前，美國都強制安排美國國籍的人員承擔這項工作。自 2008 年西門子事件後，外國政府的反對聲越來越大，歐洲企業從此有機會指定本國國籍的人員對自己實施監察。阿爾卡特的案件就是由法國律師羅朗·科恩－達努奇負責監察的。他對美國法律的域外管轄權持贊成態度，曾發文表達觀點。[28] 而在道達爾和德希尼布的案件中，則由泛歐證券交易所創始人讓－弗朗索瓦·泰奧多爾負責監察。

公司監察員撰寫的報告是極為全面的。監察員可以接觸到企業的各種秘密，撰寫出的報告包含不可估量的信息價值，可以使其競爭者大為受益。這些報告大多數是絕對保密的。為了防止泄露某些信息，法國司法部和經濟部的工作人員會仔細閱讀這些報告，以確認這些被送往國外的承載着重要經濟信息的報告沒有違犯法國法律，斟酌權衡這些可能極為致命的信息會不會揭露太多敏感問題。[29] 例如，參與午宴、晚宴的賓客名單及公司高層會見的客人，甚至是他們在法國或海外的差旅費用等。這些信息看上去無聊，實則對那些想要了解企業國際網絡、破解其商業策略甚至了解企業研發計劃及其下一步商業目標的人來說極為寶貴……時至今日，許多企業高層仍沒有意識到問題的嚴重性，就如在本書第 5 章中我們將會提到的法國議會調查團所搜集的幾位證人對於美國域外管轄法的證詞。一些企業負責人表示，這些監察員的報告只提到了企業的整頓計劃卻絕口不提"具體行動"。[30]

2013-2015 年擔任法國經濟情報跨部委代表的克勞德·雷維爾卻不這麼看。她閱讀了存放在法國中央預防腐敗中心[31]的企業監察員撰寫的報告："得知如此機密的信息被送往美國，我感到十分震驚。"[32] 由此，克勞德·雷維爾提出可以修改一些章節，描述一些其他的內容而避免將過於細節的內容寫進報告。總而言之，她也算得上盡職盡責了。"我得告誡自己不是部門審查官。"這些建議被採納了嗎？她一無所知，因為這些建議一經提出就石沉大海、毫無回應。但同時她也表示，這些風險不容小覷："一旦這些報告被用作證物，它們可以在收購項目啟動前就大大削弱企業。"克勞德·雷維爾擔心監察員過於殷勤，面面俱到地撰寫報告。當一個律師在巴黎和紐約律師公會註冊執業資格時，他總是會想着討好美國政府。另外，監察員在書寫報告時會得到一些專業人士的幫助（諮詢顧問和律師等）。因此，他並非唯一有權限接觸到這些企業敏感信息的人，這進一步加劇了信息泄露的風險。匯豐集團負責合規監管的前高管可以證實美國人對這些信息的關注："許多企業專家曾供職美國聯邦調查局和中央情報局，這事想想就恐怖。"

《封鎖法》：一部百無一用的法律！

法國於 1968 年投票通過的《封鎖法》究竟是甚麼，它又是如何保護企業經濟信息，使之不被外國當局竊取的呢？ 1980 年，察覺到全球化前夕"經濟戰爭風向"[33] 的議員們修訂了這部法律，這種風向也反映了當時西方世界與蘇聯的對峙，而在西方陣營內部，作為霸主的美國也和經濟正在崛起的歐洲產生了分歧。

無論是企業還是國家，沒人遵守這部法律。法律第一條明文規定："禁止任何法國公民或常居法國的人……以口頭、書面或其他形式在任何場合向外國政府泄露可能會危害法國國家主權、國家安全及核心經濟利益的經濟、貿易、工業、金融及技術文件或信息……"而國際條約中並沒有對此做相關規定。人們很難弄清違法的界限，因此所有人都對這部法律不屑一顧，包括美國政府、法國司法部和法國企業。

這部法律並非為了向企業負責人施壓，而是為了給不想向外國泄露敏感信息的企業一塊免死金牌。問題在於這部法律幾乎沒有被實行，因為它將企業置於一種極為尷尬的局面：雖然泄露信息會被法國法律制裁，但不泄露信息就會被驅逐出美國市場。孰輕孰重，高下立判。美國律所巴黎辦事處的一位律師在 2007 年12 月因要求法國保險公司 MAAF "向該企業理事會提供收購某家保險公司期間的決策信息"[34] 而被罰 1 萬歐元。根據第一條第三款，另有四個小案子最終判決定案，這部法律主要打擊搜集和泄露經濟貿易、金融信息等行為。

這部法律收效甚微，美國政府根本沒把它當真，認為這部法律並不能成為企業拒不提供所需信息的藉口。[35] 美國最高法院也是這麼認為的。在 1987 年提交的一份判決書中，最高法院證實這部法律極少被應用。[36] 在這種情況下，違犯美國法律比違犯這部法律要嚴重得多。因為違犯這部法律的後果微小到可以忽略：對違犯法律的自然人處以 6 個月監禁和 1.8 萬歐元的罰款，對法人處以 9 萬歐元的罰款。結果頗具諷刺意味的是，一項以法國人民的名義通過的法律要由美國政府和美國法官來決定其效力。

因此，企業的高層及其律師只能畏畏縮縮、不敢吭聲。大多數情況下，即使冒着被企業雇員、工會和稅務專員糾纏的風險，他們也寧願聽命於美國人。"我們只能想辦法應付，"一位法國律師解釋道，"我們小心翼翼地刪去一些敏感的經濟情報和人名，再把美國政府要求的文件交給他們。"[37] 同時，企業律師還幫助美國政府向法國司法機關撰寫司法互助申請。為了讓美國政府精準地得到它所需的信息，這種申請必須仔細斟酌。"即使我們向美國政府提出了很多建議，但是它有時仍會說問題描述得不夠準確，或是法國政府不夠合作。我們不敢攔截信息，否則美國方面就會晚收到信息，認為我們不夠合作。"當提交給美國政府的申請報告撰寫好、法國政府也批准後，法方警察也會進入企業調查信息，常常會有一位美國司法部的人和他們一起來。從這一步開始，各種情報就會被合法地輸送給美國政府。

一項鉗制企業言論的條款

　　讓我們回到在內部調查期間，企業和美國政府簽署的協議上。這是一份效力很強的協議，因此，無論如何企業都不能違約。此外，企業還會簽署一份特殊協議，叫作"封口條款"，禁止企業在美國或外國法庭上否認協議的內容。企業高層也被知會要保持沉默，絕不可在公共場合批駁協議，嚴禁品評協議的任何內容，即使是在記者面前。企業無權在媒體面前以自己的立場陳述事實，否則美國企業就會打擊報復。英國渣打銀行董事長莊貝思就有過慘痛的教訓。2013 年，他的銀行因違犯美國對伊朗和利比亞的禁運令，被處以 3.27 億美元罰款。2013 年 3 月 5 日，他對記者聲稱對這些所謂的違法行為的評估有誤，銀行並沒有故意違犯美國法律。隨即他就被美國檢察官拘押，然後被要求撤回相關言論並公開道歉。[38]

　　與美國司法人員簽訂的協議具有很強的法律效力，它可以在之後的訴訟中被用作針對被告的物證。如實陳述可以被視作供認有罪，企業也不敢冒着激怒美國檢察官的風險反駁這個協議，但它可以在庭審上以獲取其"供狀"這種極特殊的方式解除不利指控。企業也可以援引"一罪不二審"的原則，該原則禁止以相同行為對已經追究法律責任的再次起訴和審理。這是一個規則，卻不是一條國際通用的法律，也就是說，這依舊取決於各個國家的態度。經濟合作與發展組織在其《反賄賂公約》中特別指出了這一點。[39] 第四條第三款建議各國協商，"以便決定哪一方最適宜組織訴訟"。

歐盟法庭認為與美國政府簽署的協議具有判決色彩，由此適用"一罪不二審"的原則。[40] 然而，一個國家追究在其領土上有違法犯罪企業的行為天經地義，即使該企業與美國政府簽署了協議。

美國憲法與域外管轄的對峙

就像大家之前看到的那樣，美國域外管轄法律違背了國際法的某些原則。但它是否完全遵守了美國憲法呢？直到 21 世紀初，美國最高法院的一個法官寫道，法院"一般會把模棱兩可的法條以不會與其他國家發生不合理主權爭端的方式解釋出來。最高法院法官斯卡利亞表示，這個法律解釋原則與'國際禮讓'原則有異曲同工之妙，這條國際禮讓原則旨在倡導各國避免濫用本國法律追究身在本國境外的人或發生於本國境外的事，以便尊重他國主權"。[41] 2010 年美國最高法院正式提出，[42] 如果立法者沒有明確在法律中指出這一原則，那麼就根據聯邦法律實行"域外法權推定不適用"原則。美國司法機關對此漠不關心，它們認為當下與他國的主權摩擦早已是形勢使然。

另外，美國憲法第五修正案賦予大陪審團起訴特權，禁止同罪多審及自我指控。"無論任何人，除非根據大陪審團的報告或起訴書，不受死罪或其他重罪的審判……任何人不得因故意犯罪行為而兩次遭受生命或身體的危害；不得在任何刑事案件中被迫自證其罪……"面對如此眾多的保護措施，美國司法機關都置若罔聞，因為上有政策下有對策：第五修正案不適用於與美國司法機關合作的企業。因此美國司法機關和企業間的調查便不再是針對企業的不利調查，而是雙方間的合作。此外，最高法院把問題分成了多個方面：第五修正案——特別是反對強迫自證其罪原則，只適用於個人而非企業。"第五修正案，"1906 年最高法院的法官寫道，"保障個人民事權利，而非企業經濟利益。" [43]

為了找出美國憲法與司法機關在實際執法中的分歧，需要一個勇敢的企業堅持訴訟，以便有機會在法庭上得到公平仲裁。司法機關在內部調查過程中有權向企業提出甚麼要求呢？而甚麼又是它們無權提出的呢？沒有一個企業有膽量在法庭上公開要求其合法權益，而堅持訴訟卻是了解美國政府是否濫用域外管轄概念違犯法律的唯一辦法。

有一個值得企業借鑒的積極信號：2018 年 8 月 24 日，美國巡迴法院在"美國訴霍斯金斯案"中限制了《反海外腐敗法》中的域外管轄權。[44] 英國人勞倫斯·霍斯金斯是阿爾斯通英國公司前高管，因在印度尼西亞有貪腐行為被美國司法部起訴。在這個案子中，阿爾斯通於 2014 年被美國司法部判罰 7.72 億美元。但企業中的一些高層仍處在美國司法機關的瞄準鏡中。勞倫斯·霍斯金斯一審勝訴，巡迴法院隨後也確認了這一判決，理由是如果當局沒有足夠證據指認一個沒有居住在美國的外國人在美國領土上有違犯《反海外腐敗法》的行為，就不能以共謀的罪名追究他。巡迴法院表示，勞倫斯·霍斯金斯的往來郵件和他簽署的轉賬許可在這類經濟案件中並不足以將其定罪。勞倫斯·霍斯金斯本人在事發期間並未踏入美國國土，也並未受到任何美國企業或美國企業的海外分公司之託，他的行為並不適用於《反海外腐敗法》。這一判決表明了美國司法機關並不是無懈可擊的。[45] 仍然需要關注美國最高法院在這一重要案件上的立場，因為它的判決最終決定了這件事情的走向。如果美國最高法院同意了巡迴法院的判決操作，那麼美國的域外管轄法或許能被遏制。

從一個公正完整的庭審過程可以得知，美國法律是否可以基於未在美國本土發生的行為對外國企業進行真正判罰。"如果沒有法官的審判，"波肯律師事務所的律師費利克斯‧德貝盧瓦和拉爾夫‧穆加尼寫道，"適用於域外管轄法律的判例，特別是在反腐敗案件中，基本是不存在的。因此，美國在全球化經貿關係中得以稱霸。"[46]

如果一個美國法庭接受企業或個人的訴訟請求，它也可以引用域外管轄法律中的各種理論進行裁決。但是這些理論真的恰如其分嗎？外國企業在美國境外的貪腐行為是否與美國國土有直接聯繫呢？使用美元結算是否足以作為證據，以制裁與美國所列出的國家進行貿易的企業呢？是否應認同美元被美國賦予了國際管轄的權力？美元是否應該一統世界？只有法庭才可以回答這些問題，因為答案永遠不會寫在已經簽署的協議裡。這些協議常常是在內部調查中不公開、不透明地簽署的。大家只看到協議中最微不足道的一部分，而這部分往往是罰款的數額。等到這些數額越滾越大，議員們總是會覺醒的。

註　釋

1. Diane Protat, "Les aspects laïques dans les procédures civiles et pénales", *Revue internationale de droit comparé*, vol. 66, n°3, 2014, p. 740. https://www.persee.fr/doc/ridc_0035-3337_2014_num_66_3_20415.

2. George Fisher, *Plea Bargaining's Triomph, A History of Plea Bargaining in America*, Stanford University Press, 2003.

3. Cour suprême, affaire Brady v. United States, 397 US 742, 748 (1970). Cité et traduit par Jean Pradel, "Le plaider coupable, confrontation des droits américain, italien et francais", *Revue internationale de droit comparé*, vol. 57, n°2, 2005, p. 481. https://www.persee.fr/doc/ridc_0035-3337_2005_num_57_2_19357.

4. Antoine Garapon, Ioannis Papadopoulos, *Juger en Amérique et en France*, Odile Jacob, 2003, p. 72.

5. 美國財政部海外資產控制辦公室的職責是確保在金融領域美國的各種國際制裁在合乎相關法律的情況下運行落實，特別是在《反海外腐敗法》的框架下。這個金融監管機構下轄於美國財政部，擁有 200 名雇員和 3 000 萬美元的預算。

6. Olivier Boulon, "Une justice négociée", in Antoine Garapon, Pierre Servan-Schreiber (sous la dir.), *Deals de justice. Le marché américain de l'obéissance mondialisée*, PUF, 2013, p. 42.

7. Jean Pradel, "Le plaider coupable, confrontation des droits américain, italien et francais", *Revue internationale de droit comparé*, vol. 57, n°2, 2005, p. 484.

8. Edward Wyatt, "Judge Blocks Citigroup Settlement With SEC", *New York Times*, 28 novembre 2011.

9. Les conclusions du juge sont lisibles ici : http://www.nysd.uscourts.gov/cases/show.php?db=special&id=138.

10. Joseph Ax, "US judge Reluctantly Approves SEC Citigroup $285 million Deal", Reuters, 5 août 2014.

11. 2018 年 1 月在巴黎的採訪。

12. 美國起草的經合組織《反賄賂公約》第三期實施情況報告，2010，第 5－6頁。

13. 由美國司法部刑事犯罪署和美國證券交易委員會執法署聯合起草。https://www. documentcloud.org/documents/515229-aresource-guide-to-the-us-foreign-corrupt. html.

14. 2018 年 9 月的採訪。

15. Olivier Boulon, "Une justice négociée", in Antoine Garapon, Pierre Servan-Schreiber (sous la dir.), Deals de justice. *Le marché américain de l'obéissance mondialisée*, PUF, 2013, p. 70.

16. 奧利維爾‧布隆援引了波德萊爾《惡之花》中一首詩的名字，L'Héautontimoro-uménos（希臘語意為＂自戕者＂）同上，第 41－43 頁。

17. 2018 年 1 月的採訪。

18. 2018 年 2 月在巴黎的採訪。

19. 同上。

20. 2018 年 5 月在巴黎的採訪。

21. 2018 年 6 月在倫敦的採訪。

22. 在律師公會中的分攤會費由律所的營業額決定。

23. 新附錄第 24 條。 "Vademecum de l'avocat chargé d'une enquête interne", séance du Conseil de l'Ordre du mardi 13 septembre 2016. http://www.avocatparis.org/mon-metier-davocat/publicationsdu-conseil/nouvelle-annexe-xxiv-vademecum-de-lavocat-charge-dune.

24. 得名於 2008 年將其歸納總結出來的司法人員馬克‧羅伯特‧菲利普，當時他擔任副檢察官。https://www.justice.gov/criminal-fraud/page/file/937501/download.

25. "BNP Paribas Agrees to Plead Guilty and to Pay $8.9 Billion for Illegally Processing Financial Transactions for Countries Subject to US Economic Sanctions", 30 juin 2014. https://www.justice.gov/opa/pr/bnp-paribas-agrees-plead-guilty-and-pay-89-billion-illegally-processing-financial.

26. "Alstom Pleads Guilty and Agrees to Pay $772 Million Criminal Penalty to Resolve Foreign Bribery Charges", DOJ, 22 décembre 2014. https://www.justice. gov/opa/pr/alstom-pleads-guilty-and-agrees-pay772-million-criminal-

penalty-resolve-foreign-bribery.

27. "Former Morgan Stanley Managing Director Pleads Guilty for Role in Evading Internal Controls Required by FCPA", 25 avril 2012, Department of Justice. https://www.justice.gov/opa/pr/former-morgan-stanley-managing-director-pleads-guilty-role-evadinginternal-controls-required.

28. "L'application extraterritoriale du droit américain, fer de lance de la régulation économique internationale", *Les Cahiers*, En temps réel (think tank), décembre 2014.

29. 1968 年 7 月 26 日第 68 號法令 678 條執法範圍為將經貿、工業、金融或技術文件情報泄露給外國法人或自然人的行為。1980 年 7 月 16 日第 80 號法令 538 條修改完善了該法令，稱《封鎖法》。

30. Pierre Lellouche, Karine Berger, "Rapport d'information sur l'extraterritorialité de la législation américaine", *op. cit.*, p. 69.

31. 自 2016 年改稱法國反腐敗局。

32. 2018 年 3 月在巴黎的採訪。

33. Rapport n°1814 d'Alain Mayoud au nom de la commission de la production et des échanges de l'Assemblée nationale, 19 juin 1980.

34. https://www.legifrance.gouv.fr/affichJuriJudi.do?idTexte=JURITE XT000017837490. 訪問於 2018 年 11 月 2 日。

35. Bryan Cave LLP, "La loi de blocage : une protection française efficace contre les procédures de communication de preuves internationales ?", *Bulletin*, juin 2014. https://www.bryancave.com/images/content/2/1/v2/2182/ComLit-Alert-FR-6-19. pdf.

36. Société nationale industrielle aérospatiale v. United States District Court for the Southern District of Iowa, 482 US 522 (1987).

37. 2017 年 9 月的採訪。

38. Isabella Steger, "Standard Chartered Chairman Retracts Comments on US Sanction Violations", *Wall Street Journal*, 21 mars 2013.

39. 即 1966 年《公民權利及政治權利國際公約》。

40. CJUE, 11 février 2003, n°187/01.

41. Stephen Breyer, *La Cour suprême, le droit américain et le monde*, trad. Renaud Beauchard, Odile Jacob, 2015, p. 117.

42. Morrison v. National Australia Bank.

43. Cour suprême, Hale v. Henkel, 1906. Décision confirmée en 1974 dans le cas Bellis v. United States et en 1988 dans le cas Braswell v. United States.

44. https://law.justia.com/cases/federal/appellate-courts/ca2/161010/16-1010-2018-08-24.html. 訪問於 2018 年 9 月 24 日。

45. Maître Sophie Scemla, "Le FCPA n'a pas un champ d'application extraterritorial automatique", revue *actuel direction juridique*, 2 octobre 2018. http://www.actuel-direction-juridique.fr/content/le-fcpa-na-pas-un-champ-dapplication-extraterritorial-automatiqueindique-m-scemla.

46. Félix de Belloy et Ralph Moughanie, "Une brèche dans la suprématie juridique américaine", *Le Monde*, 26 octobre 2018

5. 怒火中燒的法國議員

自 2008 年起，美國便不斷出重拳打擊多家歐洲企業。美國決心要嚴懲歐洲企業中的不法行為，絕不容許其盟國治下有一絲一毫的閃失，擺出對腐敗和違犯禁運令零容忍的態度。歐洲企業承受的損失首先是經濟層面的：21 世紀初便繳納了幾千萬歐元的罰款，隨後罰款數額以幾億歐元的數額不斷增長，至 2014 年，歐洲企業繳納的罰款已達數十億歐元。一些企業在遭受美國政府打出的"奪命組合拳"後已無力重整河山、東山再起，它們別無選擇，只能被競爭者收購，正如阿爾卡特、德希尼布和阿爾斯通所遭遇的那樣。

對法國人來說，阿爾斯通事件莫過於晴天霹靂。2014 年，美國巨頭通用電氣收購了阿爾斯通旗下的能源業務，這讓法國議會反對黨議員群情激憤，他們呼籲成立委員會展開調查，弄清這一法國工業的核心企業為甚麼以及是如何被低價拋售的。最後，由於反對黨議員缺乏弄清真相的決心和意願，此事不了了之。

但並不是所有人都選擇了沉默。議員皮埃爾·勒魯什想要打破砂鍋問到底，他懷疑法國的盟友美國另有企圖。身為律師的勒魯什，是堅定擁護大西洋主義的人民運動聯盟黨成員。他曾任歐洲事務部長，後在薩科齊總統內閣中擔任對外貿易部長，是雷蒙·阿隆的得意門生，也是出了名的親美派。他重新和戴高樂主義者建立聯繫，對他們的主張——尤其是法國奉行獨立自主的外交政策這一點——逐漸認可。2016 年 2 月，皮埃爾·勒魯什提出建立一個議會考察團，調查美國司法中的域外管轄問題。法國財政委員會委派社會黨人卡利娜·伯格協助右派議員皮埃爾·勒魯什展開調查。

"實話實說，"卡利娜·伯格解釋說，"當時，我對這一問題一無所知。無論是我的社會黨同僚還是我本人，都沒有意識到美國法律對我國企業產生了怎樣的影響。"[1] 此前，法國社會黨從未關注過經濟戰爭，更沒有將其作為一個主要問題討論過。在該黨看來，捍衛企業不受外國勢力打擊，就是在維護老闆的私人利益。社會黨內部並沒有察覺到世界範圍內超級競賽的隱藏博弈，誰也沒看出某些國家的手段並不光明磊落，甚至是違法的。總之，對於法國社會黨人來說，經濟戰爭是個右派議題。"社會黨從未關注過這個領域。"卡利娜·伯格惋惜道。

最初的幾場聽證會並未說服社會黨議員。他們漸漸對此感到厭煩，看不出這個議會考察團的存在價值。而在考察團赴美後，事情出現了轉機。漸漸地，考察團發現了美國是如何利用它的警察、檢察官和市場監管機構維護其經濟利益的。在與美國聯邦調查局探員的會面中，勒魯什和伯格第一次感到錯愕不已：“當他們平靜自若地告訴我們，他們可以監視全球任何一家企業時，皮埃爾‧勒魯什和我都驚呆了。他們甚至還說，沒有法官的許可他們也可以這樣做。只要該企業有一個莫須有的罪名或嫌疑，他們就可以使用各種入侵性技術手段展開調查。所獲得的信息都可以當成呈堂證供。”美國聯邦調查局探員還和兩位法國議員說，無論是打擊恐怖主義還是在經濟領域搜集情報，聯邦調查局都有相當多的手段。“我隨即意識到，美國經濟情報系統的核心就是在經濟和工業領域組織間諜活動。”這正如美國證券交易委員會的所作所為。“它對美國利益的解讀極端又具侵略性。只要和美國有一絲一毫的聯繫，它就可以名正言順地調查你。”兩位議員在美國證券交易委員會更是吃了閉門羹，這讓他們感到驚愕不已。他們的線人也拒絕透露身份。毫無疑問，卡利娜‧伯格原本並不認同勒魯什的看法，因為她堅信是法國司法有漏洞。“我想把這位線人的原話清清楚楚地記錄到報告中的想法把她嚇壞了，她請求我們不要重新整理她說過的話。”當兩位議員開始詢問線人關於對伊朗的制裁問題時，緊張進一步升級。即便美國於 2015 年 7 月簽署了制裁伊朗的國際協議，[2] 該線人卻表示與伊朗進行貿易的歐洲企業並沒有享受到應有的豁免權。“當我們說會把她提到的美國沒有遵守這項國際協議如實寫進報告時，她真的要被嚇死了。"在"山姆大叔"國度進行了 72 小時的訪問調查後，卡利娜·伯格對該問題的看法發生了巨大改變。"我才意識到，我們被捲入了一場無法無天的經濟戰爭。"

回到巴黎後，卡利娜·伯格嘗試説服大多數人行動起來，但並無成效，沒有人願意做出改變。更糟糕的是，大家懷疑她被勒魯什洗腦轉而維護資本家的利益了。當奧朗德政府中一位身居要職的部長聽了她的觀點後，多少説了句中肯的話："這一切顯然是極為複雜的！"而不願行動起來的企業也是這個態度。所幸卡利娜·伯格和皮埃爾·勒魯什的工作並非徒勞無功。議員在一個重要的節點做出了一些行動：將認罪程序引入法國司法體系，類似一種法式《延緩起訴協議》。這樣做的目的就是擊碎美國人的美夢，並明確地傳達家醜不可外揚的立場。"這是向美國人示意法國司法體系並非擺設，它也可以行之有效地起訴被疑腐敗的企業、打擊其犯罪行為的唯一途徑。"

勒魯什和伯格的報告是一個標誌性的事件，它意味着法國政治階層開始意識到經濟關係中的暴力與法國的假朋友的虛偽。皮埃爾·勒魯什認為，"這種境況對宏觀經濟有着毋庸置疑的影響……勢必會使歐洲企業成為被調查的靶子，美國當局的某些做法實在是居心叵測"。[3] 美國的野心昭然若揭：國際法框架下的司法合法性，政治、經濟、財政、外交博弈，司法分析，行政訴訟的創立，肆意插手干涉企業事務，法國和歐洲的反應，以及國際組織的居中斡旋。

重整旗鼓

議會考察團強調了要向美國政府表明立場的必要性，並提出三點主張："向美國擺出一定的強硬姿態、嘗試規避困難，以及尋求限制跨國合作中被強化了的域外管轄權。"⁴不過仍要明確法國政府選擇與美國合作的立場。法國高層領導人是不是覺得他們無力和美國抗爭呢？

皮埃爾·勒魯什和卡利娜·伯格並不贊同這一觀點，他們認為和美國的合作並不能從根本上解決問題。他們主張對美國表現出一定的強硬姿態並提出反擊計劃：向國際商會提出起訴，並在法國本土也通過類似的域外管轄法案來武裝自己。卡利娜·伯格和皮埃爾·勒魯什的思路是"以其人之道，還治其人之身"。

兩位議員在歐洲層面推廣他們的主張。他們建議歐洲借鑒美國也成立類似美國財政部海外資產控制辦公室的機構：負責起訴那些不遵守有關國際制裁的歐洲相關條例的企業。事實上，在比利時已經有一個歐盟反欺詐辦公室，那麼為甚麼不擴大它的管轄範圍，賦予其經濟制裁的職權呢？勒魯什和伯格的報告還倡導要支持歐元，使其成為歐洲企業的參照貨幣以期躲避美國的管轄雷達。他們還提出了其他建議：加強法國在經濟情報方面的搜集能力並讓企業有權限得知相關信息。"我國必須擁有一些有效的經濟情報工具，要有足夠的武器來招架美國相關部門——考慮到它們的監控無處不在，以及能搜集到各種對企業極其不利的證據，至少我們要足以自保。"⁵

111

　　3 年後，法國議員紛紛被共同的顧慮困擾着。法國議會咨情代表團在 2018 年 4 月呈交的報告中，主張強化經濟領域中的情報搜集方式，推動國家和區域各部門的協同合作，保護國家經濟利益。[6] 參議員和國民議員對美國 "從未在國際層面影響如此深遠且曠日持久的經濟捕獵" "甚至隨着經濟間諜的不斷深入，美國攫取信息和戰略數據的行為有愈演愈烈之勢" 感到擔憂。他們也指出了來自美國司法的威脅。"很多國家嘗試借鑒美國法律，立法打造真正的經濟情報武器……特別是在治理腐敗方面的法律，認為其具有借鑒意義……" [7]

　　最終，在勒魯什和伯格的努力下，法國和歐洲分別將兩部法律現代化，即 1968 年的《封鎖法》[8] 和 1996 年的《歐洲阻斷法案》。1968 年的《封鎖法》已經在 1980 年進一步被強化完善，旨在規範法國境外的經濟信息往來，該法律嚴格限制了公司監管者的職權，會嚴懲違者以使該法更有威懾力，堵住指責其沒有約束力的美國檢察官和法官的嘴。而 1996 年的《歐洲阻斷法案》則旨在保護歐洲企業，使其不受美國檢察官的各種指令的約束。皮埃爾·勒魯什和卡利娜·伯格提出，要將其補充更新進 1996 年通過的美國各項域外管轄法律體系之中。

　　在他們發佈報告的 3 年後，改變依舊乏善可陳，局勢甚至有惡化趨向。法國尚未建立任何能鉗制美國的機制，美國依舊可以為所欲為。在法國高層內部，這一話題是個禁忌，甚至被鄙視埋沒。在法國經濟部和外交部，大家都小心翼翼地迴避公開指責美國盟友的所作所為，尤其是不能掀起軒然大波。大家閉目塞聽，任憑風暴侵襲。而問題是，自特朗普總統上台以來，風暴變成了颶風，2018 年 5 月 8 日，特朗普撕毀了伊朗核協議。道達爾、標致雪鐵龍、雷諾、空客等 60 餘家法國企業迫於美國的打擊或反覆打擊的淫威，都得捲鋪蓋從伊朗撤出。

註　釋

1. 2018 年 3 月於巴黎的採訪。我曾數次邀請皮埃爾·勒魯什參與採訪，但我們的時間總是對不上。

2. 參見第 3 章，美國是如何用自己的手段制裁伊朗的。

3. Pierre Lellouche, Karine Berger, "Rapport d'information sur l'extraterritorialité de la législation américaine", *op. cit.*

4. 同上，p. 109。

5. 同上，p. 124。

6. "Activité de la délégation parlementaire au renseignement pour l'année 2017", rapport de M. Philippe Bas, sénateur, fait au nom de la délégation parlementaire au renseignement, Assemblée nationale (n°875), Sénat (n°424), 12 avril 2018.

7. 同上，p. 43。

8. 亦受美國人啟發。

6. 法國司法體系的美國化

　　法國企業從伊朗撤出是在美國的嚴密監視之下進行的。近些年來，法國的司法體系已經被美國監控了。[1] 在美國眼中，法國司法制度中的反腐敗條例是經濟合作與發展組織成員中最為寬鬆的。自 1997 年經濟合作與發展組織通過《反對在國際商務交易活動中行賄外國公職人員公約》以來，只有很少的法國企業因海外腐敗被提起公訴。經濟合作與發展組織關於法國的第三階段報告顯示，2000—2012 年僅有三起涉法的公開訴訟。[2] 這確實太少了，因涉嫌腐敗被起訴的法國企業數量甚至用一隻手就能數出來！這一系列事實在一定程度上都給美國加強對法國企業的監控提供了理由。法國一位法官、經濟案件專家承認："法國在反腐領域確實落後美國很多年。"[3]

　　"石油換食品"醜聞就是體現法國司法部對涉嫌腐敗的企業態度寬鬆的典型例子。"石油換食品"本是聯合國在 1996—2003 年實施的一個人道主義計劃，目的是使薩達姆統治下的伊拉克在國際經濟制裁、物資禁運的背景下，通過出售石油購買食物來緩解伊拉克人民食不果腹的痛苦。而就在 2003 年美軍入侵伊拉克之後，一些有關"石油換食品"計劃的可疑文件被曝光，美聯儲[4]前主席保羅·沃爾克開始調查有關企業和伊拉克政府之間的賄賂事件。這起調查揭露了一個龐大的賄賂體系，其中有伊拉克高層藉此牟利，並最終為薩達姆在聯合國的遊說提供資金。沃爾克的調查報告指明，在 66 個國家中共有超過 2 200 家企業通過虛開發票的方式，使伊拉克政府最終獲取數億美元的現金回扣。許多政治人物，如法國前內政部長夏爾·帕卡以及知名企業道達爾紛紛成為調查對象，該調查還引發了法國國內的一起訴訟，但 2013 年法院宣判被告無罪。[5] 之後法國檢方提起上訴，一些企業以及商人被判罰款，石油巨頭道達爾被罰款 75 萬歐元，涉案自然人被罰款 5 000 歐元。道達爾不服判決，上訴到法國最高法院，但於 2018 年 5 月敗訴，罰款於是就這麼落定了。對一家年利潤達 90 億歐元的跨國公司處以 75 萬歐元的罰款，這無疑是荒謬的。而且，對公司高管幾乎沒有任何懲罰！更誇張的是，瑞士企業維多集團因賄賂被法國最高法院判決罰款 30 萬歐元，而美國基於同樣的事實對其罰款 1 750 萬美元！在美國人眼中，法國這一處罰簡直是在"過家家"。法國國家反腐局負責人夏爾·迪謝納也認為："法國確實沒有做出足夠的努力去追究和譴責那些腐敗行為。"[6] 此後，法國不斷增強本國反腐的法律武器庫，2014 年國家金融檢察院建立，

2016 年《薩潘第二法案》出台並成立國家反腐局，隨後的歷史篇章會告訴美國人，法國人的反腐任務，不需要由美國人來做了。

法國反腐法案《薩潘第二法案》：法國開始向國際反腐標準看齊

《薩潘第二法案》是一部內容廣泛、標題宏大的法案，旨在提高企業經營透明度、反腐敗力度以及促進經濟生活現代化。[7] 該法案是在美國的壓力下投票通過的，似乎是對美國域外法權的某種回應。法國藉此意圖傳遞的一個明確態度是，法國人有能力制定自己的政策，美國當局須停止對法國企業"漫天要價"，如果法國企業的腐敗屬實，那麼也應該由法國經濟與財政部來收取罰款，輪不到美國插手。勒魯什和伯格的報告指出，這個法案對企業所處罰款有着不可忽視的影響。舉個例子，法國巴黎銀行因被指控與被美國採取禁運措施的國家（如伊朗和蘇丹）有私下往來而被美國司法部罰款，高達 89 億美元的罰款從法國巴黎銀行被提走並最終落入了美國政府之手，這筆罰款使法國 2014 年經常賬戶餘額減少了 40 億歐元。[8] 從整個歐洲範圍來看，已經有超過 200 億歐元的企業罰款落入了美國政府的賬戶。"這是對歐洲經濟和歐洲人民生活水平的一筆巨大'扣除'，並且沒有任何補償。"[9]

《薩潘第二法案》的目的也正是遏制這樣嚴重的資金外流。依據法案規定，今後所有擁有 500 名以上員工且營業額超過 1 億歐元的法國企業，都必須建立合規計劃與合規程序，以便及時監測

117

並降低企業腐敗風險。法案也正好契合了法國企業海外子公司及分支機構的合規需要，因為這部法案對法國企業海外子公司同樣適用。依照法案，違規的公司將面臨高達 500 萬歐元或者非法牟利所得 10 倍的罰款，並且判決生效後 5 年內不得進入歐盟公開市場，也不能獲得國際大型資助機構，如世界銀行的資助、貸款。違規企業高管則將面臨最高 100 萬歐元的罰款和最高 10 年的有期徒刑。

該法案第 17 條還規定，擁有 500 名以上員工的工商業公共機構的董事長及總經理有義務監督組織內部的 8 項合規措施與程序的執行：制定內部行為準則，明確界定可能引發腐敗、權力尋租、權錢交易的行為類型，並予以制止；對員工進行反腐培訓；對違反良好行為準則的人員進行懲處；建立內部舉報機制，確保組織及時知悉違規行為，並完善對舉報人的保護措施；建立不同地域、不同部門腐敗風險的監測機制；建立對企業參與方（客戶、供應商、分包商等）的評估程序；完善企業財務會計制度，確保財務賬簿沒有掩蓋非法行為；對整體合規機制進行常態化評估。如果違反上述規定，企業高管可能受到 20 萬歐元的行政處罰，企業則可能受到高達 100 萬歐元的行政處罰。

另外，《薩潘第二法案》還建立起一個擁有建議、監管、處罰職能的專門反腐機構——法國國家反腐局，當然，其性質為行政機關。法國國家反腐局旨在確保企業盡職盡責地履行法律規定的義務，但無權直接制止腐敗行為。法國國家反腐局的設立填補了企業反腐機構的法律空白，並且明確了其對法國腐敗行為的監管權。法國國家反腐局負責人夏爾‧迪謝納談道："有些國家利用其他國家監管制度的缺位，充當人道主義警察的角色去追究他國的腐敗行為，事實上並非出於正義，更多的是開展不正當競爭。法國要表明自己並非其不正當行徑的唯一受害者。"[10] 法國國家反腐局還應當負責跟蹤、監督企業的合規計劃，並且無論是由法國司法機關還是由國外有權機關任命的企業監管者，都應當受到國家反腐局的監督，今後法國國家反腐局還負責審閱監督員的報告，確認其生效，並確認報告不泄露敏感信息。

披着英美法系外衣的法國司法制度

《薩潘第二法案》的出台，是法國打擊美國在全球商務領域發號施令的囂張氣燄的得力武器，但這種打擊也讓法國付出了高昂的代價：《薩潘第二法案》的威力受到減損。在法案的立法過程中，吸收了美國法律的立法模式，法國法律"英美化"了。一個最典型的例子就是《公共利益司法協議》，這是企業與司法機關之間的一種協定。[11]《公共利益司法協議》幾乎是美國《延緩起訴協議》的翻版，為司法機關爭取了時間，使其避免了冗長又昂貴的訴訟程序，及時減少違規企業因腐敗、逃稅行為帶來的損失，而不必再等待司法審判的結果。對企業而言，《公共利益司法協議》可以讓企業的形象不因訴訟的媒體曝光而受到致命打擊。違規企業老實承認違規事實，並不代表認罪，這也就不會讓企業留下刑事犯罪的記錄。要知道，一旦企業認罪，法國國內外公開市場的大門就會對其關閉。而《公共利益司法協議》規定，違規企業只需繳納近 3 年平均年營業額 30% 的罰款，以及向被害人支付經濟補償金。當然，該協議最終會要求違規企業完善合規計劃，在 3 年內由法國國家反腐局予以監管。

《公共利益司法協議》出台後適用的第一起案例發生在 2017 年 10 月，不過案由是逃稅而非腐敗。涉案企業是英國匯豐集團的瑞士全資子公司匯豐私人銀行。法國司法機關譴責其協助法國納稅人（2006—2007 年）隱匿在國外的財產，一位匯豐私人銀行前員工持有的納稅人名單中記錄了超過 89 000 個納稅人的名字，他們偷逃的稅款總額超過 16 億歐元，調查結束後，這個數字可能達到 60 億歐元。

匯豐私人銀行因為涉嫌非法開展銀行、金融業務以及洗錢、逃稅受到法國司法機關調查，根據司法機關的協議，"匯豐私人銀行承認違法事實並接受資格刑"，[12] 匯豐集團也承認其對子公司監管不力。但法國司法機關認為，匯豐私人銀行不夠配合，並且從未檢討過自己的違法行為。於是，法國司法機關對公司做出《公共利益司法協議》項下最高額罰款，即公司 2014—2016 年 3 年營業總額（估值 5.26 億歐元）的 30%，約 1.58 億歐元，[13] 加上 1.42 億歐元的損害賠償金，公司罰款總額共計 3 億歐元，這差不多是隱匿資產價值的 1/5 了。匯豐集團倒是順利脫身了。無論如何，法國還是達到了它的目的，解決了法國企業腐敗難題，只不過是採用美國模式。法學教授安托萬·戈德梅闌述道："這一切的目的就是遏制全球化金融經濟犯罪,確立法國的國際信用,並在此基礎上重建法國在這一領域的主導權。"[14]

而代價就是,法國法律在一定程度上已經"美國化"。某美國律師事務所的一位律師認為,"這是一個好消息,因為此協議為司法機關爭取了時間,減少了法院的訟訴。而且,這樣的協議應適用於所有的犯罪行為,而不僅是針對經濟領域的犯罪,其實在美國,97%的案子都沒有進入司法程序"。[15]

註 釋

1. Bruna Basini, Bernard Poulet, "Le droit, cheval de Troie de l'Amérique", interview d'Emmanuel Rosenfeld et Jean Veil, *L'Express-L'Expansion*, 1er mai 2004.

2. 關於法國執行"經濟合作與發展組織反腐敗公約"的第三階段報告, OCDE, octobre 2012, pp. 10-11. https://www.oecd.org/fr/daf/anti-corruption/FrancePhase3FR.pdf. Consulté le 24 avril 2018.

3. 2018年4月的採訪。

4. 美國中央銀行。

5. 2015年6月1日,該案第二階段,共計14家法國企業同樣被一審宣判無罪,包括雷諾卡車、羅格朗、施耐德電氣等。Yohan Blavignat, "Affaire «Pétrole contre nourriture» II : quatorze sociétés jugées en appel à Paris", *Le Figaro*, 21 novembre 2018.

6. 2017年6月的採訪。

7. Loi n°2016-1691 du 9 décembre 2016. https://www.legifrance.gouv.fr/

affichLoiPubliee.do?idDocument=JORFDOLE000032319792&type=general
&le-gislature=14.

8. 其餘一部分罰款由 banque française 文中通譯為法國銀行的瑞士分行繳
納。詳見第 7 章。

9. Pierre Lellouche, Karine Berger, "Rapport d'information sur l'extraterritorialité
de la législation américaine", *op. cit.*, p. 35.

10. 2017 年 6 月的採訪。

11. 《薩潘第二法案》中包括 "基於公共利益的司法協議" 的內容。

12. Cour d'appel de Paris. Tribunal de grande instance de Paris. Parquet national
financier.N/Réf. : PNF 11 024 092 018. JIRSIF 14/9. Consulté le 18 décembre
2018. https://www.economie.gouv.fr/files/files/directions_services/afa/CJIP_
HSBC.pdf.

13. 其中 8 600 萬歐元為 2006—2007 年逃稅所得，另外，因不予配合而需繳
納的補償罰款為 7 100 萬歐元。

14. Le Club des juristes, 21 novembre 2017. Consulté le 18 mars 2018. http://
www. leclubdesjuristes.com/3-questions-a-antoine-gaudemetconvention-
judiciaire-dinteret-public/.

15. 2018 年 1 月於巴黎的採訪。

第二部分

美國法律：無情的經濟戰武器

　　甚至連美國媒體都感到意外,在美國政府的圍獵名單中,歐洲企業佔了一半以上,而鮮少出現美國企業的身影,這格外令人生疑。難道我們可以從中推斷出,美國企業比歐洲企業道德感更強嗎?還是我們可以從中得出結論,是美國企業更加狡猾地避開了司法部門的雷達?或更有甚者,是美國司法部門發展了貿易保護主義,為了不干涉自家公司的生意而將注意力轉移到其他國家? 這些假設都有可能。這一部分我們來研究這些問題,以了解阿爾斯通、德希尼布、西門子(明天可能就輪到空中巴士)等公司是否與美國競爭者受到同等的待遇。但有一點是肯定的,歐洲企業陷入困境令跨越國界的英美法系(主要是美國法律)大放異彩。它幾乎壟斷了這些商業賄賂案件的司法裁定權,而這會帶來嚴重問題,包括內部調查中搜集到的數據的安全問題。

7. 在劫難逃的歐洲企業

從 1977 年開始陷入休眠狀態的美國《反海外腐敗法》在 2000 年突然被重啟，用以打擊欺詐、犯罪和恐怖集團。美國正在與恐怖主義鬥爭，它不希望贓錢被用來支持犯罪分子，更不用說極端暴力活動分子，所以它將採取更加嚴厲的打擊手段。"在反腐敗鬥爭以及更廣泛地打擊經濟犯罪的過程中，我們發現其與以前打擊黑手黨和恐怖主義之間存在一些共同特徵：在一定程度上體現了輕證據、重口供的傾向。"[1]

史丹福大學法學院[2]提供了一組訴諸美國《反海外腐敗法》的案例數據[3]：1999 年有 3 例，2001 年有 5 例，2006 年有 7 例，2007 年上升至 19 例[4]……1977—2016 年，美國政府共做出 478 項制裁，其中 138 項涉及非美國的個人及企業，包括 13 項對法國個人及企業的制裁。

2006 年 10 月，美國司法部和美國證券交易委員會首次制裁

了在美國境外行賄的一家外國企業：挪威國家石油公司違犯美國
《反海外腐敗法》，在 2001—2002 年向一名伊朗代表行賄數百萬
美元（賄款總計 1 500 萬，分 11 年付清），以換取其幫助公司獲得
未來的天然氣合同，[5] 當然都是油水特別足的合同。挪威國家石
油公司既不承認也不否認事實，但同意支付 1 050 萬美元罰款。
兩年後的 2008 年 12 月，德國西門子因使用行賄手段獲取國際合
同而被美國司法部和證券交易委員會處以 8 億美元的罰款。高出
80 倍！（順便提一句，西門子因承認行賄，同時被德國司法部判
處天價罰款。）

在瀏覽美國司法部的數據時，人們看到的是，歐洲企業不僅
腐敗至極，還違犯美國實施的禁運令。[6] 它們在美國的制裁黑名
單中高居榜首："1977—2014 年，在美國以違犯《反海外腐敗法》
為由發起的公開調查中，有 30% 是針對外國企業的，而它們卻
支付了罰款總額的 67%。"[7] 甚至連美國媒體都對此感到十分意
外。2012 年，《紐約時報》的一篇文章揭露美國《反海外腐敗法》
為美國國庫貢獻了 30 多億美元的收入。該報記者在文章開頭指
出，美國司法部制定的公司名單中存在一處異常："名單中鮮少出
現美國公司的身影。"[8] 實際上，僅有一家美國公司（凱洛格－布
朗－路特公司，哈里伯頓的子公司）在 2009 年支付了 5.79 億美元
的罰款而位列處罰最重的公司榜單前十。[9] 排在它前面的是西門
子，在前一年支付了 8 億美元罰款。事實勝於雄辯：被處罰的大
多是歐洲企業，而且大部分是銀行。2004—2014 年，只有一家美

國銀行（摩根大通銀行）被處以罰款，金額是 8800 萬美元！這與法國巴黎銀行（90 億美元）、英國匯豐銀行（19 億美元）、德國商業銀行（15 億美元）、法國農業信貸銀行（7.87 億美元）等因行賄、違犯禁運令或不遵守美國合規法律而被罰的金額相比，真是判若雲泥。

致命的腐敗

腐敗的確存在，本書絲毫沒有為此洗白的意思。美國政府的目標公司確實為了佔領市場實施了賄賂行為。"我們別無選擇。"一位曾在數家上市公司任職的前高管對此供認不諱。[10] 他講述了 1990—2000 年，他是如何通過向中間人提供賄款和其他服務拿下合同的。在亞洲、拉丁美洲和非洲，腐敗是不可避免的，即使各國的公職人員都對受賄一事或多或少有些敏感。在他看來，古巴人的品德最高尚，因為他們從不收受回扣。而委內瑞拉人的表現最糟糕。"委內瑞拉總統查韋斯將公共部門和大型公司的領導班子全部換掉，問題在於他提拔的軍人對這些職責一無所知。他們尸位素餐，只管收受賄賂。"我們的受訪者不僅親眼見過裝滿現金的行李箱，也目睹過各種灰色交易。為了混淆視聽，大筆錢款通過數家銀行的賬戶轉移，而最常見的灰色交易是把外國高官的孩子接到巴黎或法國其他的大城市，由公司私下負責支付他們的學費和公寓租金。

回首往事，這位前上市公司高管捫心自問："為了佔有或者保

127

住市場，我簽過無數份文件。我的確冒了許多風險，但我當時年輕氣盛，並不清楚自己在做甚麼。而如今了解風險太大，所以我不會重走老路了。"儘管如此，他還是認為"不能屈服於美國法律的要挾，要知道，美國的公司正在使用一套極其複雜的套路在暗地裡做同樣的事情"。他贊成與不對美國阿諛奉承的國家建立貿易關係。簡單來說，必須見機行事。

"我沒有犯過法國巴黎銀行所犯的錯誤，在我看來，它的高管過於天真，換句話說就是愚蠢至極。為甚麼他們要繼續使用美元與伊朗進行交易？比如，2013 年我在向伊朗出售醫療器材時就避開了美國的司法雷達。我將產品運送到德黑蘭，伊朗人免費提供石油給一家西班牙公司，然後這家西班牙公司再支付給我們與伊朗交易對等的價款。"

如今他還會進行這樣的操作嗎？不會。"美國人到處都有耳目，專門監視他們的外國競爭對手，從來不會針對本國公司。因此，美國人可以通過隱藏在避稅天堂的公司，坦然自若地行賄或違犯禁運令。在這場遊戲中，我們始終就是被愚弄的一方。"

西門子，美國司法部的第一個目標

西門子案標誌着美國司法外交的轉折點。"山姆大叔"藉此機會鄭重表明，它將毫不猶豫地訴諸法律武器來追捕和懲罰違反世界貿易規則的不法分子。西門子擁有超過 42 800 名雇員，業務遍及 190 個國家，將是一個完美的替罪羊，同時還能向世界傳遞一個信號。2006 年，美國司法部從德國媒體得知，德國司法部正在調查西門子在全球範圍內的行賄案。美國司法部輕而易舉地獲得了這個案子的調查權。它召集西門子的高管，責令他們進行內部調查。儘管該案件與美國沒有任何聯繫，而是涉及阿根廷、孟加拉、俄羅斯、伊拉克等國，儘管受到懷疑的西門子旗下子公司的註冊地在孟加拉、阿根廷和委內瑞拉，未曾在紐約證券交易所上市，但這些都不重要。

美國司法部何以能夠起訴西門子？有兩個理由：第一，為了在美國市場上市，西門子曾向美國證券交易委員會提交股權證書（美國存託憑證）；第二，幾筆疑似行賄的款項通過美國境內的銀行賬戶轉移。西門子與美國的聯繫就此建立，美國司法部因此能夠對其提出指控。西門子只需進行內部調查，自證其罪。它聘請紐約德普律師事務所和德勤會計師事務所在 34 個國家展開調查。它們嚴格審查了數以百萬計的文件，同時無數詳細的報告被送到美國司法部。美國司法部對彼此合作得天衣無縫感到很滿意。[11] 然而這並沒有讓它手下留情：西門子遭受了雙重罰款，不僅分別向美國司法部和美國證券交易委員會支付了 4.5 億美元和 3.5 億美元罰款，而且還在 2008 年向德國政府繳納了 5.96 億歐元罰款。總計超 10 億美元！顯然，西門子沒有享受到"一罪不二審"原則的待遇，因為同一事實而被處罰兩次。這證明"一罪不二審"只是一項原則，而不是具有強制約束力的國際法。

阿爾卡特－朗訊：歷經苦難的前法國電信設備巨頭

阿爾卡特的前身是法國電力總公司，它經歷過輝煌，也陷入過低谷。在 20 世紀八九十年代，阿爾卡特是全球電力設備行業的佼佼者（業務包括數字電話轉換、海底電纜、移動網絡、呼叫中心、衛星等）。該公司還在光學網絡市場、DSL（數字用戶線路）接入系統和路由器等方面處於世界領先地位。20 世紀 90 年代末，阿爾卡特的業務遍及 130 個國家，營業額高達幾十億歐元。然而之後，公司情況卻急轉直下。2000 年初，因經濟形勢變得更加嚴峻，阿爾卡特經營損失慘重（2002 年約為 50 億歐元），被迫裁員 30 000 人。公司的解決辦法就是，於 2006 年與美國朗訊公司 "聯姻"。這次合併得到了金融市場的積極響應。兩家公司強強聯手：阿爾卡特帶來歐洲市場，而朗訊則能帶來美國合同。合併後的新公司為全球重量級企業，其價值達到 210 億歐元，並佔領了 40% 的 DSL 接入系統市場份額。在將自己賣給美國夥伴之前，阿爾卡特謹慎地處理了敏感的業務部門：它將衛星和安保部門出售給泰雷茲集團，這些戰略資產最後還是留在法國人手中。

但是這場 "聯姻" 很短暫，兩家公司的管理層無法達成一致意見，公司為此屢次受挫。阿爾卡特－朗訊沒能守住原本的市場，更不用說佔領新的市場了。接踵而來的就是裁員、縮小公司規模。這次合併最後以失敗告終。與此同時，阿爾卡特從 2006 年開始在法律糾紛中苦苦掙扎。

美國司法部和美國證券交易委員會開始調查阿爾卡特於

2001—2006 年在哥斯達黎加、洪都拉斯、中國台灣和馬來西亞行賄一事。2007 年，在邁阿密被捕的阿爾卡特前高管承認向哥斯達黎加的國有公司領導行賄，因此被判處 30 個月的監禁。他的認罪行為有助於美國司法部起訴其前雇主阿爾卡特。阿爾卡特在 2010 年支付 1.37 億美元罰款以終結此案：分別向美國司法部和美國證券交易委員會支付 9 200 萬美元和 4 500 萬美元罰款。[12] 5 年後，阿爾卡特－朗訊被芬蘭諾基亞公司收購。第二年，公司被巴黎證券交易所除名，阿爾卡特－朗訊不復存在。

被政府放棄的阿爾斯通變成美國企業

2010 年，美國人發出了警告：美國司法部提起一項針對法國阿爾斯通的訴訟。美國人認為阿爾斯通的腐敗行為讓人忍無可忍。阿爾斯通行賄多年，導致多場官司纏身，但卻沒有任何改變。2004 年，阿爾斯通因向公職人員行賄而被墨西哥法院判處數千萬美元的罰款，而且在兩年之內不能參與競標政府合同。2008 年，意大利也做出了同樣的判決。2011 年，瑞士法院認定阿爾斯通在突尼斯、拉脫維亞和馬來西亞有腐敗行為以及對有影響力的人行賄，判處阿爾斯通支付 4 000 多萬歐元的罰款。殷勤的瑞士人知道美國人也對阿爾斯通案件感興趣，於是將阿爾斯通的全部案卷移送給美國司法部，幫助美國完善了公開的案件資料。

2010 年，柏珂龍已經擔任了 7 年阿爾斯通首席執行官。前阿爾斯通電網公司的法務總監皮埃爾·拉波特聲稱，柏珂龍非常清

楚公司內部存在腐敗，但糟糕的是他早已對此習以為常。"其實
柏珂龍在 2003 年入職阿爾斯通的時候就發現了公司的腐敗行為，
但是他既不知道如何糾正，也不願意與之鬥爭。恰恰相反，他給
腐敗披上合法的外衣，使腐敗呈現普遍化趨勢。此外，美國司法
部在其 2014 年 12 月 22 日的決定中合理地指出，阿爾斯通在事
發時和美國司法部做出決定時（2014 年 12 月）都沒有合規部門和
有效的合規計劃。實際上，合規計劃根本沒甚麼效果，純粹是虛
構的幻想。布魯諾・維戈涅先生將會向您解釋，我們已經做了相
關努力，但是仍不能阻止腐敗繼續橫行。這個案子裡最令人煩惱
的是，我們在努力使腐敗合法化的同時，還要處理針對這樣一套
普遍且成體系的腐敗系統提起的訴訟。"[13] 可以説，美國人總有
理由找阿爾斯通的麻煩，要求公司進行內部調查。阿爾斯通將這
項任務委託給了溫斯頓・斯特朗律師事務所。該律師事務所得出
的結論令人沮喪，它證實了公司管理層的行賄行為。柏珂龍一下
子慌了，他斷絕了與溫斯頓・斯特朗律師事務所的來往，解雇了
公司的法務總監弗雷德・艾因賓德，並"從背後踹了他一腳"[14]，
因為弗雷德・艾因賓德竟敢建議與美國司法部進行廣泛的合作。
隨後，凱斯・卡爾取代了他的位置。

　　柏珂龍認為自己已經處理妥當，終結了行賄案，無懼美國的
威脅，然而麻煩卻接踵而至。2012 年，阿爾斯通涉嫌在贊比亞和
斯洛文尼亞行賄。國際金融機構開始認真考慮阿爾斯通領導人的
職業道德。世界銀行將阿爾斯通從其招標名單中剔除。次年，公

司 11 名高管因涉嫌在聖保羅地鐵建設項目中行賄和洗錢，而被巴西司法部門調查。2014 年，英國人又因突尼斯、波蘭、印度的市場異樣開始監視阿爾斯通。至於法國的司法部門，因無所作為而顯得有些格格不入。2012 年，經濟合作與發展組織在其反腐敗報告中對此頗有怨言，指責法國司法部門的滯後，甚至是無動於衷。[15]

阿爾斯通已經被逼到了角落，而美國卻在 2013 年繼續進攻。美國司法部這次將目光放在印度尼西亞。阿爾斯通的一名高管被官方委員會指控向一名政客行賄 30 萬美元，以贏得發電廠的建設項目。印度尼西亞警方搜查了阿爾斯通在當地的辦公室，並獲取了數位公司領導人簽署的敏感文件。他們其中有一位付出了慘痛的代價，即弗雷德里克·皮耶魯齊，阿爾斯通鍋爐部門的全球負責人。

儘管接二連三地受到指控，柏珂龍始終拒絕美國司法部提出的協議：阿爾斯通承認行賄事實，認罪，支付罰款，然後結案。結果就是美國人繼續展開他們的調查，對數位阿爾斯通高管提起刑事訴訟。

恐慌逐漸在公司總部蔓延。公司內部警告可能成為美國司法部目標的大約 50 名高管盡量不要出國。美國人的手到底能伸多遠？答案很快揭曉。2013 年 4 月，弗雷德里克·皮耶魯齊在紐約甘迺迪國際機場被逮捕，之後被關押在一座高度警戒的看守所裡。美國政府沒有善罷甘休，繼續逮捕了 4 名阿爾斯通高管，並希望將其他人也一同抓捕入獄。[16] 美國政府甚至提出要阿爾斯通繳納 10 億美元罰款。這種大放血對公司來說是致命的。而且，公司沒有準備足夠的資金以應對這種法律事故。總之，阿爾斯通這次難逃美國人的魔爪。

甚至有謠言聲稱，柏珂龍一旦踏足美國領土，就會有牢獄之災。畢竟，他身為大老闆，理應為公司員工的行為負責。儘管多次被媒體和議員質問此事，但他總是否認，並有條不紊地一一擊破謠言。直到 2018 年 4 月，面對負責審查法國工業政策的調查委員會，他聲稱："我從未受到過壓力，也從未受到過法律方面的敲詐勒索，無論是來自美國，還是來自其他任何司法管轄區。"[17] 但是阿爾斯通電網公司前法務總監不這麼認為。皮埃爾·拉波特相信，美國政府的確威脅了柏珂龍。證據就是阿爾斯通法務總監凱斯·卡爾在與美國司法部會面的第二天透露給他的：美國司法部威脅要將柏珂龍與他送進監獄。柏珂龍說的是真相嗎？對國會的調查委員會來說，這就是一個"明顯虛假的防衛機制"。[18] 對了，為甚麼阿爾斯通的首席執行官要定期前往美國呢？

當弗雷德里克·皮耶魯齊在監獄中苦苦等待的時候 [19] —— 他當時正處於判決前被羈押的階段 —— 柏珂龍通過極為秘密的談判交涉將該公司的能源部門（阿爾斯通電力）出售給了美國通用電氣。美國對他的這一決定可謂歡迎之至。特別是，阿爾斯通最終與美國司法部進行了全面合作。美國司法部的所有要求都得到了滿足。美國政府的胃口是如此之大，以至於阿爾斯通不得不專門設置一個部門，負責響應美國政府對信息的需求。

2014 年 4 月 23 日，當柏珂龍和美國通用電氣首席執行官傑夫‧伊梅爾特在美國共同討論出售阿爾斯通的最後細節時，阿爾斯通亞洲分部高級副總裁勞倫斯‧霍斯金斯在美屬維爾京群島被捕。在被移交至美國前，他在監獄被關押了幾個月，然後被保釋。同一天，彭博社發佈了一篇報道，披露了兩位首席執行官之間的談判。媒體立刻前赴後繼地跟進。泄密是由美國人一手造成的嗎？是通用電氣想對柏珂龍施加壓力嗎？還是如同記者讓－米歇爾‧卡特伯恩所稱的那樣，[20] 消息直接來自美國司法部？

在巴黎，時任經濟部長阿爾諾‧蒙特伯格怒火中燒。他是通過新聞報道才知道法國的工業明珠將落入美國人之手的。怎麼可以這樣？幾個月來，傳聞甚囂塵上，但是每當他向柏珂龍問及這件事時，都遭到了柏珂龍的否認。這位部長在國民議會上嘲諷道：“難道應該在這些大企業高管的辦公室裡都裝上一個麥克風嗎？”蒙特伯格深感自己被背叛了。他譴責這一行動，拒絕讓柏珂龍隨心所欲地行事。但是他又能做些甚麼呢？畢竟法國政府並不是阿爾斯通的股東。這位情緒激動的部長可謂孤掌難鳴。愛麗舍宮已經淪陷了，並沒有人真正想要阻止這次收購。甚至，有些人似乎還希望促成這筆交易。2012 年，時任總統府副秘書長馬克龍通過法國國有股份委員會要求美國科爾尼管理諮詢公司對阿爾斯通主要股東布依格集團退出的後果，以及“與通用電氣進行和解的可行性”進行研究。[21] 簡而言之，在國家的最高層面，這筆交易覆水難收。但經濟部長對此似乎並不知情。

蒙特伯格不願認輸，亮出了自己的武器。2014 年 5 月 14 日，他頒佈了一項法令，後來被稱為"蒙特伯格法令"，擴大了外國投資者進入法國時須經國家預先審查的經濟部門的範圍。[22] 表面上看，這一法令將阿爾斯通置於國家的監管範圍內。部長認為，通過迫使阿爾斯通和西門子、三菱組成三家合資企業（涉及電網、水電和核電站渦輪機業務），能完美解決這個問題。但這其實只是給公眾看的幌子，用以掩蓋他的失敗。2015 年 8 月 25 日，阿爾諾·蒙特伯格卸任；27 日，馬克龍接替了他的職位。12 月 19 日，阿爾斯通股東大會召開時，搭好的戲台上卻演起了另外一齣戲：通用電氣持有三家能源合資企業的多數股份。美國人將負責領導兩個最具戰略意義的部門：金融和運營。而法國人被局限在技術部門中。曾被戴高樂視若珍寶的法國核能獨立至此畫上了句號。渦輪機的製造是法國核電站運行中不可或缺的一環，而現在落入了美國人之手。[23]

阿爾斯通電力部不復存在。法國國民議會調查委員會的報告指出："雖然腐敗不是導致阿爾斯通能源部門被接管的唯一原因，但它通過削弱和破壞集團的穩定，發揮了重要的影響。它使阿爾斯通成為其競爭對手容易捕獲的獵物。"[24] 阿爾斯通只保留了鐵路部門⋯⋯至少是在 2017 年 9 月被西門子收購之前。在誕生近80 年之後，阿爾斯通失去了它的靈魂。

法國人還嚥下了最後的苦果：與通用電氣和阿爾斯通之間的

最初協議相反，美國司法部的罰款（超過 7 億歐元）並不是由美國人支付的，而是法國人支付的。[25]

是美國人策劃了這一切嗎？通用電氣和美國司法部之間是否有共謀？兩者是否共同行動，以使前者獲得法國的技術？沒有證據表明存在這種聯繫。但是，有一些圍繞美國所採取手段的討論。應當注意，有 30 多名美國前司法部雇員在通用電氣工作，這有助於消息的流通。此外，通用電氣似乎為收購阿爾斯通準備了很長時間，其戰略恰好基於阿爾斯通遇到的法律困境。皮埃爾·拉波特在加入阿爾斯通之前，曾在通用電氣"健康"分公司的法務部門任職。拉波特解釋道，通用電氣正在系統地監控世界各地的腐敗情況。他甚至回憶說，在與通用電氣法務總監及員工舉行會議時，有人說："有反腐敗鬥爭的加持，讓阿爾斯通和西門子屈服大概只需要 10 年的時間。"[26]

此案發生 4 年後，法國議員們確信，罰款對於向美國出售阿爾斯通的決定造成了影響。"即使這可能不是決定性的因素——根本原因還是經濟壓力。但是很明顯，這項罰款差不多花掉了公司一半的現金……這加速了柏珂龍先生的決策。"[27] 議員奧利維爾·馬萊克斯表示。在雅克·希拉克總統時期負責經濟情報工作的高級官員阿蘭·朱耶則稱："這是美國人的一次偉大和巧妙的行動。"他補充道："天真的時代已經結束了。法國精英們必須覺醒，才能避免喪失我們的經濟主權。"[28]

飽受創紀錄罰款折磨的法國巴黎銀行

失去阿爾斯通並不是法國政府唯一關心的問題。在經濟戰的前線，法國的銀行正在遭受重創。其中一家將要支付破紀錄罰款的銀行是法國巴黎銀行。但在研究這一案例之前，讓我們先看看其他銀行是如何與美國政府打交道的。

2014 年 3 月，有媒體宣佈，美國政府對三家法國銀行很感興趣：法國巴黎銀行、法國興業銀行和法國農業信貸銀行。[29] 這些銀行被懷疑涉嫌洗錢及違犯了美國對某些國家的禁運令，如蘇丹、伊朗和古巴。這一次，不止一家，而是三家美國機構開始了行動 —— 美國財政部海外資產控制辦公室、美國司法部和紐約金融服務署。美國人成群結隊地出動，各家銀行將面臨慘重的損失。

法國興業銀行還被指控在倫敦銀行同業拆借利率[30] 上弄虛作假。在 2007—2008 年金融危機後，銀行擔心，如果公開其以高於競爭對手的利率借入款項，將會產生"污名化"效應，令銀行變得更加脆弱並令市場對其產生懷疑。法國興業銀行也同樣存在此類風險，因此，該行與其他銀行一樣，每天報告相同的銀行同業拆借利率。

出於上述原因，美國和歐洲政府對所有涉嫌操縱銀行同業拆借利率的銀行處以超過 90 億美元的罰款：瑞士銀行、荷蘭合作銀行、蘇格蘭皇家銀行、法國興業銀行、花旗銀行、摩根大通銀行、巴克萊銀行、德意志銀行……法國興業銀行針對 4.5 億美元的罰款進行了談判，並確信這個案件已經了結。但它錯了。2017

年 8 月，案件出現反轉，美國司法系統起訴這家法國銀行的兩名高管操縱銀行同業拆借利率。[31] 雙方就新的罰款數額最終達成一致時，美國方面卻出現了阻力，華盛頓召回了談判首腦。被起訴的不是無足輕重的小人物，而是整個部門的二號人物。在法國興業銀行總部，人們感到非常驚詫。銀行首席執行官吳棣言（Frédéric Oudéa）要求律師拯救他認定的接班人，但這是不可能完成的任務。美國人毫不妥協，要求吳棣言的副手必須離開。2018 年 3 月，這件事以法國興業銀行執行總經理迪迪埃·瓦萊被迫離職而告終。

讓我們回顧一下違犯禁運令的指控：2014 年 2 月，在媒體披露美國追訴的一個月前，當時的法國第一大銀行法國巴黎銀行專門撥款 7.98 億歐元，以支付可能被美國判處的罰款。這一數額是根據兩年前美國政府處罰英國渣打銀行時做出的 6.5 億美元罰款預估的，渣打銀行當時也面臨同樣的指控。

雖然有法國律師和美國律師的協助，但法國巴黎銀行並沒有意識到事情的嚴重性。參與此案件的一位律師告訴我："那時，銀行的管理層根本不知道會發生甚麼。他們以為美國人會冷靜下來，只需要 6 億 ~10 億歐元的罰款就能把事情擺平。唉，他們錯了，美國人可不是那麼想的。阿爾斯通不過是一場熱身賽，法國巴黎銀行收到的賬單將是他們預想的 8 倍！" [32]

銀行被指控的罪名究竟是甚麼？與被美國列入黑名單的國家進行了美元交易。一位前銀行高管表示："最高層負責人甚至不知道銀行與伊朗和古巴進行了美元交易。批准這些交易的往往是第二層級，甚至第三層級的管理人員，他們考慮的是不要擾亂層級結構。" [33]

但是，並非完全沒有預警，只是最高層的領導人不想聽罷了。只要觀察一下美國人是如何對付其他歐洲銀行的就足夠了。例如，荷蘭銀行曾在 2005 年因為與被美國禁運的國家進行貿易往來被處罰。自那一年起，法國巴黎銀行的工作人員開始關注此事，並要求高偉紳、世達和佳利三家律師事務所開展新的風險評估。2004 年的首次評估中，佳利律師事務所曾得出結論稱沒有風險。佳利的一名律師回憶道："法國巴黎銀行的部分負責人向我們隱瞞了某些信息，這影響了我們的分析和建議。" [34] 而在新的評估開展後，銀行的所有法律顧問都認為風險已經變得非常嚴峻。

特別是，銀行的某些業務極度不透明，尤其是能源商品出口項目。2000 年 5 月，法國百利銀行被收購後落入了法國巴黎銀行的口袋。歷史悠久的法國百利銀行誕生於 1872 年，在 20 世紀 90 年代中期向安哥拉出售武器的交易中曾發揮過重要作用。法國百利銀行有一家瑞士子公司，其客戶和經紀商的實力並不透明。但對法國巴黎銀行的高管來說，這並不重要，重要的是這家子公司的利潤極其豐厚。

突然有一天，危險來襲。在銀行內部，綜合監管部門提醒管理層注意瑞士子公司的業務。長達 70 頁的報告提到"法律環境變得更為緊迫"，以及"與美國禁運令有關的形象和法律風險已暴露出來"。[35] 這時已經是 2006 年。法國巴黎銀行知道將會發生甚麼，但是，它並沒有採取任何嚴肅的行動使其業務符合美國法律的要求。直到美國財政部副部長斯圖爾特‧利維對它發出警告，銀行還是沒有任何動作。

8 年過去了，來自美國方面的壓力越來越大，迫使法國巴黎銀行的律師加強了內部調查。美國人要求分析銀行的數十萬份數據、電子郵件、內部和外部文件……與員工進行的訪談揭示了問題的嚴重性。有些人對企業感到沮喪，陷入巨大的苦悶之中。沒有甚麼能夠阻止美國司法部門 —— 它們需要更多的信息、數據和報告。

為何美國司法部可以要求法國巴黎銀行提交如此之多的文件呢？這就是所謂的"證據開示"程序。在美國，如同大多數採用普通法的國家（即英美法系國家）一樣，參與法律訴訟的當事人必須提供他們擁有的所有證據，即使這些證據涉及商業機密。[36] 為了避免泄露機密信息（專利、專有技術、生產工藝等），《海牙公約》[37] 組織各國通過國際調查委託書獲取經濟和商業信息。但對急於取證的美國人來說，這一程序耗時太長（9 個月至 1 年）。此外，美國司法部的權力有時也會凌駕於法律之上。一位直接證人回憶道："在與美國司法部進行的電話會議上，信息都是以非法方式傳遞的。"法律障礙被人為地跨越了，卻沒有人感到不安。法國巴黎銀行逐漸發現，事態的嚴峻性令自己難以承受。

銀行別無選擇。一位法國巴黎銀行的律師表示："這是一個非常完善和有效的系統，沒有任何理由讓它消失。" [38] 在開出創造歷史紀錄的 90 億美元支票前，法國巴黎銀行向美國人提供了所有敏感信息。它不得不在它的美國分支機構中接納一位企業監察員，紐約聯邦檢察官顧問席拉·內曼。如此，華盛頓才能放心。

為甚麼懲罰會如此重？畢竟，聯合國、世界貿易組織、貨幣基金組織或其他國際機構都不曾禁止法國巴黎銀行所從事的此類交易。那麼，僅僅為了美國眼中的"犯罪行為"，就要支付一筆天文數字的罰款，這公平嗎？

被美國的弱小對手吞食的德希尼布

法國巴黎銀行支付了創紀錄的罰款；阿爾斯通向美國政府支付了一大筆錢；德希尼布也將支付大筆罰款，並且和阿爾斯通一樣，它也將被一家美國公司收購。法國能源領域的巨頭包括道達爾和德希尼布，前者從事石油工業，而後者主要經營石油相關工業，它們是法國能源領域頂級的工業企業。如今，只有道達爾還屬於法國。德希尼布於 2016 年被美國美信達公司收購。它的總部從法國搬往英國，作為美國和法國之間的一個中立選擇。這僅僅是一個地理上的小細節，因為事實上，公司已經由美國經理人掌舵。法國人就此告別了這家由法國石油研究院於 1958 年創立的公司。法國石油研究院（2010 年更名為法國石油與新能源研究院）是法國石油行業的中堅力量，於第一次世界大戰後成立——"一戰"期間，石油在協約國取得勝利的過程中發揮了關鍵作用。

該研究院的職能是發展法國的石油工業。1943 年，一項法律授權它設立公司以開展具體行動，於是，德希尼布公司誕生了。德希尼布主要負責石油和天然氣項目的工程合同和建設，很快，它就擴張到了法國之外，特別是進入了亞洲和非洲市場。20 世紀 70 年代，該公司已經擁有世界級的規模，並收購了全球範圍內的其他同類業務公司（斯卑西姆、KTI、荷蘭動力技術國際公司、克萊布斯）。德希尼布的規模和市場使其有能力與該行業的巨頭競爭。2000 年，它成為全球排名前五的公司之一，在液化氣和可再生能源領域頗具競爭力。2012 年，該公司贏得了一份大訂單，在英國海岸建造了一百餘台海上風力渦輪機。

德希尼布的麻煩始於 2010 年，那時它進入了美國司法部和美國證券交易委員會的瞄準鏡。該公司被懷疑於 1995—2004 年在尼日利亞伯尼島建造液化天然氣工廠的一項合同中存在腐敗行為。德希尼布並不是唯一的目標，腐敗分子總是成群結隊地行動。德希尼布與美國凱洛格－布朗－路特公司、意大利埃尼公司和日本日揮株式會社結盟。德希尼布擁有這個名為 TSKJ [39] 的聯營企業 25% 的股份，合同標的額達 60 億美元。羅伯特·庫薩米在美國證券交易委員會的一份公告中指出，[40] 四家公司共同建立了一套運轉極其流暢的制度，賄賂尼日利亞官員。在所謂的"文化委員會"內部，四家公司的領導人共同討論應當向哪些人行賄，應當如何分配金額。共計有超過 1.8 億美元的資金通過一家日本貿易公司落入尼日利亞高級官員和政府成員的口袋。尼日利亞距離美國頗為遙遠，但 2001—2007 年，德希尼布有在紐約證券交易所上市的證券。因此，它屬於美國《反海外腐敗法》規制的對象。

　　美國政府和德希尼布通過休斯·哈伯德和里德律師事務所達成了一項協議。德希尼布既不承認也不否認指控，而是簽署了《延緩起訴協議》，並被處以共計 3.38 億美元的罰款，其中 2.4 億美元繳納給美國財政部，0.98 億美元繳納給美國證券交易委員會。這一數額低於對凱洛格−布朗−路特公司的 4.02 億美元罰款。最終，美國證券交易委員會決定派出一名企業監察員對德希尼布進行監督，期限為兩年。這家元氣大傷的法國公司艱難地試圖重整旗鼓。在接受美國處罰 6 年後，德希尼布被其規模較小的競爭對手——美國美信達公司收購。就像阿爾斯通的命運一樣，它也改旗易幟，變為了一家美國企業。

註　釋

1. Antoine Garapon, Pierre Servan-Schreiber (sous la dir.), *Deals de justice. Le marché américain de l'obéissance mondialisée*, PUF, 2003, p. 20.
2. 史丹福大學法學院《反海外腐敗法》信息交流中心。http://fcpa.stanford.edu. 單擊 "高級搜索"，然後 "執行操作"，最後 "執行對象"。
3. http://fcpa.stanford.edu/statistics-heat-maps.html.
4. 一張非常清楚的表格，展示了從 2000 年開始美國證券交易委員會和美國司法部案件數量的飛速增長。http://fcpa.stanford.edu/statistics-analytics.html.

5.　US v. Statoil, ASA, n°1:06-CR-00960-RJH-1 (SDNY2006).

6.　2018 年 4 月中興公司因違犯伊朗禁運令而被制裁，表明美國也打算攻擊中國的公司。一位土耳其銀行家也因違犯伊朗禁運令在 2018 年 5 月 16 日被曼哈頓的法院判處 32 年監禁。Marie Jégo, "Un banquier turc condamné aux États-Unis pour avoir violé l'embargo américain contre l'Iran", *Le Monde*, 17 mai 2018.

7.　Pierre Lellouche, Karine Berger, "Rapport d'information sur l'extraterritorialité de la législation américaine", *op. cit.*, p. 28.

8.　Leslie Wayne, "Foreign Firms Most Affected by a US Law Barring Bribes", *New York Times*, 3 septembre 2012.

9.　詳細排名參見理查德·L.卡辛創立的美國《反海外腐敗法》博客，每年都會統計美國司法部的處罰決定：The FCPA blog. http://www.fcpablog.com/.

10.　2017 年 10 月在巴黎和 2018 年 6 月在倫敦的兩次採訪。

11.　United States of America v. Siemens Aktiengesellschaft, Department's sententing memorandum, 12 décembre 2008, p. 3.

12.　https://www.justice.gov/opa/pr/alcatel-lucent-sa-and-three-subsidiaries-agree-pay-92-million-resolve-foreign-corrupt.

13.　在由奧利維爾·馬萊克斯主持的聽證會上，皮埃爾·拉波特在調查委員會前所做的陳述，後者負責審查國家在工業政策方面的決定，第 492 頁。http://www2.assemblee-nationale.fr/15/autres-commissions/commissions-d-enquete/commission-d-enquete-sur-les-decisions-de-l-etat-en-matiere-depolitique-industrielle-notamment-dans-les-cas-d-alstom-d-alcatelet-de-stx/(block)/RapEnquete.

14.　同上。

15.　關於法國執行經濟合作與發展組織《反腐敗公約》的第三階段報告，2012 年 10 月。https://www.oecd.org/fr/daf/anti-corruption/FrancePhase3FR.pdf.

16.　之後又有四名高管在美國被捕。

17.　2018 年 4 月 4 日星期三，由奧利維爾·馬萊克斯主持的聽證會上，柏珂龍在調查委員會面前所做的陳述，後者負責審查國家在工業政策方面的決定。

18.　Avant-propos d'Olivier Marleix, *op. cit.*, 19 avril 2018, p. 4.

19.　2017 年，皮耶魯奇在紐黑文聯邦法院因腐敗被判處 30 個月監禁及兩萬美元罰款。他於 2013 年 4 月 3 日至 2014 年 6 月被審前羈押 14 個月，並於 2017 年 10 月開始重新執行剩餘的刑期。Matthieu Aronavec Caroline Michel, "Leprisonnier de l'affaire Alstom", L'Obs, n°2787, 5 avril 2018.

20.　Jean-Michel Quatrepoint, *Alstom, scandale d'État. Dernière liquidation de l'industrie française*, Fayard, 2015, p. 109.

21.　負責審查國家工業政策的調查委員會報告，主要涉及近期的企業合併，特別是阿爾斯通、阿爾卡特和 STX，以及如何在貿易全球化的背景下採取可行策略保護本國的工業旗艦企業。奧利維爾・馬萊克斯於 2018 年 3 月 15 日週四下午 4 點主持的會議，會議持續了 16 個小時。Compte rendu n°36, p. 2. www.assemblee-nationale.fr/15/pdf/cr-cepolind/17-18/c1718036.pdf.

22.　該法令將 2005 年《貨幣和金融法》第 R153-2 條的適用範圍擴大到水、衛生、能源、運輸和電信領域。此後的《公約法》（第 55 條）還將進一步擴充該法令。

23.　2018 年 5 月 10 日，阿爾斯通與通用電氣簽署協議，以 26 億歐元現金的價格出售在三家合資企業中的股份，股東們驚喜不已。但是，法國政府仍然在生產核電站渦輪機（尤其是 Arabelle 渦輪機）的企業中擁有 " 黃金股 "，這種安排賦予它審查甚至否決通用電氣該部門的某些戰略性決策的權力。目前還不清楚政府是否會迫使通用電氣在法國保留工作崗位，因為這家美國公司目前經營不善。2018 年 10 月 1 日，通用電氣解雇了業績不佳的首席執行官約翰・弗蘭納里（第三季度歷史性虧損 200 億歐元）。新任首席執行官勞倫斯・卡爾普宣佈對曾在 2015 年兼併阿爾斯通的能源部門進行重組。Jean-Michel Bezat, "GE impose un remède de cheval à son pôle énergie", *Le Monde*, 1er et 2 novembre 2018.

24.　皮埃爾・拉波特的聽證，負責審查國家工業政策的調查委員會，*op. cit.*, 第 5 頁。

25.　阿爾斯通簽署了《延緩起訴協議》，而負責支付非法款項的阿爾斯通瑞士公共關係部則選擇認罪。

26.　皮埃爾・拉波特的聽證，負責審查國家工業政策的調查委員會，*op. cit.*, 第 504 頁。

27.　Avant-propos d'Olivier Marleix, *op. cit.*, p. 4.

28. 2017 年 12 月在巴黎的採訪。

29. 2015 年，該銀行因違犯禁運令而被罰款 7.87 億美元。2018 年 10 月，經過三年時間，美國司法部結束了對它的監督。Anne Bodescot, "Aux États-Unis, le Crédit agricole sort de trois ans de mise à l'épreuve", *Le Figaro*, 23 octobre 2018.

30. 這是倫敦市場每天計算的不同貨幣的基準利率，它可以確定銀行間互相借貸的利率。

31. 即丹妮爾·辛丁格爾和穆里爾·貝斯康德。2018 年 12 月 17 日，貝斯康德向紐約東區聯邦法院提出申請，要求撤銷針對她的起訴，認定時效已過，而且美國的利益並未受到損害。Arnaud Leparmentier, "Les trésorières de la Société générale à la merci de la justice américaine", *Le Monde*, 18 décembre 2018 ; Valérie de Senneville, "Les cadres, grands perdants de la justice négociée", *Les Échos*, 14 et 15 décembre 2018.

32. 2017 年 9 月在巴黎的採訪。

33. 2017 年 10 月在巴黎的採訪。

34. 2018 年 6 月在倫敦的採訪。

35. Benjamin Masse-Stamberger, "Le rapport qui aurait dû alerter BNP Paribas", *Le Vif/L'Express*, 27 juin 2014.

36. Olivier de Maison Rouge, *Le Droit de l'intelligence économique. Patrimoine informationnel et secrets d'affaires*, Lamy, 2012, p. 117.

37. 《關於從國外調取民事或商事證據的公約》，編號 0.274.132，海牙，1970 年 3 月 18 日。

38. 2017 年 9 月的採訪。

39. 即德希尼布（Technip）、斯納姆普羅吉蒂（Snamprogetti）、哈里伯頓 KBR（Halliburton KBR）和日本天然氣公司（JGC Corporation）的首字母簡寫。

40. "SEC Charges Technip with FCPA Violations", Release 2010110, 28 juin 2010. https://www.sec.gov/news/press/2010/2010110.htm. Voir également le communiqué du DOJ : "Technip SA Resolves Foreign Corrupt Practices Act Investigation and Agrees to Pay \$240 Million Criminal Penalty." https://www.justice.gov/opa/pr/technip-sa-resolves-foreign-corrupt-practices-act-investigationand-agrees-pay-240-million.

8. 空中巴士，美國檢察官的下一目標？

2016 年春，歐洲飛機製造商空中巴士集團陷入動盪。空客集團首席執行官托馬斯・恩德斯決定自保，主動向英國出口融資部承認：公司在若干出口合同中忘記提及一些中間人。這是他兩年前要求法務總監約翰・哈里森進行內部審計後得出的結論。在托馬斯・恩德斯管理歐洲宇航防務集團（當時是空客公司的母公司）的防務部門時，就與約翰・哈里森共事。2003—2007 年，約翰・哈里森先在歐洲宇航防務集團的防務部門工作，之後在德希尼布負責管理法國石油業務與美國司法部門的關係，以處理腐敗案件。德希尼布於 2016 年被美國美信達公司收購（見第 7 章）。2015 年春天，托馬斯・恩德斯邀請約翰・哈里森回到集團擔任首席法律顧問（等同於秘書長），負責業務合規事宜。但是，恩德斯為哈里森與董事會搭建起直接聯繫後，意味着恩德斯將無法完全掌握主動權。這簡直是嚴重失誤。

2016 年春天，恩德斯和哈里森主動打開了潘多拉魔盒。他們的證詞釀成了大禍——英國欺詐重案辦公室和法國金融檢察官辦公室分別在 2016 年 7 月和 2017 年 3 月展開調查，要求兩人說出空客集團的商業辦法。對該集團而言，這次的對手難以應付，因為英國欺詐重案辦公室"寸步不讓"的強硬態度可是出了名的。

現任英國欺詐重案辦公室主任莉薩·奧索斯基是位經驗老到的反腐專家。這位擁有英美雙重國籍的英國人，已在美國聯邦調查局和司法部從事了 30 年的反腐工作。她先後為高盛集團私人銀行業務部的經濟情報部門和化險諮詢公司（英美系的經濟情報事務所）效力，之後她擔任 Exiger（從事監管、風險管理及合規業務的公司）倫敦區的調查部門主任。如今她接受了英國欺詐重案辦公室主任的職位，對她來說，處理空客事件這類商業腐敗案件已經輕車熟路。

恩德斯和哈里森究竟向法國和英國當局披露了甚麼？那就是一部分幫助空客集團贏得合同但在聲明中未被提及的中間人（訴訟參與者、顧問甚至是翻譯）的名字。英國法律強制該公司無條件和盤托出。然而，似乎空客集團的銷售及市場結構部門遺漏了一些名字，而托馬斯·恩德斯對此視若無睹，甚至稱其為"謠言的發源地"。這很嚴重嗎？未必。除非這些遺漏的名字被用來掩蓋賄賂行為。

恩德斯和哈里森因為如實供認，儼然成了完美的"道德楷模"？他們或許是預感到自己的公司已經成為美國司法部的目標，所以只能採取積極主動的態度。與其把命運交到美國司法部手中，不如交給英法的司法機構裁決。事實可能正是如此，畢竟恩德斯這位德國籍主管經驗豐富、老謀深算。2017 年 10 月 14 日，《世界報》證實了這一說法，指出此策略可以應對美國競爭對手的攻擊。據記者瑪麗－貝婭特麗絲‧博代、多米尼克‧加盧瓦及克洛艾‧埃伯哈特所說，這家歐洲飛機製造商實際上是由波音公司發動的經濟戰爭的受害者。[1]

當時，波音公司這家芝加哥巨頭強烈反對美國國會的政治決定，因為美國國會決定關閉美國進出口銀行。這一美國官方出口信貸機構在銷售方面為波音提供了約 15% 的財務支持。換言之，該機構為美國飛機製造商的客戶提供擔保和保險，以便它們最終可以獲得訂購飛機的訂單。該決定重重打擊了波音公司，因為該決定一旦被執行，波音將丟失相當一部分市場份額。所以波音只得一面討好美國國會，一面防止外國競爭者乘虛而入。那麼，該如何削弱空中巴士呢？

根據《世界報》的報道，美國情報機構就空客在中東的業務，以及 2017 年 2 月該集團將防務電子業務出售給美國投資基金 KKR 集團而提起訴訟，目的是找歐洲飛機製造商的麻煩，阻礙其搶佔美國市場。這份指控文件隨後被移交美國司法部，該部門對空客發出懷疑警告。為應對威脅，空客找到了唯一可能的防禦方式：採取"不打自招"的辦法，在美國展開行動前，主動向英法兩國提供信息。

　　然而，面對法國最高領導層，恩德斯－哈里森二人組的策略並未奏效。案件由法國總統府秘書長亞歷克西·科勒直接跟進。法國總統府方面對空客向英國泄露如此大量的信息，而沒有援引阻斷法令難以理解。因為根據阻斷法令，本國企業是不能向國外的有權機關泄露經濟情報的。空客高管回應：當前形勢已不可能使用阻斷法令；最保險的方式是向英國欺詐重案辦公室"自首"，以規避美國司法部的盤查。一方面，法國行政部門表示無能為力，因為只有公司自身可以援引該法令。但另一方面，這阻止不了法國司法部門對不遵守法令的企業秋後算賬。

　　正如法國前總統希拉克喜歡説的那樣，"麻煩總是接二連三地出現"。不光英法兩國對空客感興趣，奧地利國防部也起訴了這家飛機製造商，德國檢察官辦公室[2]正在調查 2003 年空客向奧地利出售 15 架歐洲颱風戰鬥機（價值 17 億歐元）一事。當時，托馬斯·恩德斯領導歐洲宇航防務集團（2014 年更名為空中巴士集團，2017 年更名為空中巴士）的防務部門。奧地利政府懷疑存在幕後交易。2018 年 2 月初，慕尼黑檢察官辦公室做出排除賄賂嫌疑的決定，但指責空客向中間人支付 8 000 萬歐元時缺乏警惕和監管，因為這筆款項的支付竟然沒有任何記錄在冊的給付憑證。該飛機製造商最終繳納了 8 100 萬歐元的罰款，德國司法部對此前種種也一筆勾銷。目前，奧地利法院尚未對此案做出裁決。

　　空中巴士除了攤上了上述麻煩外，還深陷"哈薩克斯坦門"事件。這是法國金融檢察官辦公室以"賄賂外國公職人員、濫用公共資產、藏匿並洗白通過此罪獲得的贓錢" 為由預審的案件。
據稱，空客花費了數百萬歐元，用於賄賂哈薩克斯坦總理，從而
於 2010—2011 年，向哈薩克斯坦出售 45 架 EC145 直升機（通過
其子公司歐洲直升機公司）和兩顆衛星。該集團還因涉嫌在馬里
的科傑朗金礦破產案中 "欺詐和違反信託約定" 而被預審法庭調
查。空客可能正是通過將非法隱匿的資金用於投資馬里的金礦，
來為獲得向馬里提供軍事裝備的大合同增添籌碼的。此外，馬里
政府擁有該礦 20% 的股份，該礦的大股東也與政府聯繫密切。

托馬斯 · 恩德斯的底牌

　　無論是法國政府、德國政府還是空客總部，都在思考一些問
題 —— 托馬斯 · 恩德斯的策略是甚麼？他對未來幾年公司的看法
是甚麼？他打算將歐洲飛機製造商打造成甚麼？一位高管表示：
"可以肯定的是，他想擺脫航空航天和軍事部門。"[3] 另一位高管
則好奇，托馬斯 · 恩德斯是不是打算將空客與美國航空航天巨頭
合併？[4] 恩德斯被認為是親大西洋主義者，實際上他並不親法。
如果從他解雇的法國人數量來看，他甚至可能討厭法國人。這些
崗位被德國人、英國人甚至美國人取代。托馬斯 · 恩德斯的做法
使德國總理府和法國總統府焦慮。因此，這位即將離職的空客首
席執行官正被密切監視，他絕無可能連任。2018 年 10 月，繼任
者的名字被公佈：空中巴士直升機公司的前任主管紀堯姆 · 福里。

　　恩德斯將公司最具戰略意義的首席技術官的位置交給了一個

美國人。2016 年 6 月，保羅‧埃雷門科加入空客，他曾擔任谷歌汽車公司的高管，也曾是摩托羅拉和五角大樓研究中心 —— 國防部高級研究計劃局的官員。在恩德斯眼中，埃雷門科代表了公司的未來，他是那個可以將公司變成"航空行業的谷歌"的人。然而恩德斯和他的追隨者認為，保羅‧埃雷門科不會在這個職位上坐太久：他於 2017 年 12 月突然卸任，官方表示，這與其專業能力無關。那是出於甚麼原因呢？據傳言，可能是因為其在公司外的不當行為。

區區幾個月，保羅‧埃雷門科就足以使空客陷入混亂。他認為公司文化過於老派，同時他還破壞團隊氛圍、擾亂工作規律。他關閉了空客位於敘雷訥的研發中心，迫使在那裡工作的 500 名員工（主要是工程師）搬遷。不管怎樣，他的離職對於那些不認可他的管理方式的高管來說是一大幸事。然而，對托馬斯‧恩德斯來說卻是一大損失。保羅‧埃雷門科加入了聯合技術公司 —— 世界領先的航空航天設備供應商，同時也是空客的分包商。空客只希望埃雷門科不會向新的美國雇主泄露敏感信息。然而，似乎空客公司裡沒人想過讓他簽下一份競業禁止協議！

因此，托馬斯‧恩德斯四面楚歌，以至於堅信有"黑暗勢力"想置他於死地。但現實平淡無奇，法國和德國都不再信任他。他到底為誰賣命？當然不是接連遭到解雇的法國人。

毫無疑問，對於空客的部分法德高管來說，托馬斯‧恩德斯是美國的"走狗"。一位財務部門的經理說："他與美國聯繫密切。

他是一個純粹的親大西洋主義分子。他只有一個目的：絕不做令美國人不悅的事，因為他想要投身美國。"[5]像阿爾斯通前首席執行官柏珂龍一樣，恩德斯真的是美國陣營的嗎？這是否是因為美國手裡有對恩德斯不利的信息，特別是 2003 年空客向奧地利出售戰鬥機涉賺貪腐的情報？

"我是親大西洋分子嗎？這真愚蠢。"2017 年 10 月接受《世界報》採訪時托馬斯·恩德斯辯解道。[6]事實上，他確定是。他曾讓五角大樓的前官員負責集團的技術部門，他向與美國情報部門有往來的帕蘭提爾科技公司提供了空客的數字化技術，他常將英法兩國要求的內部調查委託給英美律師事務所（休斯·哈伯德和里德律師事務所、高偉紳律師事務所等），他要求美國經濟情報公司法證風險聯盟負責搜查員工的電腦，他一度被認為是美國人放在歐洲航空航天行業頂尖企業的"特洛伊木馬"。此外，他在加利福尼亞大學洛杉磯分校受過教育，他是彼爾德伯格集團（西方精英會議）的一員，他加入了大西洋大橋協會 —— 德美超自由主義協會，他甚至爭做美國的戰士。

這些都是令埃馬紐埃爾·馬克龍總統及總統府團隊嚴重擔憂的因素。因此，2017 年秋季，"拋棄士兵恩德斯"行動開始！但仍然需要找到他以及空客公司董事會主席丹尼斯·蘭克的繼任者。政治精英們也認為後者力不能支。最後，法國人紀堯姆·福里登場。

空客的法務總監約翰·哈里森可能會因大規模清理門戶而憤

155

濺，畢竟他是恩德斯最忠誠的夥伴。哈里森是英國人，"其風格不如美國人"，空客的一名常見到他的員工說道。[7]哈里森出了名地雄心勃勃。該員工隨後表示："工作中他隨心所欲，被權力衝昏頭腦，周圍人思忖他會不會幻想着登上公司的權力巔峰。"哈里森知道如何與最好的律師事務所合作：休斯·哈伯德和里德、高偉紳（職業生涯初期他曾在該事務所工作）和德傑。據英國《衛報》報道，德傑的律師尼爾·傑勒德與英國欺詐重案辦公室關係密切。[8]僅在 2016 年，哈里森付給豪華律師團隊的傭金就超過 6 000 萬歐元。此外，約翰·哈里森有時會忘記甚麼是利益衝突：他曾委託前合作夥伴法證風險聯盟如今服務的公司，負責恢復空客內部調查所需的計算機數據。

空中巴士：危險動盪？

托馬斯·恩德斯和搭檔約翰·哈里森的行為是否將空客暴露在危險當中？包括銷售部門在內的約 60 名高管已離職或即將離職，集團領導班子分崩離析。空客"飛機"上還有"飛行員"嗎？近幾個月來，許多高管相繼離職：二號人物法布里斯·布雷吉耶、首席戰略官馬爾萬·拉胡德、集團的首席技術官保羅·埃雷門科、首席商務官約翰·萊希、在位不滿 8 個月的新晉運營官埃里克·舒爾茨[9]、工程總監夏爾·尚皮翁、項目總監迪迪埃·埃夫拉爾、首席運營官湯姆·威廉斯、首席財務官哈拉爾德·威廉。對於一家跨國公司來說，這是從未料到的重創，而且很難及時止損。空客防務部門的一名高管感慨道："當團隊連掌舵人都沒有的時候，該怎麼鼓舞士氣？"[10]另外，負責飛機實地銷售的團隊也紛紛離開。即便他們值得信賴，空客還是切斷了與世界各地中間人的往來，這是搬起石頭砸自己的腳。倘若沒有多年苦心經營的人脈網絡，公司就會耳聾眼瞎、愚不可及。該公司在部分國家的代理機構也開始抗議。英法兩國的司法機構要求對其展開內部調查，空客也因此在律師的建議下停止向代理機構支付酬勞。代理機構非常憤怒。空客防務部門的一名高管惋惜道："他們不僅通過起訴索賠，有些人甚至正在與我們作對，打算將我們排擠出市場。在一些國家，我們成了不受歡迎的人。"[11]

這造成了空客的內部恐慌，然而訂單量依然很多。按飛機定價計算，未來 10 年的營業額估計為 1 萬億歐元。空客有足夠多的時間重塑其商業力量。銷售團隊的一位成員說："的確如此，但這只有在未來 10 年全球經濟持續增長且不會出現重大危機的情況下才能實現。"[12]一旦出現新的金融動盪，一些客戶便會放棄他們的訂單，因為他們沒有能力將其兌現。一位業內人士分析，空客在某種程度已經到了生死存亡的關頭，它現在甚至不堪一擊。[13]空客的兩個項目已遭受打擊：A400M 軍用飛機和 A380 大型噴氣式飛機。因此，空客的商業成功基本上要靠 A320 飛機。但誰喜歡把所有雞蛋都放在同一個籃子裡呢？美國的波音，甚至是行業新貴——中國或俄羅斯的公司，都可以通過打造具有競爭力的模型讓空客項目的成功變得岌岌可危。在這種情況下，空客能否實現劫後餘生變得不那麼確定。這位專家補充說："我不能肯定托馬斯·恩德斯完全意識到了這種風險。"2018 年春,危機初現端倪。為應對兩個項目上遇到的困難,空客廢除了 3 700 個崗位,其中有 400 個在法國。[14]

目前進行的英法調查肯定無法解決問題。美國人正伺機而動,他們甚至在 2017 年 10 月建立了一份檔案,引用了《國際武器貿易條例》,允許他們授權(或不授權)一國向另一國銷售和出口至少包含一種美國零件的武器系統。空客承認,沒有向美國國務院提供向外國出售歐洲戰鬥機和卡薩運輸機的所有相關信息。結果是,空客受到了來自美國方面的懲罰。如果美國認為英法的制裁不痛不癢,那麼它就會親自出馬。此外,2018 年 12 月,美國司法部針對空客公司在亞洲市場,特別是在馬來西亞的腐敗問題上提起法律訴訟。[15] 美國調查員反饋的空客業務相關信息可能派上了用場。

飛機製造商受到高度監視

2017 年 1 月,一家法國的經濟情報公司接受了一項特殊任務:對"哈薩克斯坦門"事件的信息環境進行監控。一切進展順利。一名男子向這家法企提出該任務,同時坦陳他不是真正的資助人,而且無法提供客戶的名字。但是,一個錯誤轉發的電子郵件和一些研究足以讓這家法國公司發現資助人來自美國和以色列。資助人是否和兩國的情報部門走得近?該公司的領導人有些顧慮，但他還是接受了任務。該公司的首席執行官表示："我發現這很有趣，我對此工作的開展十分好奇。"[16]

這位客戶感興趣的究竟是甚麼？首先是新聞媒體。他想知道這些媒體〔尤其是 Mediapart（新聞網站）和《鴨鳴報》〕是如何發掘並報道事件的。這些報紙是否支持已拉開序幕的法國總統競選中的某一特定候選人？法國和外國利益是否在新聞背後起作用？更寬泛地說，一名候選人是否誘導甚至收買了 Mediapart 和《鴨鳴報》，讓它們詆毀另一名候選人。需要提及的是，兩個月前，時任共和國總統弗朗索瓦·奧朗德宣稱他不會參與新一屆的競選。

任務單中還包括對《比利時晚報》的一名記者進行人脈調查，尤其是他與國際調查記者聯盟的關係。國際調查記者聯盟是一個總部位於華盛頓的非政府組織，它也是公共誠信中心的衍生機構，成立於 1989 年，是揭露公共及私營部門腐敗和濫用職權行為的化身。億萬富翁喬治·索羅斯通過他創辦的包括開放社會基金會在內的許多基金會向公共誠信中心和國際調查記者聯盟提供部分款項。[17]國際調查記者聯盟因對巨富逃稅避稅行為的一系列揭露（盧森堡避稅泄密案、避稅天堂……）而尤為著名。這位神秘客戶質疑國際調查記者聯盟無懈可擊的公正客觀，想弄清楚背後是否存在操縱行為。那位神秘客戶還希望法國這家情報公司能像俄羅斯情報機關一樣，將幕後操縱行為與幕後操縱者們一網打盡。

這位客戶對空客的興趣不止於此，他還想知道為甚麼這家飛機製造商停止了向中間人付款，特別是突尼斯說客利斯·本·沙茲利和哈薩克斯坦寡頭穆赫塔爾·阿布利亞佐夫。他要求對空客與法國及哈薩克斯坦權力機關的聯繫進行精準調查，他還要求知曉空客的律師是如何與法國金融檢察官辦公室和英國欺詐重案辦公室展開談判的。2017 年 10 月，這位神秘客戶只要求獲得法國金融檢察官辦公室聽證會會議記錄的副本，以了解法官的首要傾向。這家法國事務所的首席執行官表示："這是不可能辦成的，我斷然拒絕了這一請求。"

2017 年 3 月 7 日，這位客戶認為，法國前總統尼古拉·薩科齊是受新聞揭露負面影響最嚴重的國家領導人，同時發出這樣的疑問：誰最願意抹黑法國前總統？帕特里克·德拉伊（BFM 電視台、RMC 電台、《解放報》、《快報》……）、格扎維埃·尼埃爾（《世界報》）等媒體扮演着怎樣的角色？甚至在民調中排名不斷上升的候選人埃馬紐埃爾·馬克龍發揮着怎樣的作用？ 2017 年 3 月 8 日，客戶想了解中間人（穆赫塔爾·阿布利亞佐夫）的律師讓-皮爾·米尼亞爾以及一直報道該事件的 Mediapart 扮演了怎樣的角色。這之中有甚麼聯繫嗎？ 2017 年 4 月，客戶希望掌握關於薩科齊的好友、法國政治家帕特里克·巴爾卡尼和企業家帕托克·喬迪耶夫之間關係的更多信息。後者與時任哈薩克斯坦總統努爾蘇丹·納扎爾巴耶夫有私交，同時也是"哈薩克斯坦門"的主要嫌疑人。

阿海琺 Uramin 項目 [18] 事件中常被提及的瑞士經濟情報公司 Alp Services 的領導人馬里奧·布雷羅也引起了這位法國情報公司

的客戶的興趣。馬里奧是否在"哈薩克斯坦門"信息泄露中發揮了作用？他是否與哈薩克斯坦總統親信、寡頭布拉特‧烏泰穆拉托夫進行了合作？

這位要求頗多的神秘客戶究竟在尋找甚麼？是想了解"哈薩克斯坦門"事件中操縱媒體和公眾輿論的人是誰嗎？為甚麼搜集該事件中所有主人公的信息？是想透過法國司法部門與空中巴士可能的協議探知其意圖嗎？簡而言之，目的是搜集有關波音主要競爭對手的信息。

註　釋

1. Marie-Béatrice Baudet, Dominique Gallois, Chloé Aeberhardt, "Les dessous de l'opération mains propres en cours chez Airbus", *Le Monde*, 14 octobre 2017.

2. 雖然空中巴士是一家私營公司，但曾由法國和德國這兩個國家共有。

3. 2018 年 5 月在巴黎的採訪。

4. 比如與波音公司或美國航天航空巨頭諾斯羅普‧格魯曼公司聯手。

5. 2018 年 5 月在巴黎的採訪。

6. Propos recueillis par Marie-Béatrice Baudet, Dominique Galloiset Guy Dutheil, *Le Monde*, 13 octobre 2017.

7. 2018 年 5 月在巴黎的採訪。

8. Simon Goodley, "ENRC Splits with US Law Firm Overseeing Corruption Inquiry", *The Guardian*, 11 avril 2013.

9. Bruno Trévidic, "Airbus change de directeur commercial en plein vol", *Les Échos*, 14 et 15 septembre 2018.

10. 2018 年 5 月在巴黎的採訪。

11. 同上。

12. 同上。

13. 2018 年 6 月的採訪。

14. Gaëlle Fleitour, "3 700 postes impactés chez Airbus dont 470 en France", *L'Usine nouvelle*, 7 mars 2018.

15. Chloé Aeberhardt, Marie-Béatrice Baudet, avec Vincent Nouvet etStéphanie Pierre, "La justice américaine a ouvert une enquête sur Airbus", *Le Monde*, 21 décembre 2018.

16. 2017 年 9 月至 2018 年 6 月在巴黎進行了多次採訪。

17. 該機構還獲得了洛克菲勒、家樂氏公司及福特基金會的資助。

18. 法國核巨頭以高價購買鈾礦。

9. 出色的監察者和追捕者

任何戰爭都要有戰士參與。在這場美國向全世界發起的司法經濟戰爭中，參戰士兵大部分來自司法領域，其中尤以美國檢察官為眾。他們牽頭掀起各項司法程序，決定企業要繳納的罰款數額和要受到的判罰程度。有些人趁機在業內樹立良好的口碑以便將來轉型步入政壇。各派勢力的首領紛紛派自己團隊內部的骨幹力量投入戰爭前線，尤其是調派出大批律師負責涉事企業的案子。這些負責涉事企業的律師大多效力於英美律師事務所，他們負責對自己的客戶進行調查，並定期向檢察官提供有關客戶被控貪腐、違犯禁運令（參見第 10 章）等信息和報告。他們認為這些信息的獲取渠道是否合法並不重要，重要的是要證明這些企業是有罪的，並保障美國的司法機器如火如荼地運轉。更妙的是，這些英美律師事務所在整個司法流程中，還往往能收取其客戶數千萬美元的費用。

因此，企業談檢察官而色變。只要檢察官寄一封信、發一封電子郵件、打一通電話，就能讓世界上任何一家企業的負責人懼怕不已。這些供職於監督管理機構的人就是美國司法體系中的監察者，他們活躍於美國司法部、美國財政部海外資產控制辦公室、美國證券交易委員會和紐約金融服務署。

世界上各大企業、銀行和投資基金的名字都在美國檢察官的追捕名單上。在這些以摧枯拉朽之力動搖了多個商業帝國的檢察官中，本傑明·勞斯基是最讓人聞風喪膽的一個。"他就是大老闆們的克星，"一位企業律師回憶道，此前他曾為一家歐洲大銀行辯護，"他以善於把企業一刀一刀凌遲處死直到它們認罪伏法而著稱"[1]。勞斯基畢業於哥倫比亞大學，曾於 2001—2007 年擔任紐約州聯邦檢察官，於 2011—2015 年擔任紐約金融服務署檢察官，該機構負責紐約區域內的市場監管工作（華爾街就在曼哈頓的中心）。作為該機構的負責人，他帶領 1 200 名雇員監督着逾 3 800 家總市值約 7 萬億美元的銀行機構。

而勞斯基是否為沽名釣譽之輩呢？"我曾多次和他打交道，"這位企業律師繼續向我們解釋道，"他永遠自詡為政治家而非法律從業者。"本傑明·勞斯基的政治野心在紐約盡人皆知。他於 1999—2001 年擔任民主黨參議員查爾斯·舒默的顧問，憑藉這位後來成為紐約州州長的支持，勞斯基也平步青雲，後又於 2010 年擔任舒默的競選主任。曾同為紐約州聯邦檢察官的安德魯·科莫將新一任紐約州金融業務監管人的權杖委以勞斯基，讓他監察管理銀行業和保險業。自此,勞斯基成了紐約州金融業務的監管人。新官上任的他迅速以鐵腕整飭白領犯罪,如打擊黑手黨般毫不留情。

這位聖茹斯特[①]式的人物將他的工作視為正義與邪惡之戰。2017 年 12 月 31 日,他在自己的推特賬號上引用了 20 世紀 60 年代棒球明星羅伯托‧克萊門特的一句話:"每當你有機會改變世界但卻沒有去做時,你就是在浪費你生活在這片土地上的時間。"本傑明‧勞斯基想要做出行動,拯救這個被貪得無厭又有恃無恐的企業家污染的世界。為達目的,他可以用盡各種手段:對企業處以巨額罰款、起訴企業負責人、威脅將企業逐出美國市場、解雇無權無勢的替罪羊、獎勵舉報者和告發者,以及監禁白領罪犯。

這匹年輕有為的"律政之狼"將利爪伸向了英國渣打銀行。這是他接手的第一個大案子,他要趁此機會揚名立萬,絕不會草草了事。2012 年,渣打銀行被控與伊朗有違法行為(依據美國制裁法令)。剛開始,該銀行的眾多負責人拒不承認勞斯基提出的各項指控,宣稱已做好準備對簿公堂。不幸隨即降臨。勞斯基威脅要收回銀行的執照,這無異於宣判銀行死刑。相比於同樣對該銀行的活動展開調查的美國司法部和美聯儲,勞斯基承認他的做法無異於勒索敲詐,美國政府也對此感到不滿,但不得不承認這

---

① 聖茹斯特,法國大革命中湧現出的著名政治家,他也是一位天才的法律專家,著有《法國革命與憲法之精神》,曾審判國王,力主法制,又曾推行恐怖政策,雷厲風行。 —— 譯者註

確實卓有成效。迫於壓力，英國渣打銀行負責人最終妥協了。紐約州聯邦檢察官勞斯基以鐵腕作風名揚四海。2012 年 8 月，英國渣打銀行同意以支票方式支付 3.4 億美元的罰款，這一數額對於地方檢察官來說是史無前例的。[2] 渣打銀行的顧問 —— 德勤會計師事務所也被重懲：一年內禁止接新任務。而在這場風波中，本傑明·勞斯基還死死咬住瑞士銀行不放。雖然瑞士銀行與美國司法部進行了協商談判，但勞斯基仍不退讓 —— 他是不會讓瑞士銀行不繳任何罰款就全身而退的。他針鋒相對，質詢紐約州相關高層是否在美國企業的財產利益受到侵犯時起到了保護作用。最終，他強迫瑞士銀行認罪。勞斯基又一次勝利了。吸取了這次的勝利經驗後，這位紐約金融界的"司令官"又瞄上了他的新靶子 —— 法國巴黎銀行，他讓法國巴黎銀行支付了近 90 億美元的罰款，並以與被禁運國家伊朗用美元進行交易為由拿下了一位企業高管。

繼法國巴黎銀行之後，德國商業銀行也不幸"中槍"。2015年 3 月 12 日，德國商業銀行與美國主管金融的政府機構簽署了協議，同意繳納 14.5 億美元罰款、解雇"有不正當行為"的員工，並允許美方派遣一位監察員在隨後幾年全權監督企業業務。[3] 德國商業銀行被控違犯銀行業禁令與蘇丹和伊朗進行交易。在本傑明·勞斯基的運作下，紐約州從這個案件中獲利 6.1 億美元。這是德國商業銀行向美國司法部繳納的罰款的 4 倍。在紐約金融服務署工作的四年中，勞斯基為紐約州政府金庫補充了數百億美元。因此，曼哈頓街頭巷尾流傳着一則笑話，說紐約州要特別感謝這些跨國大銀行，多虧了它們給紐約州的翻新和新建施工項目付費！

2015 年，勞斯基功成名就，辭去公職，轉而成立了自己的私人諮詢公司 —— 勞斯基集團，幫助企業更好地與美國金融監管機構談判。更好地談判？想想前任檢察官傾其經驗和人脈服務於意欲逃脫法律制裁的企業。勞斯基從此放棄投身政界了嗎？抑或這只是兩個階段間的小休整，以便他更好地融會貫通，就像兩位曾任紐約州總檢察長，後來成為紐約州政界高層的埃利奧特·斯皮策和安德魯·科莫那樣？將銀行家繩之以法永遠是在選民面前樹立良好形象的絕佳武器。

本傑明·勞斯基並不是最令企業恐懼的人物。雖然他是被媒體曝光最多的，但還有比他效率更高的人。普里特·巴拉拉，外號"華爾街大力水手"—— 因為他很愛吃菠菜，是紐約南部街區的檢察官。巴拉拉本人就是美國夢的完美詮釋，他兩歲時離開出生地巴基斯坦旁遮普省，學生時代寒窗苦讀，學習成績一直名列前茅 —— 他擁有哈佛大學法學院和哥倫比亞大學法學院的學位。在 2009 年巴拉拉被奧巴馬總統任命為檢察官後，他很快樹立了自己的聲譽，被稱為"華爾街之狼的天敵"。對衝基金帆船集團創始人拉傑·拉賈特南及其秘書拉加特·古普塔就嘗過他的厲害。2011 年，普里特·巴拉拉以內幕交易罪起訴了他們。最終判決結果是，拉賈特南被判 11 年監禁，古普塔兩年。三年後，摩根大通銀行的厄運也降臨了，它也嘗到了這位檢察官的狠辣手段。摩根大通銀行最終因對史上最大詐騙製造者伯納德‧麥道夫的資產監管不力而支付了 17 億美元的罰款。[4] 2012 年，普里特‧巴拉拉入選《時代週刊》"全球百位最有影響力的人物"。

　　還有國際金融界的其他"白衣騎士"，如紐約州聯邦檢察官賽勒斯‧萬斯，他亦參與了制裁法國巴黎銀行的案件。然而，讓萬斯聲名鵲起的則是多米尼克‧斯特勞斯–卡恩的案子。2011 年，時任國際貨幣基金組織總裁的多米尼克‧斯特勞斯–卡恩因被控在紐約一家酒店性侵女服務員而被逮捕，並在國際媒體面前被銬上了手銬。賽勒斯‧萬斯在追查金融白領犯罪上一向聲名卓著，他讓企業繳納的罰款達數億美元。再比如，法國巴黎銀行案的最後一個重要促成者萊斯莉‧考德維爾 —— 美國司法部刑事局局長。在發生該案件時，萊斯莉‧考德維爾資歷豐富、年富力強，"安然事件"就出自她的手筆。她以圖謀欺詐市場、非法操縱企業賬目為由扳倒了安然公司的兩位高管。安然公司頭號人物肯尼斯‧萊，在刑滿出獄後不久便突發心肌梗死去世了；安然公司二號人物傑弗里‧斯基林，最初被判入獄 24 年，隨後被改判為 14 年。由此可見，考德維爾打擊跨國企業也毫不手軟。

註 釋

1. 2018 年 6 月在倫敦的採訪。

2. Jessica Silver-Greenberg, "British Bank in $340 Million Settlement for Laundering", *The New York Times*, 14 août 2012. https://www.nytimes.com/2012/08/15/business/standard-chartered-settles-withnew-york-for-340-million.html.

3. "NYDFS announces Commerzbank to pay $1,45 billion, terminate employees, install independent monitor for banking law violations", communiqué de presse, 12 mars 2015. https://www.dfs.ny.gov/about/ea/ea150312.pdf.

4. 麥道夫設計了 "龐氏騙局"，用新投資者的錢向老投資者支付利息。

10. 提心吊膽：英美律師事務所的統治

　　阿爾斯通、德希尼布、西門子、空中巴士⋯⋯永遠有一家英美律師事務所為這些遇到困難的歐洲企業辯護。美國律師包攬了全球大量的訴訟業務。值得一提的是，只願與紐約和華盛頓的大型律所打交道的美國政府可幫了這些律師事務所的大忙。世達、諾頓羅氏、高偉紳、謝爾曼和斯特靈、美亞博、偉凱⋯⋯這些國際律師事務所在全球最重要的經濟中心都有分支機構。可以說，它們組成了專門處理國際事務的律師陣營，部分律師事務所甚至雇用了數千名律師。反競爭、兼併和收購、商業刑事案件⋯⋯這些律師事務所在所有業務領域、所有市場、所有行業中支持跨國企業的工作。它們是不可或缺的，但並非無可指摘。

對數據機密性的威脅

　　如果英美律師事務所的觸角僅限於金融領域，也不至於令經濟情報專家憂心忡忡。然而，令他們擔心的是，這種統治地位可能會對企業的商業機密保護造成影響。駐巴黎的英美律師事務所是否會將客戶的重要信息發送到位於紐約或華盛頓的總部？我們不得而知。[1] 更糟糕的是，這些信息是否會被情報部門搜集到？如何確保律師向美國政府提供的西門子公司的 10 萬頁文件[2] 或阿爾卡特－朗訊的 20 萬份文件[3] 不會落入律師事務所其他客戶的手中，這些客戶很可能包括企業的直接競爭對手？甚至更糟的是，這些文件會不會變成聯邦調查局或中央情報局新的調查證據？空客公司的法律顧問 —— 休斯·哈伯德和里德律師事務所主席特德·邁耶保證："美國律師與美國政府是相互獨立的。"[4] 毫無疑問，絕大多數律師的確如他所說的那樣。但最近發生的一些事卻讓人生疑。

1995 年 4 月的一天，律師威廉·李突然收到法國情報部門的命令 —— 要求他立即離開法國領土。威廉·李被懷疑是美國中央情報局的線人，並為後者提供了大量法國公司的商業機密文件。當時，威廉·李正秘密地為湯姆遜公司的首席執行官阿蘭·戈梅工作，職業前景一片大好。他成長於美國的"大熔爐"環境中（父親是美籍華裔，母親是美籍德裔），曾在史丹福大學就讀，成績優異，於 1960 年畢業後進入美國國務院。工作 6 年後，他又回到哈佛大學攻讀法律學位。1972 年，謝爾曼和斯特靈律師事務所的管理層將威廉·李派往巴黎辦事處。他的事業蒸蒸日上，最終成為這家著名律師事務所法國辦事處的領導人。20 年後，他從謝爾

曼和斯特靈律師事務所辭職，加入知名的美國金融調查公司克羅
爾，與美國聯邦調查局、美國中央情報局以及美國證券交易委員
會的前雇員一同工作，專門負責克羅爾在巴黎的業務。阿蘭·戈梅
也藉此機會與他聯繫，委託他提供競爭情報。阿蘭·戈梅還要求
威廉·李調查 1993 年 12 月一名中國台灣軍人的離奇死亡事件。
這個人叫尹清楓，是一位負責中國台灣海軍採購業務的船長，因
清正廉潔而享有盛名。早前，尹清楓曾到法國了解護衛艦的生產
狀況——湯姆遜公司在兩年前曾向台灣出售價值為 160 億法郎
的 6 艘護衛艦。[5] 阿蘭·戈梅指使威廉·李暗中破壞湯姆遜的法
國競爭對手——馬特拉公司與阿歇特公司的合併。作為回報，
威廉·李收到大筆現金。他挑撥了幾位股東，讓他們覺得此次合
併無異於一場騙局；同時，他以"小股東"的名義提起針對馬特
拉公司的欺詐訴訟。"湯姆遜訴馬特拉-阿歇特"案迅速引起舉國
關注，相關報道鋪天蓋地。法國政府部門最終意識到：威廉·李
是個危險人物。1995 年 4 月的一天，陽光明媚，這位律師卻被驅
逐出境。幾年後，一張國際逮捕令又把他帶回了法國。他於 2002
年 10 月短暫入獄。3 年後，"湯姆遜訴馬特拉-阿歇特"案開始審
理。威廉·李承認收取了數十萬美元的現金，他的秘書也承認幫
忙轉移了部分款項，以開展針對馬特拉-阿歇特的代號為"折翼"
的行動。審判期間，阿蘭·戈梅坦承威廉·李負責處理三大事項：
俄羅斯、中國台灣及馬特拉-阿歇特合併案。威廉·李則對法官
承認自己主要進行了遊說工作。同時，他也公開了包括美國、俄

羅斯和以色列情報部門特工及前特工在內的聯絡名單。2006 年 2
月，判決下達：證據不足，無罪釋放。但法庭認為，湯姆遜的確
對馬特拉－阿歇特進行了有組織的不公平競爭行為，但因時效已
過，如今已無法追究。[6] 威廉·李在英美律師事務所裡到底進行
了多少這樣的“幕後工作”？

　　如今，繼斯諾登事件之後，這個問題依然困擾着歐洲巨頭，
也對英美律師事務所的業務造成了消極影響。“某些媒體報道質
疑英美律師的可信度，這讓我失去了不少客戶。”某美國律師事
務所巴黎辦事處的一位律師感歎道。[7]

　　必須提防着他們嗎？一位美國大型律師事務所的前雇員提供
的信息讓人脊背發涼。我們就叫他安東尼好了，他是法國人，近
期換了工作，離開美國去了另一個國家——因為不想“再與侵略
者狼狽為奸”。[8] 他不是一個陰謀論者，但也絕不天真爛漫，他深
諳法律界和情報界的互相滲透。“大型律師事務所蘇利文和克倫
威爾曾一直與美國中央情報局有接觸[9]，而佳利律師事務所則在
戰後擔任“馬歇爾計劃”的法務代理。[10] 我記得與我上司的某次
討論中，他向我坦言美國情報機構曾與他接觸。”

　　安東尼在一家紐約律師事務所的巴黎辦事處處理過幾起案
件，包括受美國政府的委託對兩家法國大型銀行進行的內部調
查。雖說是“受人之託、忠人之事”，但他所觀察到和所做的事情
比他預想中最壞的情況還要糟糕。美國司法部不僅要求他對調查
進展做定期報告，還要求盡可能地掌握所有客戶的信息，尤其是

最敏感的信息。他解釋道："當時，我每週都去南泰爾的金融檢察院，提交幾十張 DVD（數字通用光盤），其中包含數百萬客戶的原始信息：電子郵件、筆記、報告等。一名法國警察負責驗收這些光盤，在列有文件清單的 A3 紙上簽字。隨後我便離開。同一天，一名美國大使館下屬的聯邦調查局官員前去將光盤取走。"表面上看，這些給美國人的"物品"具有合法性，因為信息交換在多邊協議框架下完成。[11] 但仔細想想，事情不會那麼簡單。誰都不能證實這種交付行為沒有違犯公民個人信息保護法，甚至是商業機密法。毋庸置疑，那些向外國政府提供大量信息的企業可能會被員工或審計師上訴到法庭。律師奧利維爾·布隆寫道："大量數據因外國政府進行域外司法調查而被泄露，相關企業的資產承受着巨大風險，而法國和歐洲當局對此卻無動於衷，沒有採取任何措施。"[12]

儘管存在這些顯著風險，企業仍然繞不開英美律師事務所。當一家公司與美國有摩擦時，跨國公司總會向這些事務所求助：法國巴黎銀行和法國興業銀行有世達律師事務所支持；空客公司有高偉紳、德傑、休斯·哈伯德和里德律師事務所支持；阿爾斯通則有霍金路偉律師事務所支持……阿爾斯通電力部門被收購期間，霍金路偉律師事務所的合夥人甚至就是收購方美國通用電氣首席執行官的兄弟！難道不存在利益交織嗎？然而，法國和美國司法部門都沒有對此提出異議。

沒有任何一家法國的跨國公司向法國律師事務所求助。一位美國律師事務所的法國籍商業律師篤定地說："這不可行，美國當局覺得不可信。"[13] 不可信？是不信任他們的能力，還是根本不相信其他國家的律所？像法國基德律師事務所這樣的機構——它自 1984 年在紐約設辦事處——難道對美國法律沒有足夠豐富的經驗嗎？實際上，美國政府不相信法國律師會對自己人做不利調查。"我們的一名律師說，他們害怕我們沒有充分的動力來尋求真相。"[14]

此外，法國經濟與財政部也充分信任英美的諮詢公司或律師事務所。總有人會毫不猶豫地請求它們幫助法國公司核實商業行為是否符合美國法律和法國的《薩潘第二法案》。2017 年 11 月，經濟部戰略信息及經濟安全專員讓－巴蒂斯特·卡爾龐捷委託斯特凡妮·洛姆和奧利維爾·多爾岡[15] 對法國最大的 200 家企業展開安全專項調查。這激起了商界人士的強烈不滿：斯特凡妮是英國富事高商業諮詢公司法國分公司的總經理，而奧利維爾是美國布朗·魯德尼克律師事務所的合夥人。馬克龍總統的一位親信坦言："令人難以接受。"法國的經濟情報專家也吼道："這簡直是醜聞！"一位法官同樣認為這愚蠢至極："我根本搞不懂，領導過打擊資金非法流動與反洗錢情報機構的人怎麼會做出這種決定，簡直荒謬。"[16] 讓－巴蒂斯特·卡爾龐捷辯解道，協議具有較強的屬人性，並不涉及兩位專家任職的公司。這一細微差異並不能說服法國律師事務所和商業情報公司的領導層，他們因不被視為真正的法國專家而感到惱火。但是，當這些人受邀參與財政部組織

的全面審查時 —— 意味着加入奧利維爾 · 多爾岡和斯特凡妮 · 洛姆（法國海軍預備役軍官）—— 卻再也聽不到他們發表意見了。這是為何？答案不言自明，因為這項任務是沒有報酬的。奧利維爾 · 多爾岡和斯特凡妮 · 洛姆願意無償為法國經濟部工作。在這種情況下，難以質疑他們的愛國之心。這場"茶杯裡的風暴"令讓-巴蒂斯特 · 卡爾龐捷成為受害者：他被迫離職，加入威立雅集團，負責集團合規事務！

法律特權 [①] 與職業秘密

在許多法國經濟情報專家和企業眼中，美國律師（在信息保密上）並不是那麼可靠，因為他們和美國經濟部門甚至情報部門走得太近了。而在法國，律師是要遵守絕對的職業信息保密義務的，就算是客戶要求，律師也不得向國家和公訴機關公開任何保密的、有可能損害客戶利益的信息。律師在執業過程中泄露客戶的職業秘密，在法國屬於性質十分惡劣的行為，不但違反了律師職業規範，嚴重者甚至會受到刑事處罰。[17]

美國律師則受到法律特權制度的約束，這一制度本質上也是一種職業秘密保護制度，不過相對沒有那麼嚴格，因為特殊情形

---

① 此處的法律特權（legal privilege），是英美法系語境下的一個專有名詞，是一種秘密保護制度，指的是律師在向客戶、當事人提供法律服務時獲悉的諸如商業秘密、敏感信息等，有權不向有關行政監管部門披露。在許多美國影視作品中，類似的場景並不少見。 —— 譯者註

下也有例外：律師是可以不經客戶允許對外公開客戶信息的。而且，美國是一個聯邦制國家，對執業律師的權利義務要求，每個州都可以有自己的規定。

美國很多辦理大型民商事業務的本國律師和法國籍律師都在紐約執業。以紐約為例，法律特權制度就至少存在以下四種允許律師公開客戶信息的例外情形：第一，當客戶允許律師對外提供保密信息時；第二，當客戶欠缺民事行為能力時；第三，當律師得知客戶／委託人將從事犯罪行為（謀殺或者其他非法行為）時，不過律師在向法官提示這一信息時不能過分披露細節；第四，當律師獲悉的某一客戶信息表明客戶正在從事違法行為時。不過紐約州律師協會建議律師在前述情形下向司法機關透露客戶信息前審慎考慮，尤其應當根據客戶與涉事企業的關係來判斷事態的嚴重程度。如果客戶只存在輕微違法行為，紐約州律師協會建議律師繼續遵守法律特權制度下的信息保密規則。如果律師是受美國監管部門的委託對企業進行合規調查，並發現商業賄賂、違反國家禁運政策等情況，那麼必須首先將違規情況通告企業高管。如果企業高管在數週後對此沒有做任何解釋，那麼律師必須將全部事實向監管部門反映。倘若律師在調查過程中發現的違規行為超出了本次調查的範圍（如時間、市場、行業、國家），則要區分兩種情況：第一，如果該信息所反映的事實雖然違規但已經超過追訴時效，則律師無權再向監管部門公開該信息；第二，若該信息反映的違法事實還未超過時效，則律師有權向監管部門公開該信息。

上述情形表明，在特定情況下，律師是有可能不受法律特權制度約束的，甚至有時沒有選擇餘地，而只能將客戶信息向司法機關披露。比如在監管部門的強制要求之下，這時，律師往往會徵求客戶同意披露信息；若客戶拒絕，律師則會對監管部門的強制要求提出合法性質疑；而監管部門則可能訴諸法院，請求強制提供有關信息。要是律師及其客戶敗訴，就只能將信息提供給監管部門了。雖然法庭上涉案信息會蓋有"職業秘密"的印章，但是律師完全有可能違背客戶的意願行事。最後，在下列三種情形下，律師應當向監管機關提供有關信息：第一，客戶利用、操縱律師從事犯罪活動時；第二，當律師與客戶進行訴訟且律師需要用相關信息證明自己為善意時；第三，律師知道客戶在向法官撒謊時。前經濟情報跨部門代表克勞德·雷維爾認為："美國律師就是這樣漸漸失去對案件的主動權的，為了不讓自己的名譽受影響，律師從客戶合法利益的維護者變成了無孔不入的調查官。" 18

在美國，當監管機構的施壓達到一定程度時，律師只能選擇聽從，將客戶信息交給司法機關。而法國對於職業秘密的保護則更為得力。但無奈的是，在重大經濟業務的開展過程中，美國法幾乎無孔不入，美國的檢察官總有辦法利用律師法律特權制度的漏洞，哪怕律師會良心不安，卻可以賺得盆滿鉢滿。大型美資律師事務所就是靠美國法在全球的主導地位，穩穩地保持着巨額的營業收入的。

　　美國出台的各部域外法案對美國律所而言又是巨大的福音。
這些法案為美國法律業務橫行世界提供了各個階段的行政程序保
障。據西門子估計，公司為了開展內部合規調查，已經花費逾 10
億美元。[19] 包括聘請了超過 100 名律師、130 多名外部審計師，
在 34 個國家舉行過 1 750 次聽證，向美國司法部提供了 24 000 多
份文件。[20] 美國司法部還對西門子聘請德普律師事務所、德勤會
計師事務所 (均為美資大型事務所) 的充分配合表示大為讚許。[21] 調
查中，公司材料、信件的搜集和儲存成本估計達上億美元。[22] 法
國巴黎銀行也同病相憐。2014 年，法國巴黎銀行受到美國當局的
制裁，此後直至 2016 年，法國巴黎銀行將其合規部門的員工人數
擴大了一倍多 (從 1 700 名增加到 3 500 名)，專門負責其在全球
各地銀行業務的合規事務，確保業務符合當地法律與商業規範，
為此法國巴黎銀行合規部的預算也從 3 億歐元增加到 6 億歐元。
而這一現象不僅涉及大型銀行。一位工廠的經理在國民議會組織
的一項關於美國域外法權的實況報告 (勒魯什－伯格報告) 中表
示，為了讓經營符合美國的法律法規，他前前後後已經花費了 1
000 多萬歐元。[23] 而這些數以億計的資金，卻滋養着一批美國大
型國際律師事務所，並保證其在歐洲法律市場的霸權地位越發難
以撼動。①

_____

① 合規業務為美國律師事務所帶來了巨額創收。—— 譯者註

英美法律工廠的 "降臨"

兩次世界大戰期間，以蘇利文和克倫威爾等律師事務所為首，
美國律師事務所開始嘗試在歐洲的冒險。這種"移植"並非一蹴
而就：1929 年的經濟危機重挫了全球經濟體系，1945 年後，它
們又開始了新的嘗試 —— 這一次大獲成功。通過在歐洲開設辦事
處，佳利等大型律師事務所在"馬歇爾計劃"的推動下，負責重建
被戰爭蹂躪六年的歐洲。法國人成功抵抗了英美律師事務所"降
臨"的浪潮 —— 其法律服務市場具有較強的保護主義性質，還有
一部法令禁止法國律師入夥美國律師事務所。但面對建設歐洲的
迫切需要，英國的律師事務所卻很受歡迎。這些英國律師事務所
也"值此良機"，為大西洋彼岸的近親 —— 美國律師事務所鋪平
道路。[24]

某種程度上，這仍是一塊處女地，因為法國律師不太注重
商法 —— 他們覺得刑法或民法更莊重、高貴。"直到 20 世紀
五六十年代，法國律師的執業方式仍然具有'古典職業'的性質
—— 它 18 世紀出現，19 世紀得到加強，在第三共和國時期達到
高潮，隨後沒落。'古典職業'的特點是：在政治上處於首要地
位、投身於自由主義鬥爭、明確拒絕商業市場、從第三共和國時
期的專業領域精英向領導國家的精英階層轉變，以及第二次世界
大戰後政治經濟的衰退。"[25] 法國律師的傳統觀念是：寧為寡婦
和孤兒辯護，也絕不向商業市場讓步。

因此，"商業律師"一詞出現在 20 世紀 60 年代，當時巴黎律

師界的一些領導者決定致力於公司諮詢事務——這是一個"被所有競爭者遺棄"的領域（法務及稅務諮詢、商業法庭代理業務、公證人、商業代理人、基金公司等）。以建立歐洲共同市場的"承諾"為由頭，他們呼籲設立"商業律師"——這一新詞指"不專門從事出庭辯護、訴訟程序、爭議解決及其程序相關事務"的法律從業者，但他們與企業家"建立長期合作關係，負責問題及項目諮詢"。[26]

法國甚至歐洲的法規往往束縛着對商法感興趣的律師。"許多研究表明，與市場保持距離（公開禁令，青睞酬勞，而不是單純獲利）從結構上塑造着歐洲的律師團體，這與美國截然不同。'商業律師'一詞在很多方面都體現出矛盾的特徵。法國律師界的代表繼承了貴族職業觀念（無私與使命），超越了職業本身，但實際上，他們長期擔任與商界聯繫密切的法律工作（公司律師、法律顧問、商業代理等）並以此謀生。事實上，作為法律專業人士，姍姍來遲的'商業律師'一詞與 20 世紀 60 年代對'古典律師'模式的質疑有着密切聯繫。"[27]

幸運的是，對法國律師來說，隨着歐洲共同市場顯現雛形，歐洲重新點燃了法國"黑袍"群體的熱情。"新型律師出現與新的法律誕生是齊頭並進的，新興商貿法據稱是集企業相關法律知識之大成（稅務、商業、刑事等方面），打破了'小業主'時代陳腐的'傳統的商法'的桎梏。"[28]

1991 年，歐洲共同市場得到進一步發展，同年大刀闊斧地進行了關於律師及法律諮詢職業整合的改革。但仍然晚了一步，歐洲與英美國家之間已經有了巨大的差距。1996 年，英美律師事務所佔法國商業法律師事務所 17% 的份額，如今則是 27%，甚至在 2006 年曾達到 31%。[29] 它們的統治地位是不可撼動的。2012 年，法國有 150 家商業法律師事務所，其中近 1/3 來自英美國家。而法國商業法律師事務所中，僅有 20 餘家在國外開展了業務（主要是法語國家）。英美法系的國家扮演着世界保衛者的角色："英國和美國的法律從業者是這一行業國際化過程中最具黨派之見的勁敵，伴隨着全球化的發展，他們向全球輸送着他們的價值觀。他們似乎也最清楚全球化的局限性：他們本國的市場相當排斥外籍專業人士，沒有外國律師事務所可以在這兩個國家立足，即使屬於英美法系的其他國家的律師事務所也基本只能在本土發展。" [30]

21 世紀初期，"巴黎商法市場競爭激烈，四大會計師事務所 [31] 和英美律師事務所在人員和營業額上都佔據商業事務的半壁江山"。[32] 貿易國際化加深。歐洲正構建其單一市場……世界貿易規則也變得更加靈活多變，金融業在市場中的比重逐漸增加，英語在商業領域自是被奉為通用語言。面對這些現象，企業尤其需要保證合同的可靠性。英美律師率先關注到這一新的需求。他們佔據地利，蟄伏良久，伺機而動。[33] 20 世紀 60 年代"華爾街派"律所崛起，它們專門負責華爾街商業事務。[34] 20 世紀八九十年代大型律所也應運而生，它們是名副其實的司法工廠，聘用大批美國頂尖大學的高才生負責各種業務，而稍顯遜色的學生才去負責某一特定領域的法律業務。[35] 2017 年，法國商業律師事務所 35% 的"營利職工"（股東、合夥人及行政人員）在國際律師事務所工作，其中多半是英美律師事務所。

英美律師事務所手握商法領域大半業務，雄踞過半的營業額，反觀法國律師事務所則只佔 28%。[36] 2017 年，該領域的年平均營業額為 3 100 萬歐元，而十大商業事務所（其中大部分是英美公司）的營業額是其 5 倍。在十幾項法律業務營業額的排名（社交、地產、重組、競爭及發行、公共事務、銀行等）中，訴訟仲裁（包括諮詢及為受外國政府起訴的客戶辯護）緊隨兼併收購，位列第二。2017 年，訴訟仲裁佔總業務的 55.6%，較 2011 年翻一番。[37] 結果是，2017 年，法國的十大律師事務所中，只有兩家地地道道的法國本土律師事務所（達羅瓦・維利・馬約・布羅奇耶及 BDGS 律師事務所）、一家英國事務所（富而德律師事務所），其餘全部來自美國（謝爾曼和斯特靈律師事務所、美亞博律師事務所、偉凱律師事務所、邁克德莫特律師事務所、瑞生國際律師事務所、威嘉律師事務所及普衡律師事務所）。[38]

面對這些英美競爭對手，法國人如履薄冰。2017 年，法國的法務市場規模超 310 億歐元，較 2015 年增加 70 億歐元。[39] 搶下一個案子就能多賺幾百萬歐元。"自 21 世紀以來，商法市場的競爭從未如此緊張激烈。2007—2009 年的金融危機使這種情況進一步惡化。法國律師事務所越發艱難。1990—2007 年，巴黎逾四成律師事務所倒閉。而國際律師事務所的湧入是造成這種現象的原因之一。最初是一些英國律師事務所，隨後美國律師事務所也參與搶灘大戰；其中相當一部分律師事務所在國際上並沒有甚麼名氣。這些律師事務所從美國西海岸成群結隊地來巴黎撈金。近來為迎合全球化的趨勢，美國律師事務所在客戶的促使下，決定加速推動擴張戰略，尋求新市場或塑造新的公司形象。面對這一形勢，絕大部分法國律師事務所不但自身難保，還要絞盡腦汁應付新的挑戰。現在，商業律師事務所必須出類拔萃，才能從眾多競爭選手中脫穎而出。因為各大律師事務所提供的服務越發趨同。市場競爭越發激烈：人才、案件和客源，這些都顯示了各律師事務所不進則退的處境。而這樣的競爭斷絕了同袍之誼，還迫使從業人員越發不注重提高職業道德和專業素質，最終在全行業醞釀了幻滅和沮喪情緒。" [40]

一些人從英國脫歐中看到了些許希望。英國脫離歐盟就意味着倫敦金融城切斷了與歐洲 27 國的聯繫。普通法系對歐洲市場的影響或將減弱。律師弗雷德里克·佩爾蒂埃認為這是建立歐洲商業法的好機會。"英國脫歐重新掀起了一場關於金融管轄權的經濟戰，在英國普通法系過去一直在該領域佔據着絕對上風。"普通法系影響力的下降是否是英國脫歐的延續？弗雷德里克·佩爾蒂埃希冀下一場司法戰役能在歐洲大陸打響："只有藉助大陸法系，法國法才能獲得認可，英美法系的影響力也會減弱……" [41]

普通法系與大陸法系：商法之爭

　　兩大司法體系的對峙已有 20 餘年。[42] 一方面，大陸法系（也稱拉丁法系）建立在成文法基礎上，而源於英美的普通法系則是以契約為尊。在大陸法系下，法官參考法條進行判決，而在英美法系中，則是參看合同。[43] 這就是兩大彼此競爭的司法模式的主要特點。

　　兩大司法體系對峙的關鍵之處在於經濟。一些人揭露"美國的司法帝國主義"[44] 主要表現為在全球範圍內向大陸法系開戰，認為其處理商業糾紛的方式早已過時。世界銀行已選好了陣營：普通法系。自 2004 年以來，世界銀行每年都會發佈《營商環境報告》，根據貿易寬鬆度為世界各國排名。看似巧合的是，普通法系國家排名都名列前茅，而大陸法系國家則排名靠後。惱羞成怒的法國人決定還擊。2007 年，一些律師和司法人員成立了大陸法系基金會，他們的目標是推動大陸法系進一步發展，在世界範圍內構建執法網絡，夢想着推動實施一項具有國際影響力的戰略並逐步滲透進國際多邊機構……

　　這些司法人員的第一個目標就是世界銀行發佈的排名。"這個排名是帶有偏見的。"法樂菲律師事務所的律師帕特里克·帕特蘭反駁說，2010 年他和克勞德·雷維爾合作撰寫了商業環境報告。[45] "這份報告之所以有傾向性是因為它是基於英美觀念進行評估的，或者更確切地說就是基於普通法系。基於這個評估體系，最具吸引力的國家當然是那些少收稅、雇員不享受任何保障、企業沒有任何道德責任的國家。"[46] 在帕特蘭和雷維爾看來，世界銀行竭力倡導推廣普通法系。這招倒也奏效：大陸法系在經濟領域失去了它的市場，儘管它依然統治着民事案件領域。[47] 誠然，世界上不少國家也成功地抵制住了英美法系的蔓延，如中國、俄羅斯、印度、巴西等國都接受了大陸法系，但在商業領域，普通法系依舊穩坐頭把交椅。

就這樣，法國和歐洲跨國公司都倒向普通法，它們別無選擇，特別是事關簽訂國際合同時——起草這樣的文件往往需要英美律所的襄助。大企業承認，相比法國律所他們更偏好英美律所。在 2011 年 10 月 27 日國民議會組織的一次題為"大陸法系——競爭性的載體"的研討會中，法國興業銀行法務主管傑拉爾德·加德拉承認對英美律所更為關注。在他看來，英美律所在國際上的口碑更好，他們的雇員也更懂得團隊協作。歐洲律所別無選擇：它們要想保持住自己的地位就得聯合起來，抱團打響這場世界範圍內的法律戰。

註　釋

1. Paule Gonzalès, "Les cabinets d'avocats anglo-saxons, chevaux de Troie de la justice américaine", *Le Figaro*, 14 novembre 2018.

2. United States District Court for the District of Columbia, Department's sentencing memorandum, United States of America v. Siemens Aktiengesellschaft,

12 décembre 2008, p. 19. https://www. mayerbrown.com/public_docs/
Siemens_ Sentencing_Memo.pdf. Consulté en mai et novembre 2018, p. 3.

3.   United States District Court Southern District of Florida, United States of
America v. Alcatel-Lucent SA, Government's memorandum in support of the
proposed plea agreements and deferred prosecution agreement, 23 mai 2011,
p. 13. http://fcpa.stanford.edu/fcpac/documents/4000/003099.pdf.

4.   Entretien avec Dominique Gallois, Le Monde économie, 1ᵉʳ décembre 2017.

5.   Armelle Thoraval, "Ces morts qui hantent les frégates", *Libération*, 20 juin
2002.

6.   AFP/Reuters, "L'affaire Matra-Thomson s'achève par une relaxe générale",
Le Monde, 6 février 2006.

7.   2018 年 3 月在巴黎的採訪。

8.   2018 年 6 月在倫敦的採訪。

9.   艾倫・杜勒斯，美國中央情報局首位文職出身的局長，曾在蘇利文與克
倫威爾律師事務所工作。

10. https://www.clearygottlieb.com/practice-landing/brussels. 訪問於 2018 年 11
月 18 日。

11. 法律互助協定是指兩國為在調查方面促進司法及執法合作簽署的協定。
法美兩國於 1998 年簽署法律互助協定。

12. Olivier Boulon, "Une justice négociée", in Antoine Garapon, Pierre Servan-
Schreiber (sous la dir.), *Deals de justice. Le marché américain de l'obéissance
mondialisée*, PUF, 2013, p. 77.

13. 2018 年 10 月在巴黎的採訪。

14. 同上。

15. 奧利維爾・多爾岡現在於休斯・哈伯德和里德律師事務所任職。

16. 在被任命為戰略信息及經濟安全專員前，讓−巴蒂斯特・卡爾龐捷一直
領導非法金融資本流動的信息搜集和處理機構，該機構隸屬法國經濟
部，旨在打擊走私、洗錢及恐怖主義融資。

17. Caura Barszcz, "La typologie de la profession d'avocat : l'exemple des
avocats d'affaires", Pouvoirs, n°140, 2012/1, p. 29. Le-Jean-Marie Burguburu,

"Contenu et limites du secret professionnel", Le Cercle du barreau. http://www.cercle-dubarreau.org/media/01/02/992576139.pdf.

18. 2018 年 1 月在巴黎的採訪。

19. Bruce Zagaris, *International White Collar Crime : Caseand Materials*, Cambridge University Press, New York, 2010, p. 110.

20. United States District Court for the District of Columbia, Department's sentencing memorandum, United States of America v. Siemens Aktiengesellschaft, 12 décembre 2008, p. 19. https://www. mayerbrown.com/public_docs/Siemens_ Sentencing_Memo.pdf. Consulté en mai et novembre 2018.

21. 同上，pp. 2−3。

22. "To date, Siemens has spent over \$100 million on document collection, review, processing and storage, including those facilities in Germany and China", *ibid.*, p. 21.

23. Pierre Lellouche, Karine Berger, "Rapport d'information sur l'extraterritorialité de la législation américaine", *op. cit.*, p. 70.

24. Gilles August, "L'internationalisation de la profession d'avocat", *Pouvoirs*, n°140, 2012/1, p. 54.

25. Lucien Karpik, "Les avocats : entre le renouveau et le déclin", *Hermès, La Revue*, n°35, 2003/1, p. 1.

26. Fernand-Charles Jeantet, "Le rôle de l'avocat, conseil des sociétés", *La Vie judiciaire*, 28 décembre-2 janvier 1965, p. 1 et 5.

27. Antoine Vauchez, "L'avocat d'affaires: un professionnel de la classe dirigeante?", *Savoir/Agir*, n°19, 2012/1, p. 43.

28. 同上。Voir également, la thèse de Laurent Gueguen, *L'Invention du droit des affaires. La construction doctrinale d'un savoir spécialisée alliant la rationalité gestionnaire au langage juridique*, université Paris I, 2005.

29. *Juristes associés*, 473/474, 22 septembre 2017.

30. Gilles August, "L'internationalisation de la profession d'avocat", *Pouvoirs*, n°140, 2012/1, p. 57.

31. Ce sont les plus grands cabinets mondiaux de l'audit financier : Deloitte,

PWC, Ernst & Young, KPMG.

32. Lucien Karpik, "Les avocats : entre le renouveau et le déclin", Hermès, *La Revue*, n°35, 2003/1, p. 205.

33. Philip Aneurin Thomas, *Tomorrow's Lawyers*, Basil Blackwell, 1992.

34. E. O. Smigel, *The Wall Street Lawyer : Professional Organization Man?*, Indiana University Press, Bloomington, 1964.

35. Marc Galanter, "Mega-Law and Mega-Lawyering in the Contemporary United States", in R. Dingwall et P. Lewis, *The Sociology of the Professions : Lawyers, Doctors and Others*, Macmillan, 1983, p. 152. Consulté sur le web le 11 mars 2018. www.academia.edu/884244/Mega-law_and_mega-lawyering_in_the_ contemporary_United_States.

36. *Juristes associés*, 475/476, 6 octobre 2017.

37. *Juristes associés*, 473/474, 22 septembre 2017.

38. *Décideurs Magazine*, classement 2017. https://www.magazine-decideurs.com/decideurs-100/edition 2017.

39. 其中包括公共及私營兩大領域。詳見法務市場經濟行為體觀察所的報告。2018 年 3 月 11 日查閱。http://web.lexisnexis.fr/LexisActu/EY-Observ atoiredesActeursEconomiquesduMarché%20 du%20Droit.pdf.

40. Caura Barszcz, "La typologie de la profession d'avocat : l'exemple des avocats d'affaires", *Pouvoirs*, n°140, 2012/1, p. 29.

41. Frédéric Peltier, "Le Brexit, une chance pour construire un droit des affaires européen", *Le Monde*, 29 mars 2018.

42. Thibault du Manoir du Juaye, "La guerre du droit aura bien lieu", in *Les Robes noires dans la guerre économique*, éditions Nouveau Monde, 2011.

43. Arnaud Dumourier, "Droit continental *versus common law* : des enjeux économiques, financiers et d'influence", *Le Monde du droit*, 23 février 2018.

44. 參見 Emmanuel Rosenfeld, Jean Veil, "Ledroit, vecteurde la puissance américaine", *Le Monde*, 13 février 2004. Plus récemment la tribune de Bruno Retailleau (président du groupe Les Républicains au Sénat), "L'Europe doit riposter à l'impérialisme juridique américain", *Les Échos*, 16 octobre 2018.

45. "Propositions pour évaluer la qualité des climats des affaires", Comité national des conseillers du Commerce extérieur de la France, juillet 2010.

46. Entretien accordé à la *Revue Lamy Droit des affaires*, n°65, novembre 2011.

47. 2010 年，世界 24% 的人口應用大陸法系，而僅有 6.5% 的人應用普通法系，*Legal News*, 27 octobre 2011。

第三部分

華盛頓堅決要使歐洲經濟處於其從屬地位

　　對美國而言，國際腐敗究竟是一種罪行還是一次機遇？這個問題值得討論，因為國際腐敗已經成為美國干涉盟國事務的完美藉口。20 多年來，美國以國家安全的名義新增了大量侵擾性法律。官方聲稱要通過切斷獲得資金的渠道來打擊“非民主國家”、恐怖主義和國際犯罪。但事實上，正如美國中央情報局和國家安全局前雇員愛德華·斯諾登在 2013 年所揭露的，這些法律在實施過程中產生的任何偏差都是合法的。實際上，恐怖主義已成為最好的擋箭牌，它讓美國“大耳朵”電子監控系統有藉口監聽法國總統、德國總理以及巴西總統的通話內容。這些法律的適用範圍是如此廣泛而模糊，而美國各情報機構之間的協調合作又是如此高效，從而使美國能夠搜集並永久儲存市場上每日數十億交易中的大部分信息。這些搜集來的數據將會被作為美國檢察官起訴的依據。即使只是出於最細微的懷疑，這些數據都可以讓一個公司吃官司。與此同時，美國的跨國公司卻能夠在國際市場上安心地做着自己的生意，為了拿下最優質的合同，它們擁有一套非常複雜的機制，需要動用政治、經濟和研究領域盤根錯節的高效關係網絡。這樣的一套系統將歐洲競爭者的腐敗行為送回了石器時代，而美國企業卻走向了奧威爾式的極權主義。

11. 以搜集全球經濟情報為目的的法律

"這份文件的目的主要是通過明確國際貿易慣例的現實做法，分析美國集團實施的新一代腐敗模式與其展露出的信息控制技術，從而揭露美國政策隱藏頗深的雙重標準。"

這是法國一家經濟情報公司出具的報告的開頭。研究內容是：美國將國內法和域外管轄權作為稱霸世界經濟的工具。這份報告撰寫於 1999 年的 4 月，從那個時候，也就是 20 世紀末開始，法國人就在關注美國法律帶來的影響了。這份報告只送到了極少數人的手裡。在法國巴黎證券交易所上市的前 40 大公司中，基本上只有幾家大公司的高管拿到了這份報告。法國的情報部門也是這份報告的讀者。

報告作者對美國盟友毫不留情。他們指責美國打擊腐敗是為了增強自身的影響力，並藉此獲取歐洲公司的商業機密。腐敗不過是一種藉口，是"特洛伊木馬"，其實美國真正的意圖是從根本上改變眾多國家的經濟體制，"邀請"它們採用新自由主義①規則。"受美國利益驅使，國際貨幣基金組織和世界銀行經常以防範腐敗風險為由，對處於制度結構性調整的國家推行私有化。"私有化意味着收回國家及其代理人對公司的管理權，從而減少腐敗，在私有化後，新公司的所有者就無須對批准公司的當權者負責。報告作者沒有被蒙騙，他們不相信美國真的在扮演其聲稱的"白衣騎士"的角色。

他們提到了美國實施的"一項真正的反腐敗政策"。這項政策從三個方面展開：宣傳和傳播美國的反腐敗法律規範，發展新一代的反腐敗技術，掌控信息以應對競爭。"美國的情況表明，腐敗的模式與壓制腐敗的法律武器誠然保持對立的關係，但它們也是一枚硬幣的兩面，可以相互轉換，比如制定一項'腐敗政策'。這都是為國家利益服務。"

於是，1977 年的美國《反海外腐敗法》應運而生。這部法律被描述為美國公民與他們的公司之間"雷聲大、雨點小的和解"，主要是為了恢復因水門事件和多家跨國公司捲入海外醜聞後被動搖的國家信心。那時正是冷戰時期，毫無疑問，這些醜聞嚴重削弱了"美國製造"的冠軍形象。因此，美國政府便組織起來，以便與美國外交部門一起各司其職，更好地協調公司事務。一方

---

① 新自由主義強調自由市場機制，反對國家對國內經濟的干預、對商業行為和財產權的管制，支持私有化，主張通過國際組織（如世界貿易組織和世界銀行）與公約對他國施加多邊的政治壓力。—— 譯者註

面，美國政府動員世界各國採用美國《反海外腐敗法》中規定的反腐敗鬥爭規則；另一方面，美國公司則通過離岸金融平台進行重組。"新一代的腐敗模式已經形成，並成為競爭優勢的源泉。"這個新一代的模式利用全球信息網絡，捕捉世界各個角落的情報，然後進行分析，用於服務美國的政治經濟利益。

如何應對這樣一套提前設計好的完美機制呢？上述報告的作者認為，歐洲不能只是簡單地複製美國的反腐敗鬥爭規則，也不能僅要求加強對避稅港的監督，歐洲必須建立一個可與美國強大的情報搜集能力匹敵的情報中心，以平等的武器裝備與之競爭。"歐洲集團要採用一套無懈可擊的加密算法，來更好地保護它們的情報資產和通信記錄，同時建立戰略情報系統，監測、分析和反擊不公平的競爭行為。"

雖然 20 年前提出的這些建議沒有起作用，但無論如何，它們警示了人們應小心美國當局強大的經濟情報搜集能力。2013 年，美國中央情報局和國家安全局前雇員愛德華·斯諾登揭露了美國的全球監聽計劃，法國的"卡桑德拉"① 最擔心的事情被證實了。這份報告被埋藏了 20 年，因為法國當時對這份報告的評價是，"這是在給我們的美國朋友潑髒水"。

---

① 卡桑德拉是希臘、羅馬神話中的特洛伊公主，因神蛇以舌為她洗耳和阿波羅的賜予使其具有預言能力，又因抗拒阿波羅，她的預言不被人相信，在神話中她的形象是一名不為人所相信的女先知。—— 譯者註

盜用反腐敗的名義，為"美國製造"服務

我們的美國朋友有自己的小算盤，知道保護自己的利益，而且總是把他們的觀點強加於人……從 1977 年開始，美國人就只有一個目的：讓全世界都使用他們的反腐敗法律，這樣他們的公司就可以以平等的法律武器與外國公司競爭。經濟合作與發展組織在 1997 年簽署了《反對在國際商務交易活動中行賄外國公職人員公約》，這意味着美國人的目的已達到，接下來要做的就是設法使各國實施經濟合作與發展組織提出的倡議，這將主要通過非政府組織來完成。

世界銀行前區域總監彼得·艾根[1]於 1993 年在柏林成立了非政府組織——透明國際。透明國際的宗旨是打擊腐敗，它在一百多個國家成立了分會。它每年都會發佈一份全球腐敗排行榜：按照從最不腐敗國家到最腐敗國家的次序進行排名。在榜單中墊底的國家意味着其商業環境沒有安全保障，因此在該國做生意就會顯得十分可疑。事實上，評估的標準是以對政治家、商業領袖、專家和學者所做的調查報告為基礎而得出的一個腐敗印象指數。

這就是透明國際總是被詬病其全球腐敗指數的制定過程不透明的原因。受訪者人數是多少？調查對象由誰來選以及如何選？具體提了哪些問題？評估了哪些種類的腐敗？它們都是甚麼類型的腐敗？一些研究人員對此深表懷疑，他們擔心透明國際的腐敗印象指數只體現了看得見的腐敗。這"不是一隻眼睛，而

是一個焦點，我們透過焦點看到的是一個扭曲的事實畫面。因為我們透過焦點觀察到，一些事實在增長，另一些事實卻在逐漸減少。腐敗印象指數沒有讓腐敗行徑大白於天下，它只是將黑暗轉化為半明半暗。在昏暗的光線中，人們的確猜到有事情發生了，但卻無法清楚地辨別它們。這種模糊的腐敗印象過度暴露了觀察者身邊的場景，同時也在陰影中留下了未知。更重要的是，聚焦容易識別的腐敗行為會導致將注意力全部集中在腐敗印象指數較高的對象身上，其他的腐敗行為則會繼續隱藏在黑暗中"[2]。換句話說，腐敗印象指數只反映了部分問題。這是否是刻意為之呢？

另一種對透明國際的批評聲音是，它的資金主要來源於美國的基金會和跨國公司。法國前右翼議員、兩份關於經濟情報議會報告的作者貝爾納·卡拉永指責透明國際與英國方面的利益密切相關。[3] 比爾及梅琳達·蓋茨基金會、索羅斯基金管理公司、荷蘭皇家殼牌集團、英國石油公司、寶潔公司、美國國際開發署⋯⋯ 它們實際上都是該組織的慷慨捐助者。透明國際發佈的排行榜雖然有待完善，但仍是經濟領域中最權威的榜單。主要的國際金融機構一貫採納這個排行榜，而且媒體在報道時，也將這個排行榜作為唯一的參考依據。

讓我們回到透明國際的創始人彼得·艾根，因為他的經歷太具有啟發性了。他在 1991 年 7 月帶着苦澀和挫敗感離開了世界銀行。身為世界銀行非洲和拉丁美洲的區域總監，他觀察到腐敗

給這些貧窮國家的經濟帶來了危害。他未能說服世界銀行有效地
打擊腐敗，但他不是一個輕言放棄的人。

1993 年，他身邊聚集了十幾個人，他們一起創立了透明國
際。第一批捐助者有福特基金會、美國的非政府組織"非洲全球
聯盟"以及德國技術合作公司。時機非常完美。兩年後，澳大利
亞人詹姆斯‧沃爾芬森（1981 年成為美國公民）接管世界銀行，
而他將反腐敗鬥爭列為最優事項。

這真是一次了不起的勝利，因為他制定的這項政策違反了世
界銀行當時的規定。[4] 無論如何，詹姆斯‧沃爾芬森打破了一項
禁忌。[5] 世界銀行開始以反腐敗鬥爭的名義干涉各國內政，並要
求各國將其所有經濟公司私有化（華盛頓共識），從而消除腐敗的
風險。詹姆斯‧沃爾芬森發現，透明國際是開展反腐新鬥爭的理
想戰略夥伴，於是他利用世界銀行的影響力和資源來幫助這個成
立不久的非政府組織。世界銀行不是透明國際的唯一跳板，經濟
合作與發展組織也與它志同道合，這尤其體現在於 1997 年簽署
的著名《反賄賂公約》的制定過程中。

透明國際的巨大成功吸引了法國經濟情報中心的注意。通過
更細緻地研究其創始人彼得‧艾根的經歷，專家發現他在華盛頓
的喬治城大學求學時的導師是海因里希‧克龍施泰因教授，教授
的全家在 20 世紀 30 年代逃離了納粹德國。海因里希‧克龍施泰
因與美國情報界交情匪淺，他經常參加"威斯納幫或喬治城"的
活動。這個社團由美國中央情報局探員弗蘭克‧加德納‧威斯納

管理，他利用這個平台幫助"公司"①培養新成員。法國密探們同時得知彼得·艾根曾多次為福特基金會工作。眾所周知，該基金會與美國中央情報局關係密切。在冷戰期間，美國探員正是藉助福特基金會的掩護，來打擊歐洲的共產主義勢力的。他們最後還發現，福特基金會歷年來的許多合作夥伴都是透明國際的第一批支持者，如約翰·吉松戈、奧盧塞貢·奧巴桑喬、奧斯卡·阿里亞斯·桑切斯、路易斯·莫雷諾·奧坎波、羅伯特·克利特加德、艾哈邁杜·烏爾德-阿卜杜拉，特別是還有羅伯特·麥克納馬拉，他曾在越南戰爭期間擔任美國國防部長，曾在 1968—1981 年擔任世界銀行行長。

透明國際還可以依靠美國國家民主捐贈基金會的支持。美國國家民主捐贈基金會是一個旨在促進民主與市場自由化的兩黨制非政府組織，創立於 1982 年，是列根總統推行情報體系改革的產物。這次改革准許美國情報部門將一些任務私有化，委託給美國國家民主捐贈基金會等非政府組織盟友來完成。

透明國際的工作給美國帶來了利益，這是一種巧合嗎？無論是否有意，透明國際幫助世界各國制定了類似《反海外腐敗法》的法律規範，鞏固了美國在世界上的影響力，並重新確定了美國情報部門在經濟和貿易領域的地位。

---

① "公司"是美國中央情報局的外號。 —— 譯者註

人道主義的工具化

透明國際只是這個鏈條上的一個環節而已。法國前總檢察長皮埃爾·梅朗同時也是國家反貪局的前身——中央預防腐敗中心的負責人。他稱"這套權力與影響力交織的網絡是美國高效率的源泉，是目前一種獨一無二的存在"[7]。梅朗識破了美國"白衣騎士"的形象背後隱藏的掠奪性戰略。他解釋説，不能天真地相信美國的反腐敗言論。"這些'善意'的提議，這些標榜的美好意願，所表達的都不是真正的消除腐敗行為的願望，而是讓競爭對手信譽掃地，從而為美國利益開闢新市場的傾向。"[8] 損害競爭對手的信譽，為自己保留最好的商機：美國打響了一場真正的情報戰，由非政府組織組成一支"軍隊"，在搜集有價值的情報的同時，傳播些漂亮的空話。

皮埃爾·梅朗所説的網絡戰略從 1961 年開始實施，更確切地説，是從 1961 年 11 月 3 日美國國會通過《對外援助法案》的時候開始實施的。這份由約翰·甘迺迪總統簽署的文本促成了對外發展援助機構的建立，這是美國在世界上具有影響力的戰鬥部隊之一。美國國際開發署負責管理美國非軍事對外援助項目的預算，每年約 300 億美元。20 世紀 60 年代初，在福特基金會和洛克菲勒基金會的贊助下，美國國際開發署開展了一項聲勢浩大的運動，主要目的是促進拉丁美洲、非洲與亞洲的人權與民主。運動宗旨很簡單：捍衛一種始終以經濟自由主義為基礎的自由觀。福特基金會還和美國國際開發署一起支持向發展中國家提供建議和技術援助的非政府組織"國際經理人服務組織"。在與美國中央情報局一起成為"遏制戰略"[9]的主要載體之後，福特基金會資助並保護了所有的新一代非政府組織，這些組織都處於國際人權或者環保鬥爭的前沿。[10]

國際經理人服務組織的創始人不是完全無私的企業家。他們在為發展中國家提供技術支持的同時，也在維護自己的商業利益。1964年，約翰遜總統正式在白宮設立了國際經理人服務組織，當時站在他身邊的都是美國大型公司——施樂公司、時代公司、通用動力公司、哥倫比亞廣播公司——的領導。國際經理人服務組織維護發展中國家經濟增長的公平性與可持續性，它主張建立"強大的私營部門"，認為這是恢復經濟和維持國家穩定的基石。該組織在130個國家開展業務，它在自己的官方網站上吹噓其自誕生以來，已經在全球實施了超過25 000個項目。

1975年，福特基金會、安德魯·梅隆基金會等資助創立了一批新的非政府組織，譬如阿根廷的"國家與社會研究中心"。這些非政府組織的目的是，促進拉丁美洲的民主和市場自由化。新保守主義非政府組織美國國家民主捐贈基金會由同一批人於1982年設立，旨在全球範圍內實現相同的目的。這種宣傳美國價值觀的方式有時比秘密部門的操作更有效。中央情報局前局長威廉·科爾比（1973—1976年任職）肯定了這一事實："不再需要訴諸秘密行動了。很多以前暗地裡進行的秘密項目，現在都可以公開執行了。"[11]美國國家民主捐贈基金會的創始人之一艾倫·溫斯坦也證實了這一點："25 年來，我們的許多行動都是在中央情報局的掩護下實施的。"[12] 從此私營部門開始接手以前由情報部門執行的任務。不管採用何種方式，反正都是使用納稅人的錢。因為美國國家民主捐贈基金會的經費來自聯邦政府的撥款，劃歸在美國國際開發署的預算中：一開始每年撥款 1 500 萬美元，後來追加到每年 3 000 萬美元，再後來每年的撥款額超過 1 億美元。

由於資助和支持所有這些非政府組織，美國國際開發署在外國的政治變革中扮演着舉足輕重的角色。在柏林牆倒塌、蘇聯解體後，美國政府機構將其部分活動調整為打擊經濟犯罪。早在1989 年，美國國際開發署就啟動了一個打擊欺詐和腐敗的項目。起初，項目的行動主要集中在拉丁美洲區域：拉丁美洲和加勒比地區財政管理改進項目，後來改名為"美國問責與反腐項目"。這個由美國國際開發署資助，並由諮詢公司 Casals & Associates 執行的項目，這不僅使拉丁美洲公民開始關注腐敗問題，同時還幫助他們打擊腐敗。該項目還培養了他們參與政治的能力，促使他們親自參與國家治理，並提高政府透明度。[13]

在拉丁美洲之後，美國國際開發署將目標轉向了非洲。在20 世紀 90 年代，美國政府機構利用其位於非洲大陸的眾多辦事處，開始敦促非洲進行反腐敗鬥爭。它出錢資助了相關的教育和培訓，這些任務由當地的透明國際組織代表來執行。它還與其他組織開展密切合作，譬如世界銀行、國際貨幣基金組織、經濟合作與發展組織以及非洲全球聯盟[14] 等。在 20 世紀 90 年代，反腐敗鬥爭成為美國國際開發署的優先事項之一。在 2001 年和 2002 年，美國政府分別投資了 1.84 億美元和 2.22 億美元用於反腐敗行動中。"我們可以在美國國際開發署 2005 年的網頁上看到，它與主要的國際非政府組織都有聯繫，其中就包括多年來一直在支持的透明國際。它剛剛又幫助美國國家民主捐贈基金會拿到一筆撥款。"[15]

打擊犯罪來孝敬 "老大哥"

為了讓西方國家都遵守美國的法律，美國政府掌握了一種戰略、一項計劃以及相應的實施手段 —— 通過搜集和分析來自世界各地的情報來追捕全球的不法分子。這項計劃就叫作 "國際犯罪控制計劃"，這是美國從 1998 年開始實施的一個項目。它的宗旨很簡單，即編織一張全球安全網，在盡可能多的國家安插美國安全機構和情報機構的成員，包括美國聯邦調查局、美國緝毒局、海關部門、中央情報局等。1998 年，美國聯邦調查局在 32 個國家設置了辦事機構，它還打算進一步擴張。"它將在尼日利亞開設新的辦事處，同時擴張墨西哥和俄羅斯的辦事處。它還打算在其他 12 個國家開設辦事處。美國海關部門也同樣計劃在歐洲、亞洲、大洋洲和美洲開設新的辦事處。美國緝毒局將在拉丁美洲和亞洲建立辦事處。"[16] 這個國際犯罪全球監測機制是獨一無二的。通過建立有效的網絡來搜集所有的政治經濟情報，美國成為打擊犯罪的全球領袖，並迫使其他國家接受它控制和懲治犯罪行為的方式。

這套機制可以追溯到 1995 年。一切都始於 PPD-42 總統令。[17]當時的美國總統比爾·克林頓因冷戰的結束而滿心歡喜，但仍然擔心"仇恨與不寬容的面孔依舊存在"。必須將新的敵人，也就是威脅美國國家安全的國際犯罪作為優先打擊事項。"我們在尋找一個框架，在這個框架下，貿易開放程度不斷加大，全球經濟持續增長，民主規範日益普及，對人權的尊重越發普遍，恐怖主義、毒品販賣和國際犯罪不再危害和平與穩定。"[18]

克林頓要求政府與各部門積極協調，努力打擊國際犯罪，加強與各國的密切合作，以更具創造性的方式掌握鬥爭的主動權。3 年後，比爾·克林頓正式提出國際犯罪控制計劃。這份文件揭露了"全球化"的黑暗面。它指出，全球犯罪活動的增長趨勢令人擔憂，已經成為一個日益複雜的威脅。販毒、恐怖主義、走私、欺詐、勒索、洗錢、偷渡、腐敗、經濟間諜活動、竊取和假冒知識產權[19]……犯罪無處不在。

國際犯罪控制計劃旨在建立更好的懲治犯罪行為的立法體系，避免孤島效應，以使警察和法官對這些犯罪現象有一個整體的認識。行動計劃中構建的戰略框架旨在提高美國政府部門的快速反應能力，從而更有效地追捕犯罪分子。國際犯罪控制計劃兼具攻擊性與防禦性，戰略可分解為八個階段目標。第一個階段目標（將第一道防線擴展至美國境外）是明確美國的域外管轄權。這清晰地表明了美國訴諸本國的法律武器在世界各地打擊犯罪的意願。即使犯罪行為發生在外國,美國也有管轄權。第二個階段目標側重於保護美國邊境,主要是消滅走私。第三個階段目標旨在防止世界上出現無法無天的"灰色地帶"。這意味着,除其他條款外,要特別增加國際條約的數量,形成一個足夠密集的全球網絡以方便抓捕和引渡逃犯。第四個階段目標是打擊金融犯罪。這要求美國政府部門全面尋求與外國政府的雙邊及多邊合作,以便追捕金融罪犯並沒收他們的財產。第五個階段目標是預防國際貿易中的非法牟利行為,主要是通過監督技術性的非法出口、保護知識產權、追蹤假冒與盜版產品、制止違犯美國法律的不公平或掠奪性的貿易行為,以及打擊竊取工業信息和美國商業機密的間諜活動。第六個階段目標是敦促美國情報機構加倍努力地追捕犯罪公司,主要是互聯網公司。第七個階段目標是鼓勵國際合作,建立懲治犯罪方面的國際標準。這一國際標準十有八九與美國標準保持高度一致,而且有此意願的政府還會獲得技術援助和培訓。第八個階段目標是敦促美國各政府部門與私營部門合作。

國際犯罪控制計劃具有明顯的域外管轄意味,而且這一計劃的背後推動者也從未隱瞞過這一點。美國聯邦調查局前局長路易斯·弗里在 1997 年對此做出解釋:"美國無法只在本土範圍內打擊犯罪。為了打擊這些犯罪組織,我們必須先發制人,同時要讓自己變得強大起來。為了更好地在美國境內與境外保護美國人的權益,聯邦調查局研究了多種方法,通過加強我們的域外管轄權,給我們的政府部門提供培訓,以便在境外打擊犯罪行為。"[20]

在美國境外提前查獲的犯罪分子越多，他們對美國利益的損害就越小。然而，與官方聲明完全相反，國際犯罪控制計劃的全球網絡首先服務於美國國家安全。它使安全機構和情報機構能夠正大光明地"掃描"全世界，搜集機密情報，追蹤並消除來自境外的威脅。這一切都源於非政府組織、智庫、諮詢公司和跨國公司互相勾結形成"生態系統"的精心策劃。

美國的金融戰爭

自從"9·11"事件之後，美國政府就開始了打擊恐怖主義的戰爭。這場戰爭包含多條戰線，金融就是其中一條重要的戰線，其主要目的是切斷美國的敵人獲取資金的渠道。這些人有充裕的資金來源：犯罪團體、恐怖組織、黑手黨……雙方各司其職：特種部隊和無人機從肉體上消滅一些障礙；美國財政部官員利用追蹤贓錢來消滅負隅頑抗的罪犯，並懲罰那些敢於挑戰他們權威的輕率之人。

胡安·薩拉特之前就是金融特種部隊中的一員，曾經擔任實施打擊金融犯罪戰略的總指揮。正是他和他手下的人帶領美國財政部在 2001 年為這場戰爭做好了充足的戰鬥準備。時任美國總統副助理及國家安全顧問的他領導了 2005—2009 年的反恐鬥爭。如今，他繼續在諮詢公司戰鬥，擔任金融誠信網絡公司的主席，其主要客戶包括政府、銀行、跨國公司以及多邊金融機構。這家諮詢公司的任務就是檢測可疑交易，所以胡安·薩拉特完全清楚這場"隱秘戰爭"的運作 —— 這個表述來自伊朗前總統艾哈邁迪·內賈德，後者曾在 2012 年抱怨經濟制裁給他的國家帶來了災難性後果。[21] "這場隱秘戰爭經常被低估或者被誤解，但這已經不再是一個秘密了，它是美國國家安全理論的核心。"[22] 胡安·薩拉特認為，經濟戰爭是當前衝突的主要形式。"當代國際衝突不屬於軍事領域的問題，而屬於商業領域。這些戰爭不是必然在實地戰場上進行的，公司的董事會就是沒有硝煙的戰場。地緣政治首先是關於金融和商業武器的問題。"[23] 事情現在已經很明朗了：美國人將商場視為戰場，公司就是裝甲師，而金融市場就是大規模殺傷性武器。在這場全球性的經濟戰爭中，他們覺得自己是優秀的戰士。也許他們太優秀了。

胡安·薩拉特注意到，犯罪組織和恐怖組織以及部分國家正在適應新的環境，它們找到了可以避開美國打擊的辦法。結果就是西方國家的公司不敢再輕舉妄動，放棄了一些風險較大的市場。由於美國政府對某些犯罪組織、部分國家等缺乏追蹤有效情報的來源，美國監測能力逐漸衰退。"監測與控制工具的效力開始減弱"[24]，這使得那些不受約束且不透明的公司及個人對此都感到慶幸。

胡安·薩拉特同時觀察到俄羅斯等美國競爭者的"侵略性"行為。2008 年夏天，由次級抵押貸款引發的全球金融危機全面爆發。美國人了解到，俄羅斯向中國提議：出售俄羅斯和中國在貸款抵押公司房利美與房地美所持有的債券。房地美公司當時管理着 5 萬億美元的貸款，它的債務高達 1 700 億美元，而中國就佔了 1 000 億美元。如果中國和俄羅斯將它們的債券全部出售，那對美國經濟來說會是一個巨大的災難，美國政府將被迫斥巨資來維持房地美公司的正常運營。"這表明各國利用金融武器對美國進行反擊。" [25]

具有諷刺意味的是，胡安·薩拉特承認俄羅斯的此項提議只是重現了美國人的套路。這意味着，俄羅斯和其他盟國都能使用此類方法來捍衛各自國家的經濟利益。"美國強大的競爭對手，包括它的一些盟友，正在加大力度限制美國利用美元作為權力槓桿的能力。" [26]

在大規模的反抗面前，美國依舊穩如泰山。因為它享有眾多得天獨厚的優勢 —— 美國本身的市場吸引力、擁有可以作為儲備和兌換貨幣的美元、全球市場監測和監管的重要地位，以及多年累積的口碑，更何況有時戰爭還是它自己挑起的。"這使美國採取的措施在全球範圍內都有影響力，甚至包括單邊措施。" [27] 經濟戰領袖薩拉特總結道：美國絕對不能打退堂鼓，必須繼續追捕詐騙分子、腐敗分子、犯罪分子和恐怖分子。美國要求其合作夥伴和盟友一起投入到這場戰爭中。但在胡安·薩拉特看來，實際情況並非如此，因為他發現歐洲在打擊經濟犯罪方面總是畏首畏尾。既然歐洲人撒手不管，那就只能靠美國的情報部門和安全部門加倍努力了。

註 釋

1. 他在 1975—1991 年期間先後擔任西非、東非以及拉丁美洲的區域總監。

2. Guillaume Louis, "De l'opacité à la transparence : les limites de l'indice de perception de la corruption de Transparency International", *Déviance et Société*, vol. 31, 2007/1, p. 62.

3. Bernard Carayon, "Transparency International : une éthique à géométrie variable", *Le Figaro*, 10 décembre 2012.

4. Jean Cartier-Bresson, "La Banque mondiale, la corruption et la gouvernance", *Revue Tiers Monde*, t. 41, n°161, 2000, pp. 165-192.

5. "Helping Countries Combat Corruption : The Role of the World Bank", World Bank, septembre 1997.

6. 為了釋放一國經濟必須遵守的一系列自由主義（甚至是新自由主義）規則。

7. Préface du livre de Jean-François Tacheau, *Stratégies d'expansion du nouvel empire global*, L'Âge d'homme, 2001, p. 18.

8. 同上。

9. "遏制戰略" 旨在打擊共產主義的影響力。

10. Yves Dezalay, Bryant Garth, "Droits de l'homme et philanthro-pie hégémonique", *Actes de la recherche en sciences sociales*, 121-122, 1998, p. 24.

11. William E. Colby, "Political Action – In the Open", *The Washington Post*, 14 mars 1982.

12. Gerald Sussman, *Branding Democracy : US Regime Change in Post-Soviet Eastern Europe*, Peter Lang, 2010, p. 45.

13. "Anti-Corruption and Transparency Coalitions : Lessons from Peru, Paraguay, El Salvador and Bolivia", août 2005. Voir https://www.partnersglobal.org/wp-content/uploads/2017/01/LAC-anticorruption-coalitions-report.pdf.

14. John Mukum Mbaku, *Corruption in Africa : Causes, Consequences and Cleanups*, Lexington Books, 2010.

15. "USAID Anticorruption Strategy", janvier 2005. https://www.usaid.gov/sites/default/files/documents/1868/200mbo.pdf., p. 10. Consulté le 20 février 2018.

16. *Trends in Organized Crime*, vol. 4, n°1, 1998.

17. 1995 年 10 月 21 日。

18. 這是介紹國際犯罪控制戰略時強調的一段話，引自 1997 年 5 月的美國國家安全戰略報告。

19. https://clintonwhitehouse4.archives.gov/WH/EOP/NSC/html/documents/iccs-frm.html.

20. 外國業務小組委員會於 1997 年 3 月向參議院撥款委員會所做的關於國際培訓的聲明。

21. "Ahmadinejad : Hidden War on Global Scale Waged Against Iran's Oil Sector", *Iran Daily Brief*, 8 octobre 2012. Voir également : Adrian Blomfield, "Mahmoud Ahmadinejad Concedes Iran Sanctions Hurting Economy", *The Telegraph*, 5 septembre 2012.

22. Juan C. Zarate, *Treasury's War. The Unleashing of a New Era of Financial Warfare*, Public Affairs, New York, 2013, p. ix.

23. 同上，p. 384。

24. "The Honorable Juan C. Zarate, Testimony before the US House of Representatives Foreign Affairs Committee. Sanctions and Financial Pressure : Major National Security Tools", 10 janvier 2018, p. 16.

25. Juan C. Zarate, *Treasury's War. The Unleashing of a New Era of Financial Warfare*, Public Affairs, New York, 2013, p. 383.

26. 同上，p. 385。

27. "The Honorable Juan C. Zarate, Testimony before the US House of Representatives Foreign Affairs Committee. Sanctions and Financial Pressure : Major National Security Tools", 10 janvier 2018, p. 5.

12. 經濟戰前線的美國情報部門

噩夢一般是從美國的政府部門（美國司法部、美國證券交易委員會、美國財政部海外資產控制辦公室……）發出的一封信件開始的。[1] 美國人在信中懷疑某公司在某個國家的市場中存在欺詐行為，因此開始他們熱衷的大話骰遊戲。公司無法知道這些美國政府部門到底是在虛張聲勢，還是真的掌握了可靠的信息。它們手上有甚麼信息？它們是如何獲得這些信息的？難道公司有內鬼？這是不是在捕風捉影？美國證券交易委員會於 2011 年啟動了一個鼓勵告密者揭露其公司非法交易的項目。[2] 這是一個具有誘惑力的項目，因為報酬很豐厚：罰款總額的 10%~30%。在 2011—2016 年，共有 34 個告密者獲得了總計 1.11 億美元的報酬[3]，"而且不排除這些線人通過其他方式獲得另外的酬勞，譬如讓情報部門或者美國警方在國際事務中為其提供方便"。[4]

　　信息本身及其來源並不重要，被盯上的公司無論如何都會陷
入困境。搞清楚美國人是否在虛張聲勢對陷入困境的公司來說根
本無濟於事。反抗美國奧威爾式的極權主義簡直是天方夜譚。在
經濟情報領域，幾乎沒有人能夠躲過美國"大耳朵"電子監控系
統。監控任務都是由美國各調查部門組成一個特別行動小組來聯
合執行的：美國聯邦調查局、美國證券交易委員會、美國財政部
海外資產控制辦公室，以及美國國家稅務局，也就是在 1931 年
以逃稅的名義扳倒了著名的阿爾·卡彭領導下的芝加哥黑手黨的
團夥。僅美國聯邦調查局就有 800 名特工負責打擊腐敗，其中包
括一個由 30 人組成的特別小組。而聯邦警察的工作則是接收美
國安全部門和情報部門的消息，其中就有大名鼎鼎的美國國家安
全局。

　　另外，美國情報界在搜集和分析商業情報方面擁有悠久的傳
統。情報界的一些傑出探員在經濟領域的履歷相當亮眼：先後在
艾森豪威爾和甘迺迪政府時期擔任中央情報局局長的艾倫·杜勒
斯曾經是一名商業律師，列根政府時期的中央情報局局長威廉·
凱西曾經擔任證券交易委員會的主席，克林頓政府時期的中央情
報局局長約翰·多伊奇在花旗銀行工作時遇到了後來在中央情報
局蘭利總部的同事諾拉·斯拉特金，紐約證券交易所前主席戴夫·
多爾蒂之前曾是中央情報局特工，在中央情報局負責經濟間諜活
動的弗蘭克·喬治·威斯納[5]曾是美國國際集團的副總裁。

　　面對這些經驗豐富的美國信息獵手，各大公司絕無任何躲過

"卡夫丁軛形門"① 的僥倖。它們最隱秘的經濟勾當終究逃不過美國人的監控。這其實與主動打開水龍頭，讓信息流入美國情報部門沒有甚麼不同。

美國經濟情報界蓄勢待發

如果沒有情報武器，美國打擊腐敗和制裁違犯經濟禁運令企業的效率會大大降低。美國情報部門搜集、分析經濟與金融情報的工作臻乎完美，自蘇聯解體後，世間無出其右者。美國間諜個個都是令人生畏的經濟戰士，忠實地為美國利益服務。

但這不意味着他們在冷戰期間的情報工作不出色，只是當時這並非他們的優先事項，那時他們將精力更多地投入到打擊共產主義的事業中。在那個時期，美國各部門之間就已經有了一些共享競爭對手情報的渠道。譬如為美國中央情報局、美國國家安全局，以及由美國國防和安保行業牽線的特別安全官。同時，從1977 年開始，情報聯絡處成了中央情報局、國家安全局兩大情報部門與美國商務部分享情報的橋樑，後來又改名為行政支援辦公室。顯然，情報聯絡處將搜集的情報提供給營利機構是不被容許的。但這並不妨礙中央情報局定期在蘭利總部組織研討會，與美國的企業家一起探討譬如半導體之類的敏感科技話題。總之，中

---

① "卡夫丁軛形門"是指，公元前 321 年，薩姆尼特人在古羅馬卡夫丁城附近的卡夫丁峽谷擊敗了羅馬軍隊，並迫使羅馬戰俘從峽谷中用長矛架起的形似城門的"牛軛"下通過，藉以羞辱戰敗軍隊。—— 譯者註

央情報局定期在國內資源部會見美國大型企業的領導人。即使在今天，美國大企業的負責人依舊會欣然前往中央情報局的蘭利總部做客。[6]

20 世紀 80 年代初是一個轉折點，標誌着美國情報部門開始全面參與經濟領域的活動。當時的美國總統是當過好萊塢演員的羅納德·列根。他不享有情報專家的頭銜，也不是中央情報局文件的忠實讀者。然而，他重新給予了中央情報局一定的自主權，至少恢復了它在水門事件前享有的權限。羅納德·列根簽署的第 12333 號 "美國情報活動" 行政命令，使情報間諜有藉口與美國公司勾結，一起謀劃組織海外行動，而且他們無須隨時向美國司法部長報告行動進展。列根另外簽署了其他兩份官方文件（第 12331 號和第 12334 號行政命令），重新啟用被前任總統吉米·卡特打入冷宮的情報部門。根據新指令，情報機構可以在非官方部門的掩護下開展秘密行動。

下面這個例子就具有代表性。 1982 年，美國國防部副部長弗蘭克·卡盧奇與唐納德·拉姆斯菲爾德（傑拉爾德·福特政府時期的美國國防部長，後來在喬治·沃克·布殊政府時期又再次出任國防部長一職）一起加入西爾斯國際貿易公司的領導層。這家公司的運作方式與日本崇光百貨公司類似，其價值都體現在搜集商業信息上。西爾斯公司在數年後宣告破產。不久後，謠言四起，聲稱弗蘭克·卡盧奇其實是利用西爾斯公司為美國中央情報局打掩護。卡盧奇親自打理的西爾斯旗下子公司 "國際規劃與分析中心"被指控販賣武器 [7] 到一些發展中國家。[8] 在 1983 年，弗蘭克·卡盧奇除了在西爾斯公司擔任董事外，還是衛康和公司的領導人。這家私人安保公司耳目眾多，刺探情報的方式也極為激進 [9]，其在比利時的一家子公司很快被鎖定為美國中央情報局在歐洲的延伸。[10]

柏林牆倒塌而經濟監控卻只增不減

1991 年 11 月 15 日，彼時的蘇聯即將解體，時任美國總統的喬治·赫伯特·沃克·布殊便急不可待地發表了"國家安全審查"NSR-29 號文件。該份文件針對美國所有政府部門，匯總這些政府部門各自所需要的信息類型。美國中央情報局和其他情報部門則隨時待命，滿足它們的需求。NSR-29 號文件要求美國情報界繼續對蘇聯的一舉一動保持高度警惕，同時監視其他領域的情況。"美國情報界要靈活應對各種問題，從傳統的警惕蘇聯軍事力量到眼下流行的環境保護，從經濟戰爭到預防艾滋病等" [11]，監控範圍非常廣泛。

美國情報部門被要求完成不可能的任務：監測一切並和盤托出。隨着蘇聯解體，"主要目標""優先事項""死對頭"一夜之間煙消雲散。美國特工突然失去了明確的方向，其凝聚力受到威脅。

而 1992 年 3 月 30 日，白宮簽署並發佈了 NSD-67 號 [12] 的"國家安全指令"，這個安全指令為特工找到了新的目標方向。打擊腐敗與工業科技間諜活動成為美國的最新優先事項。喬治·赫伯特·沃克·布殊總統提出了幾十年來規模最大的一次情報改革。事實上，這次改革的原因是，美國情報界經過了一個低谷期，其始終無法在冷戰結束後的世界裡找到自己的正確定位。冷戰時期美國中央情報局駐阿富汗特工米爾頓·比爾登解釋説："以前，中央情報局不是一個普通的機構，它是獨一無二的，帶有神秘色彩。它肩負使命，而且對它來説，這個使命就如十字軍東征那般神聖。現在蘇聯消失了，我們也變得一無所有。我們沒有過去，也算不上英雄。我們的功績本身需要保密。而現在任務完成了，一切都結束了。"[13]

美國情報界在克林頓政府時期徹底被打入冷宮。克林頓上台後未明確指示美國情報工作將何去何從。美國希望享受"和平紅利"，減少國家安全事務的財政支出。那該如何處理成千上萬的不再適應新時代的美國特工呢？有些情報人員覺得任務已經完成，便退休離開了，也有些情報人員去了私營部門就職。至於情報機構，則必須給它們找點事做。在全球化時代，它們的任務就是監聽全球經濟發展動態。

白宮不是唯一關注經濟安全的機構。美國國會也開始反思冷戰結束後情報與安全部門應當在全球扮演怎樣的角色。哈羅德·布朗與沃倫·拉德曼領導的委員會負責研究這個問題。該委員會在 1994 年發佈了一份題為"美國情報評估"[14] 的報告。該報告不贊成中央情報部門為了美國公司的利益而進行經濟間諜活動，但是支持情報部門搜集經濟信息。換句話説，只要不是直接使美國公司受益，情報間諜就可以搜集經濟、商業、科技等方面的數據信息。這等於允許美國情報部門竊取外國公司和政府的商業機密。

那用甚麼方法搜集信息呢？這不是問題。只需將"大耳朵"系統的監聽目標調整至經濟市場中就足夠了。1947年，美國及其四個主要盟國（英國、澳大利亞、新西蘭和加拿大）組成"五眼聯盟"，這是一個情報聯盟組織。它們擁有一個代號叫"梯隊"的全球監聽網絡系統，用以滲透蘇聯及東歐地區。它能夠攔截各種媒介的通信情報：移動電話、固定電話、傳真、衛星、電子郵件、互聯網……在美國，"梯隊"系統由國家安全局操縱。隨着信息科技的進步，"梯隊"系統儼然已成為一個令人生畏且非常高效的全球監聽工具。

早在愛德華·斯諾登揭露美國全球監聽計劃之前，歐洲議會就已對美國的監聽行為感到不滿，並在 20 世紀 90 年代後期發表的兩份報告中揭露了盟友美國的商業監聽手段：《攔截能力 2000——"梯隊"及其在信號情報中的作用》[15] 和《監聽技術的發展和濫用經濟情報的風險》。歐洲議員寫道："如果'梯隊'系統僅用於搜集情報，那麼它與歐盟的法律沒有任何衝突……但是如果濫用'梯隊'系統進行商業間諜活動，這不僅違反了忠誠義務，而且損害了公共市場中自由競爭的理念；如果有成員國實施了這種行為，那麼意味着它違犯了歐盟的法律。"[16]

這兩份報告的作者感到非常遺憾，儘管採取了種種防範措施，但美國人仍然認為它的盟友是歐洲原子能保障措施的實施

者，"山姆大叔"的被窺視妄想症已經病入膏肓，仍舊幻想着到
處都是竊取經濟情報的間諜。不過，報告的作者在最後還是認可
了美國人的疑心病，認為這些經濟情報間諜能幫助其他國家打擊
腐敗。至少他們在報告中表現出了深信不疑的樣子。"鑒於美國
情報部門……以打擊腐敗的藉口攔截公司在貿易往來中的通信記
錄，而這種做法本身就帶有風險：搜集到的信息沒有被用於打擊
腐敗，而是被用於偷窺商業競爭對手。即使美國人聲稱從未實施
過後一種行為……" 17 但是報告中提供的一組數字也反映出歐洲
議員的擔憂："在臨時委員會代表團訪問美國期間，有權威消息來
源證實了報告內容，在通過非公開渠道搜集到的信息中，有 5%
被用於商業目的。預估這種監聽行為能幫助美國企業佔領大約價
值 70 多億美元的市場份額……" 18

　　法國的公司因此被搶過好幾單生意。巴西的"亞馬孫熱帶雨
林"合同是關於在亞馬孫部分區域建立電子監控系統。1994 年，
在法國的湯姆遜半導體公司即將與巴西政府簽署合同之際，美國
國家安全局決定對其實施監聽。巴西媒體迅速響應，大肆宣揚法
方的行賄企圖。法國因此被迫退出價值 14 億美元的巴西市場，而
合同最終落入美國雷神公司囊中。美國情報部門直接干預市場競
爭的情形在 1994—1997 年屢次上演：沙特阿拉伯、印度尼西亞、
突尼斯、阿拉伯聯合酋長國、黎巴嫩、以色列、秘魯、中國台灣
等國家和地區，每次美國公司都能打敗競爭對手佔領市場，其手
下敗將包括法國、英國、荷蘭、丹麥……

　　美國人以打擊腐敗的名義無所顧忌地插手盟友事務。歐洲政治界對此瞭然於胸，但卻不願大動干戈。因為歐洲議會的數份報告發表於 2001 年初，美國人在這一年過得非常糟糕，華盛頓和紐約在 2001 年 9 月先後遭到兩次大規模襲擊。歐洲人顯然不能在美國盟友討伐本·拉登極端宗教分子的時候落井下石。

　　這些歐洲報告證實了美國情報部門前成員的聲明。他們公開承認美國國家安全局一直以反腐敗的名義，使用各種技術手段監視歐洲企業。美國中央情報局前局長詹姆斯·伍爾西（1993—1995 年任職）於 2000 年 3 月 17 日在《華爾街日報》開了一個評論專欄。評論專欄的標題足以說明一切："為甚麼我們要暗中監視我們的盟友？"答案雖簡潔，但卻直接："是的，親愛的歐洲大陸朋友，我們監視你們是為了遏制你們的行賄行為。你們公司的產品與美國的競爭對手相比，要麼成本高昂，要麼技術落後，或者兩者兼有。因此，你們經常為了拿下合同而行賄。"美國中央情報局前首席間諜官誇張地諷刺歐洲人反應遲鈍，聲稱歐洲的守護神是讓－巴普蒂斯特·柯爾貝爾，而美國的守護神則是亞當·斯密。前者讓歐洲陷入腐敗的深淵，而後者則帶來了冒險和創新精神！

　　在擔任中央情報局局長期間，詹姆斯·伍爾西一直將經濟情報作為重中之重。1993 年，他一上任就加強了經濟情報的搜集工作，將情報聯絡處改名為行政支援辦公室。創建於 1977 年的情報聯絡處負責歸納整理來自中央情報局和國家安全局的經濟情報，這些情報幫助美國商務部官員加強對世界經濟趨勢的了解。[19]

　　詹姆斯·伍爾西在 1993—1995 年領導中央情報局期間發起了至今仍在運作的三個重要項目。首先,他參與建立了宣傳中心,這是一個在美國主要政府部門中以捍衛國家經濟利益為目的,用來搜集和共享情報的網絡,包括美國商務部、美國財政部、美國國防部。其次,他撰寫並發佈了美國《國家工業安全計劃》[20],保障私營部門安全訪問分級的工業信息。最後,他與其他部門人員一起創立了美國國家反間諜中心,主要負責經濟領域的反間諜工作。2002 年,他又在此基礎上建立了國家反間諜執行局,專門搜集和分析可能會威脅到美國國家利益的商業、工業和科技情報。2000 年,美國國家反間諜中心發佈過一份關於美國受到的經濟威脅的年度報告。但近年來,美國國家反間諜執行局的報告產出很少。難道美國間諜擔心會透露過多的信息給他們的敵人嗎?美國國家反間諜執行局的最後一份報告發佈於 2011 年。在 2014 年,美國國家反間諜執行局更名為美國國家反間諜和安全中心,進一步加強打擊經濟間諜活動:"今天,外國情報部門、犯罪分子以及公司間諜都對美國工業虎視眈眈⋯⋯我們的敵人使用傳統的情報技術對付處於弱勢的美國公司,同時越來越多地利用'數字環境'滲透我們的經濟命脈,這是一種快速有效且可靠的方法,因為、'數字環境'幾乎涵蓋了所有重要的商業和科技信息。他們不遺餘力地破壞美國的知識產權、商業機密,以及關乎美國國家安全的科技發展。針對私營部門的間諜活動已經對美國的長期繁榮造成了威脅。"[21]

面對這些威脅，美國人開始採取行動。他們通過立法來防範那些覬覦美國企業的技術和商業秘密的人。1996 年通過的美國《經濟間諜法案》和《經濟安全法案》均旨在保護美國企業的商業秘密、技術專利和機密的經濟信息不被外人竊取。違法者將面臨 50 萬美元罰款和 15 年監禁的風險。[22]

一邊進行經濟間諜活動，一邊保護美國國家經濟安全，雙管齊下，"山姆大叔"的這套機制真是毫無漏洞。美國安全部門和情報部門暗中監視市場，搜集並分析情報後，再將其提供給司法部門。20 多年來，它們的監視目標主要是歐洲的銀行和跨國企業，而美國企業從來就不是它們的打擊對象。

斯諾登事件後的低谷時期

在信息數字化時代，美國人可以不受任何限制地監控市場。歐洲領導人雖然對此有所懷疑，但卻苦於沒有證據，直到一個告密者站出來現身說法，才讓歐洲的精英領導人接受現實。2013 年，美國中央情報局和國家安全局前雇員愛德華·斯諾登為這一敏感的猜測添上了確鑿的證據。他曝光的機密文件證實了美國所進行的大規模間諜活動。移動電話、固定電話、電子郵件、傳真、短信、互聯網……沒有甚麼可以逃脫美國國家安全局的監控範圍。美國對此供認不諱。從奧巴馬競選總統時喊出的著名口號"Yes, we can"（是的，我們可以），我們可以立刻聯想到"Yes, we scan！"（是的，我們在監視你！）。白宮回應稱，這是為了美國的國家利益和國際安全着想，其目的是打擊恐怖主義和全球犯罪。

恐怖主義成了替罪羊，其實只要仔細想一想，就會發現真實的版本。追捕本‧拉登與監聽歐洲、巴西等國家領導人的私人電話之間有甚麼聯繫嗎？這純屬無稽之談。專家一致認為，美國國家安全局只分配了 35% 的資源用來打擊恐怖主義，那剩下的 65% 則是用於搜集政治、軍事和經濟情報。"在 20 世紀 90 年代，情報部門遭遇了低谷。美國白宮和中央情報局接到喬治‧赫伯特‧沃克‧布殊總統的命令，為國家安全局重新設定新的防禦與攻擊目標。經濟間諜活動成了美國的優先事項，除了搜集關於外國競爭者的經濟情報外，還要追捕腐敗分子、監聽商業信息。" 23

在愛德華‧斯諾登泄露的文件中，我們可以發現美國情報部門的目標公司名單上赫然列着美國公司的直接競爭對手：巴西石油公司、石油輸出國組織、歐洲飛機製造商空中巴士、法國航空航天軍工集團泰雷茲……眾所周知，所有這些公司都與伊斯蘭國家有着密切的經貿往來！

我們甚至從這位前秘密特工身上得知，美國國家安全局內部有一個特別部門，專門負責監控全球金融交易。這個金融情報部門代號"碟火"，美國間諜通過"碟火"搜集了 70 多家銀行客戶信用卡中的機密信息。全球 8 000 多家金融機構都使用 SWIFT 系統來完成金融交易，儘管歐盟已經與美國簽訂協議共享 SWIFT 系統的信息，但美國國家安全局還是啟動了一個特別項目，直接獲取這家總部位於比利時的國際合作組織的所有信息。"當然，所有項目機制都是以打擊洗錢、恐怖主義、販賣武器和毒品等名義進行的。"[24]

愛德華‧斯諾登曝光的美國國家安全局的其他官方文件顯示，美國在監控法國各領域公司的交易活動：電信、能源（天然氣、電力、石油、可再生能源、核能等）、健康與環境、交通、建築。[25]美國國家安全局搜集了法國公司和銀行正在談判的價值超過 2 億美元的所有合同與投資信息。

最糟糕的是，有些國家直接引狼入室。法國就使用美國的安全技術作為國家機密的載體。2016 年以來，法國內政部安全總局一直使用美國帕蘭提爾科技公司開發的一個軟件來搜集、存儲與分析情報。帕蘭提爾科技公司是一家大數據分析軟件供應商，由美國中央情報局旗下的風險投資公司 IQT 投資。[26]公司名字的靈感來自約翰‧羅納德‧瑞爾‧托爾金的史詩級作品《魔戒》中的"真知晶石"。IQT 公司與美國情報界關係甚密，其主要客戶有美國中央情報局、國家安全局、聯邦調查局，以及美國海軍部隊、空軍部隊和特種部隊等。一位法國前內政部長承認："如果沒有美國人的支持，我們無法深入開展情報工作。正是他們恢復了 2015 年 11 月 13 日巴黎恐怖襲擊事件始作俑者刪除的醫療報銷單。"[27]這說明了美國情報工具的高效。不僅僅是法國國內情報的機構，諸如空中巴士等歐洲企業也同樣喜歡使用帕蘭提爾科技公司的大數據分析軟件。

從列根到特朗普：經濟戰爭的總指揮

無論是來自共和黨還是民主黨，美國領導人都會毫不猶豫地監聽市場信息。蘇聯解體後，美國的優先事項就變為維持其在政治、軍事和經濟方面的世界領先地位。從列根到奧巴馬，所有的"白宮租客"都認同美國前國務卿馬德琳‧奧爾布賴特的觀點："美國是一個不可或缺的國家。"[28]

與比爾‧克林頓 1992 年的競選伎倆如出一轍，唐納德‧特朗普憑藉復蘇美國經濟的口號，贏得了 2016 年美國大選。他上台後做出的頭兩個決定都是有關經濟的：一是美國退出《跨太平洋夥伴關係協定》，二是凍結與歐盟就大西洋貿易協定的談判。唐納德‧特朗普既反對不受節制的自由貿易，也不相信多邊貿易主義。他的信條是雙邊主義，即狹路相逢勇者勝。於是，在入主白宮幾個月後，他動搖了全球經濟關係的穩定性。這個億萬富翁為自己設定了一個很簡單的目標，但為了實現它，他將實施一個並不簡單的計劃。他的目標是捍衛美國的經濟利益，而他的計劃是回歸貿易保護主義。在 2017 年，美國人抱怨美國的貿易逆差創歷史新高，總額高達 5 670 億美元，其中與中國的貿易逆差佔了很大比重（3 750 億美元[29]）。然而，其實美國遠沒有到破產的邊緣，而且美國的宏觀經濟一派向好：通貨膨脹率控制在 2% 左右，失業率維持在最低水平（4.1%）。所以，美國人民並沒有生活在水深火熱之中，只是唐納德‧特朗普嫉妒其合作夥伴在經濟上取得的巨大成功：歐盟、德國，還有中國。

特朗普認為美國公司遭受了不公平的待遇。他認為其競爭對手受到其國家的過多保護，甚至包括政府補貼。在他看來，外國公司是不遵守全球化規則的卑鄙小人。他在 2018 年 3 月 1 日向美國國會提交的《2017 年度貿易報告》中提到了這些問題。"美國不會再對各種違法行為、欺詐行為與經濟侵略行為睜一隻眼閉一隻眼了。為了實現我們的目標，我們的貿易政策將利用一切可能的手段和方法，來維護我們的國家主權並加強我們的經濟建設。"[30] 這份奠定美國貿易理念的官方文件指出，美國人將會採取一切措施來保障"美國製造"的地位，甚至包括單方面的行動。這是對他們的合作夥伴、競爭對手以及敵人的警告：美國將加強立法，打擊世界各地的經濟欺詐和經濟侵略行為。唐納德·特朗普熱衷於貿易戰，而且他認為美國能輕易獲勝。[31]

中國感到自己被特別針對不足為奇。由於特朗普政府懼怕中國經濟的崛起，中國常常成為總統顧問的攻擊對象，其中包括彼得·納瓦羅，這個人是對華戰略中"鷹派中的鷹派"。中國被指責利用多邊貿易體系不公平地從美國手中奪走大量的市場份額。美國還指責中國過度保護其國內市場，甚至竊取美國公司的秘密技術。最終，特朗普於 2018 年 3 月正式向中國出口至美國的商品加徵關稅。[32]

與此同時，美國政府宣佈加強對外國投資的監管機制。雖然這套新機制面向所有國家，但中國仍舊是其主要目標。該機制主要是強化美國外國投資委員會的調查手段。該委員會負責監管

外國投資事宜，若外國企業想要收購美國企業，就需要徵得它的
同意。美國外國投資委員會保護的公司都或多或少與國家安全相
關——國防、能源、交通、電子等。美國外國投資委員會的成
員來自美國商務、能源、國防以及國土安全等部門。該委員會自
1975 年成立以來，幾乎沒有處理過甚麼案子，也沒有行使過否決
權。[33] 但只要它表示對某項並購案有興趣，就足以讓潛在買家立
刻打消收購念頭。下面這個案例就證明了其強大的影響力。

2017 年，美國政府禁止中國投資萊迪斯半導體公司，2018
年 3 月，美國外國投資委員會反對博通公司公開標價收購美國另
一個半導體巨頭高通公司，就因為博通公司總部位於新加坡！
"離中國太近，這會對美國國家安全構成極大的威脅。"特朗普在
2018 年 3 月 12 日發佈的行政令中如此解釋。[34] 這是史無前例的
奇聞，因為從未有一個國家在兩家公司達成協議之前就介入交易
並叫停收購協議的。

儘管美國外國投資委員會的運作已經具有強大的效力，但美
國議員 [35] 仍想給予美國外國投資委員會更多的權力。它希望擴大
委員會在經濟部門的監管權限，同時將合資企業和少數股東也納
入其監管範圍。因此，2017 年 11 月，《外國投資風險審查現代化
法案》被提上日程，並在 2018 年 8 月 6 日經特朗普總統簽署正式
生效。[36] 它給予美國國家情報總監辦公室的情報間諜更多調查案
件的時間。美國商務部長威爾伯·羅斯表示："這是為應對中國前
所未有的投資增速而做出的恰當反應。"[37] 2018 年 6 月底，美國

甚至想禁止中國人持股 25% 以上的公司投資美國的科技領域。

　　"這項法律具有強大的和潛在的域外管轄效力，"說客帕斯卡爾·迪佩拉是戰略領域的專家，他表示，"實際上，美國《外國投資風險審查現代化法案》授權美國總統和美國外國投資委員會干涉其盟友和經濟合作夥伴的決定，迫使其也配置類似的監控機制，從而方便與美國機制間的相互協調。這還不算一種域外法權，但是從域外法權的歷史沿革來看，這在一定程度上就是其前奏。美國《外國投資風險審查現代化法案》帶來的第一個後果就是，將外國投資項目置於美國人的監管之下，甚至包括在美國境外實施的投資項目。"[38] 該法案的依據是愛思強收購案，美國立法者將它寫入法律，使其具有普遍效力。愛思強是一家製造半導體生產設備的德國公司，在美國加利福尼亞州有一家子公司。它發展的尖端科技可用於製造激光武器、天線和雷達。愛思強在 2016 年陷入困難時期，中國宏芯投資基金提出以 6.7 億多歐元收購該公司。然而，時任美國總統奧巴馬以國家安全風險為由，在 2016 年 12 月 4 日發佈行政命令，禁止該公司收購愛思強公司位於加利福尼亞州的子公司。原本德國聯邦經濟部已經批准了這件商業併購案，但由於美國方面施壓，德國人被迫放棄了這項並購計劃。[39]

《雲法案》：一部旨在獲取數據信息的法案

　　在美國參議員看來，為了鞏固美國經濟至上的地位，應做出另一個"恰當反應"——通過一項極具侵略性的法案，使美國人能夠更便捷地跨境調取他國公司和個人的隱私數據。這項金融法案由共和黨議員和民主黨議員共同通過，規定美國司法部門可以直接訪問美國雲計算服務提供商的服務器數據，無論數據是存儲在美國境內，還是存儲在海外任何角落。2018 年 3 月 23 日，由唐納德·特朗普簽署並通過該法案，其全稱為美國《澄清合法使用境外數據法案》，又稱《雲法案》。從那以後，美國當地警方以及聯邦安全和情報部門能夠訪問微軟、臉書、亞馬遜、谷歌等公司服務器上的所有信息，而且是在沒有通知主要當事人的情況下。

奇怪的是，硅谷的科技公司竟然對《雲法案》的出台表示很滿意。在 2018 年 2 月 6 日寄給奧林·哈奇、林賽·格雷厄姆、克里斯托夫·孔斯和謝爾登·懷特豪斯等參議員的一封信中，谷歌、臉書、蘋果和微軟等公司表示支持這項法案，認為"其反映了保護全世界網絡用戶安全的重要共識。這項法案是邁向保護個人隱私權的重要一步"。[40] 這些互聯網巨頭關心的是對個人隱私的保護，而這些參議員考慮的則是國家安全。

美國《雲法案》剛好填補了大數據領域的法律空白。2014 年，微軟拒絕向美國司法部提供存儲在愛爾蘭服務器上的電子郵件數據。它認為美國的法律在境外並不適用，因為美國司法部發出的搜查令只在美國境內有效。這個官司一直打到美國最高法院，最後得出的結論是，美國《存儲通信法案》不適用於存儲在海外服務器上的數據，因而有必要制定新的法案予以規定。於是，《雲

法案》應運而生，美國國會聲稱該法案的出台是為了"打擊嚴重
犯罪"[41]。這個概念寬泛模糊，能作為任何入侵數據庫行為的正當
理由：打擊恐怖主義及資助恐怖主義的行為、打擊黑手黨和犯罪
集團，以及打擊欺詐和腐敗。

　　換言之，它打開了全方位監控的大門。這意味着如果美國聯
邦調查局、中央情報局，以及市場監督和監管等部門要求雲計算
服務提供商提供信息，它們無權拒絕。它們甚至要在沒有告知用
戶的情況下，將其數據提供給美國相關部門。除非其用戶在與雲
計算服務提供商的合同中加入一項特別條款要求它們在訪問前提
前告知。

　　那麼，雲計算服務提供商可以拒絕向美國當局提供數據嗎？
針對這種情況，美國《雲法案》規定必須滿足兩個條件。第一，用
戶（個人或公司）必須是"非美國人"，也就是說與美國沒有任何
聯繫。第二，向美國情報部門提供信息違犯了用戶所屬國家的法
律，而且該國必須是"合格的外國政府"，即已經與美國簽署了
"執行協議"的政府。截至 2018 年夏天，還沒有一個國家與美國
簽署這樣的協議。值得一提的是，這兩個前提條件交由一位負責
解決雲計算案件的法官來審議。奧利維爾·多爾岡律師稱："這
授予法官很大的裁量權，他要自行評估美國利益風險處在哪種範
圍內，以及這個風險是否可以作為強制雲計算服務提供商執行美
國司法部門命令的理由。"總而言之，美國人仍舊是遊戲的主宰。

　　一方面，《雲法案》的通過意味着美國人違背了國際司法協助

方面的承諾；另一方面，《雲法案》又與歐洲旨在保護歐洲公民個人數據的法律相衝突。而這些背信棄義的行為對美國當局來說算不上甚麼。

多爾岡律師表示："這項法律是一個規避條約的新工具，確立了各國在刑事、民事與商業案件調查的範圍內交換數據的框架。"它取代了美國與其合作夥伴簽署的信息交換協議，因為美國人認為後者規定的程序太慢了。美國《雲法案》通過後，他們能夠直接訪問跨國互聯網公司的數據庫，而這觸發了信息交換協議中規定的保留條款，譬如禁止提交可能會損害國家安全、主權或重要利益的信息。

美國《雲法案》同時還與《海牙公約》存在衝突。[42] 根據《海牙公約》的規定，各國可通過簽發國際調查委託書交換貿易和經濟信息，而且一國可以拒絕提交可能會損害其主權的信息。[43] 美國《雲法案》根本沒有把《海牙公約》放在眼裡。它對 1968 年的《封鎖法》同樣不屑一顧，儘管該法令禁止任何人未經司法援助的法律程序就對外提交商業和經濟信息。

那麼，歐盟最近出台的《通用數據保護條例》意味着甚麼呢？這部知名的歐洲法律在 2018 年 5 月 25 日正式生效，儘管其背後的推動者聲稱它是世界上最能保護歐洲公民個人數據的法律文本，但它卻完全不能抵擋《雲法案》的入侵。很多互聯網巨頭將其公司的數據存儲在歐洲，認為這樣就能避免受到美國的監控。它們真是大錯特錯。實際上，存儲在美國服務器上的歐洲人的數據反而受到歐盟與美國《隱私保護協議》的保護。這份在 2016 年簽署的協議取代了之前的《安全港協議》。奧地利的一位法律專業的學生馬克斯·施雷姆斯，因為特別擔心個人數據被非法使用而向有關部門提出訴訟，最終 2015 年歐洲聯盟法院裁定《安全港協議》無效。歐盟法院發現，即使愛德華·斯諾登揭露了美國國家安全局的全球監聽計劃，也無法保障歐洲公民的個人數據信息安全。《隱私保護協議》在美國《雲法案》面前算得了甚麼呢？簡直是螳臂當車。尤其是美國當局似乎也沒有履行協議中的義務，因此歐洲議員在 2018 年 6 月中旬提議中止該協議。

　　美國《雲法案》與保護數據安全的整個歐洲法律框架背道而馳。歐盟承諾會對此做出回應。歐盟委員會擬制定一項有關獲取刑事案件電子證據的新條例。[44] 它會藉此機會與跨大西洋盟友徹底了斷嗎？

註　釋

1.　　詳情參見第 4 章。

2.　　這是 2010 年通過的《多德−弗蘭克法案》中的措施，為了應對 2008 年的金融危機，並更好地規範市場。

3.　　美國證券交易委員會的項目非常成功。毫無疑問這是個巨大的數目：在 2011—2018 年將 3.26 億美元用於獎勵 59 名線人，因此美國證券交易委員會希望降低舉報者的獎金。Elsa Conesa, "La SEC pourrait réduire les primes des lanceurs d'alerte", *Les Échos*, 14 et 15 décembre 2018.

4. Pierre Lellouche, Karine Berger, "Rapport d'information sur l'extraterritorialité de la législation américaine", *op. cit.*, p. 60.

5. 弗蘭克・加德納・威斯納的兒子，也是中央情報局的探員。

6. Jeff Stein, "The Biggest CIA Shop You've Never Heard of", *Newsweek*, 14 novembre 2013.

7. Caroline E. Mayer, "Carlucci Supervised Arms at Sears", *The Washington Post*, 11 décembre 1986.

8. Dan Briody, *The Iron Triangle : Inside the Secret World of Carlyle Group*, John Wiley & Sons, 2003.

9. Nancy L. Ross, "Detective Firm Says It Uses Right-Wing Group's Data", *The Washington Post*, 27 janvier 1977.

10. Frédéric Charpier, *L'économie, c'est la guerre!*, Seuil, 2012.

11. *NSR-29*, The White House, 15 novembre 1991. https://fas.org/irp/offdocs/nsr/nsr29.pdf. Consulté le 20 février 2018.

12. https://fas.org/irp/offdocs/nsd/nsd67.pdf. Consulté le 20 février2018.

13. Tim Weiner, *Des cendres en héritage. L'histoire de la CIA*, éditions de Fallois, 2009, p. 392.

14. Voir https://www.govinfo.gov/app/details/GPO-INTELLIGENCE.

15. http://www.duncancampbell.org/menu/surveillance/echelon/IC2001-Paper1.pdf. 22 et 23 janvier 2001. Consulté le 22 février 2018.

16. 2001 年 7 月 11 日的議會報告。http://www.europarl.europa.eu/sides/getDoc.do?pubRef=-//EP//TEXT+REPORT+A52001-0264+0+DOC+XML+V0//FR.Consulté le 22 février 2018.

17. 同上。

18. 同上。

19. Paul Todd, Jonathan Bloch, *Global Intelligence. The World's Secret Service Today*, Zed Books, 2004, p. 77.

20. 行政命令 12829，1993 年 1 月 6 日。

21. 於 2018 年 2 月 20 日訪問該網站。https://www.dni.gov/index.php/ncsc-what-we-do/ncsc-threat-assessments-mission/ncsc-economicespionage.

22. 參見：Hélène Masson, *Les Fondements politiques de l'intelligence économique*, thèse,ParisSudXI. http://masson-intelligence-economique.blogspot.fr/。另請參見：Hélène Masson, L'Intelligence économique, une histoire française, Vuibert, 2012。

23. Claude Delesse, *NSA National Security Agency*, Tallandier, 2016, pp. 84−85.

24. Franck Leroy, Surveillance. Le risque totalitaire, Actes Sud, 2014, p. 129.

25. 國家信號情報要求清單：information Need (IN) – France/Economic Developments: EEI : H-Foreign Contracts/Feasibility Studies/Negotiations, 2012. Voir https://wikileaks.org/nsa-france/spyorder/#spyorder1.

26. "Palantir, du côté obscur du big data", *Le Monde*, 10 octobre 2018.

27. 2018 年 4 月的採訪。

28. 馬德琳・奧爾布賴特在 1998 年使用的術語，她當時擔任克林頓政府時期的美國國務卿。

29. 僅針對貨物貿易。這一數字不包括服務貿易。

30. "2018 Trade Policy Agenda and 2017 Annual Report of the President of the United States on the Trade Agreements Program", Office of the United States Trade Representative, 1er mars 2018, p. 2.

31. 2018 年 3 月美國總統的聲明。

32. 2018 年 3 月 23 日，美國宣佈對中國進口美國的商品加徵關稅。

33. 在 1975─2016 年間總共投過 4 次反對票。

34. "Executive Orders. Presidential Order Regarding the Proposed Takeover of Qualcomm Incorporated by Broadcom Limited", White House, 12 mars 2018. https://www.whitehouse.gov/presidentialactions/presidential-order-regarding-proposed-takeover-qualcommincorporated-broadcom-limited/.

35. 美國聯邦眾議員畢廷澤和共和黨參議員約翰・康寧。

36. https://home.treasury.gov/sites/default/files/2018-08/The-ForeignInvestment-Risk-Review-Modernization-Act-of-2018-FIRRMA_0.pdf.

37. 2018 年 1 月 22 日。

38. Pascal Dupeyrat, "Pour un contrôle crédible des investissements étrangers", *Les Échos*, 4 octobre 2018.

39. "Obama bloque le rachat d'Aixtron par le Chinois Grand Chip", *Le Figaro/ Reuters*, 5 décembre 2016.

40. https://fr.scribd.com/document/374641879/Tech-Companies Letter-of-Support-for-Senate-CLOUD-Act-020618.

41. https://www.congress.gov/bill/115th-congress/house-bill/4943/text.

42. 1970 年 3 月 18 日。https://assets.hcch.net/docs/41558329-d3e0-44ce94ec-e827a1feff20.pdf.

43. 《海牙公約》第 12 條。

44. https://ec.europa.eu/info/sites/info/files/placeholder.pdf. 訪問於 2018 年 6 月 11 日。

13.腐敗，一種過時的做法！

　　當美國情報部門密切監視外國企業的商業行為時，美國的跨國企業拿下了一個又一個大合同。這是否意味着美國企業都是高尚正直的？難道它們不再為了開拓市場進行商業賄賂了？沒人知道答案。多年來，法國經濟情報專家一直提議對這個問題進行調查，揪出不守規矩的美國企業。但無論是法國政府還是法國本土的跨國企業（空中巴士、威立雅……），都不願下令或執行這樣的任務，深恐得罪美國人。"這很遺憾，"一位多次為政府和企業提供服務的經濟情報專家表示，"這本書可以成為我們的'彈藥'，讓我們在和美國人談判時有更多的籌碼。可以告訴他們，我們已經準備好了——他們的公司也應該來向我們的檢察官做解釋。"[1]

　　為何有必要進行這樣的調查？這是為了證實美國企業正在實施新一代的腐敗行為，卻尚未被任何國家的政府和公共機構發現。同時，也有必要深入分析它們採取的策略——老謀深算而又不為人知。正是因為這些企業已經佔據了主要市場，所以它們的手段看上去就更加隱秘，彷彿並未違犯法律。這些手段圍繞着一個公共或私人軸心精密地運轉着，可以幫助公司在投標消息公佈前就探聽到風聲，並從源頭上施展手腕、施加影響，從而為公司贏得大筆訂單，效果極其顯著。

政府機構

20 世紀 90 年代以來，美國的首要任務不再是對抗共產主義，而是捍衛自身的經濟利益。1992 年，美國國會通過了《出口增強法案》，旨在加強美國的出口，其序言表明，貿易出口是美國經濟的重要組成部分。這部法案創設了美國貿易促進協調委員會 [2] ——一個私營部門與聯邦政府之間共享信息的平台。這個平台集中了美國國內眾多與商品和服務出口相關的重要部門（或部委），如美國國防部、商務部、財政部、內政部、能源部等，此外也包括了美國國際開發署和美國進出口銀行等在內的其他機構。

美國貿易促進協調委員會的核心是倡導中心，它為美國公司佔領海外市場提供支援。在美國商務部的領導下，倡導中心評估各個市場的潛力，檢驗其是否符合美國的利益，協調美國國內各方渠道搜集客戶和競爭對手的信息，並將這些信息提供給美國企業。倡導中心可以動員所有的美國官員，無論其屬於哪個部門。它還拉攏議員和駐外大使，要求他們支持"美國製造"，甚至連總統本人都會被要求給外國首腦打電話，為美國訂單爭取一些優待。最後，倡導中心還資助美國企業在國內和國外的宣傳活動。

當紅燈亮起—— 一家外國企業即將贏得一份大合同時，倡導中心就變成了一個作戰指揮中心。此時，其內部的 16 個情報機構就要發揮作用了。這些機構施展手段，各顯神通，竊聽外國貿易代表團的對話，並揭露可能存在的腐敗行為。

美國國家經濟委員會是這個聯絡網在政府分支中的另一個重要組成部分。國家經濟委員會由時任美國總統的克林頓於 1993 年 1 月 25 日建立 [3]，在相關領域中非常活躍。該委員會向總統提出制定經濟戰略的建議，旨在長期維持美國經濟霸權，並協調國內和國際經濟政策，確保總統制定的目標與各部部長的決策目標相一致。該委員會成員包括若干主要部長（國務卿、商務部長、財政部長等），也包括國家安全顧問以及負責科學技術的同級別顧問。因此，美國國家經濟委員會就像是一個經濟層面的國家安全委員會（後者主要負責監督國家安全）。

1996 年，白宮通過在國際貿易管理局內部設立市場准入和合規部門，強化了這一機制。國際貿易管理局是美國國務院下屬機構，它負責監管所有的國際貿易協定（截至 2016 年已締結超過 250 項），並譴責不遵守協定的企業和國家。2001—2005 年，威廉·H. 拉希三世曾牽頭領導這一部門，美國政府還委託他負責重建阿富汗和伊拉克，並在重建過程中確保美國企業能夠被優先考慮。此外，貿易合規中心還邀請美國各企業向其報告它們在國際市場上面臨的所有不公平的貿易壁壘，如關稅壁壘、濫用規章、欺詐、腐敗等行為。

2004 年，喬治‧沃克‧布殊總統繼續為這一體系添磚加瓦。倡導中心變更為受美國國際貿易管理局管轄。它和美國外國商業服務局協同工作，是國際貿易管理局在國外的耳目。美國外國商業服務局並不是一個新面孔，它創建於 1897 年，設立時的使命是為美國進入全球市場鋪平道路。至少，這是參議員阿爾伯特‧J. 貝弗里奇（1899—1911 年在任）最初的願景："世界貿易必須是，也肯定是屬於我們的。"

美國與外國商業服務局最初是美國國務院的下屬機構，1979 年改為由美國商務部進行管理。超過 2 500 人在這個機構工作，其中一部分人員是分別駐紮在 75 個國家、100 多個城市的外交官。他們為美國企業開拓海外市場保駕護航。2013 年，美國與外國商業服務局自誇曾促成超過 18 000 筆交易，為美國企業節省了數十億美元的開支。

喬治‧沃克‧布殊總統的另一重要意圖是，讓美國的高級官員常駐倡導中心，負責管理各大型開發銀行（世界銀行、亞洲開發銀行、非洲開發銀行等）。這樣做的目的是，從這些大型出資者處獲得有價值的信息，並引導它們向美國企業慷慨解囊。

美國商務部並非唯一參與支持美國出口工作的部門。美國國務院的外交官有兩個辦公室負責指揮全球貿易進攻戰。美國商業事務辦公室幫助美國企業發現最佳市場，協助它們進入市場及應對訴訟。美國情報研究局則負責搜集各種情報，尤其是通過情報和文件處開展工作。後者主要為美國國務院搜集情報，並與美國其他情報機構互相協調溝通開展工作。

可別忘了五角大樓——依靠其下屬的各個辦公室，國防部事無巨細地搜集和分析各類情報，這些情報常常涉及某一市場或某一國家的關係網，以及大權在握的關鍵人物。五角大樓通過美國國防安全技術管理局、國防安全合作局、武器轉移政策審查小組等部門開展工作，嚴密保護軍事技術機密，確保負責美國國防事務的企業永遠不會被外國收購，並制定佔領軍用技術市場及軍民兩用技術市場的諸多戰略。美國國防安全合作局在各個外交大使館都派駐了專員，與商務部工業與安全局進行密切合作。美國國防安全技術管理局同樣與商務部工業與安全局進行合作，為美國外國投資委員會提供諮詢建議，決定應當准許還是阻止外國投資者在美國進行投資。

有了這樣一張遍及全球市場的網絡，以及對於各市場參與者的精妙了解，採取腐敗行為完全是多此一舉。對於美國企業而言，只要敲對了門，就能獲得情報、建議，乃至實打實的支持。更不用說，政府人士和私營企業之間還定期組織會面。以美國國防部為例，實業家與國防政策諮詢委員會時常互通有無。美國國防政策諮詢委員會針對雙邊及多邊貿易談判問題向美國國防部長提供建議，並參與制定頒發出口許可證的具體流程。在美國國務院內部，大企業的高管聚集在國防貿易諮詢小組，就軍火銷售立法問題闡述他們的想法和建議。而如果他們在向某些國家出口產品時遇到了麻煩，或者在開拓某國市場時需要一點幫助，那麼美國商務部的大門永遠為其敞開。

私營機構

　　為了理順企業與行政部門之間的關係，美國設立了許多智庫。這些智庫就像是一個個"創意箱"，匯集了高級官員、政界人士、大學學者、軍方人員、記者、情報界人員和企業主。這些圈子的成員聚在一起，針對全球局勢交流觀點、傳遞信息，並分享各自通訊錄中的聯繫人。這些智庫往往由已退政治家牽頭領導，定期發佈有關地緣經濟和地緣政治重大問題的報告。對這些政治家來說，這是個好機會，可以在進入大公司擔任要職前稍作休整。這些智庫是美國企業和行政部門進行溝通的中樞，共同制定各類戰略，維護美國的政治和經濟利益。某些智庫發揮着至關重要的政治作用，例如創立於 1962 年的戰略與國際研究中心，該機構由中央情報局前副局長雷·S. 克萊因提議建立，支持尼克遜和列根的競選活動。安全政策中心則主要負責支持喬治·沃克·布殊的競選活動及其政策實施。

　　這些智庫也對經濟活動發揮着作用，它們承載着美國企業的關切和議程。美國對外關係委員會和國家對外貿易委員會在全球化進程中傳播美國的價值觀。當多邊貿易機制運行不暢時，國際經濟研究所[4] 或科德爾·赫爾研究所則站出來鼓吹雙邊主義的優勢。假如美國跨國公司需要國外聯絡人該怎麼辦？可以求助傳統基金會、太平洋論壇、亞洲協會等機構。這些智庫甚至還幫助美國企業與處於美國外交"瞄準鏡"中的國家做生意，例如傳統基金會、美國伊朗關係理事會等。奉行新保守主義的傳統基金會在亞洲尤其活躍，特別是在韓國和中國投入了大筆資金。[5] 最後，如果想要建立大西洋彼岸的關係網，美國企業可以求助美國大西洋理事會，它與國務院和商務部的關係非常緊密。

相較於一般的智庫，某些智庫更為專業化，專注於政府部門和企業之間的溝通。21 世紀前 10 年，有兩個主要機構在這一領域脫穎而出。首先是 1983 年由兩位美國大使和約翰·傑伊·麥克洛伊共同創立的美國外交學會。麥克洛伊曾經是一名銀行家，在參議院外交事務委員會中享有極高的威望。在遴選和提名大使時，他的意見至關重要。美國外交學會的成員都是在華盛頓最具聲望的頭面人物，站在一起就是一部現成的美國《名人錄》，他們卸任後進入私營企業界，並為企業提供諮詢服務。這些人物包括：曾任美國國務卿的亞歷山大·黑格、亨利·基辛格、馬德琳·奧爾布賴特，曾任副國務卿的理查德·李·阿米蒂奇，以及曾任國家安全顧問的桑迪·伯傑。

另一個非常活躍的機構是國際諒解商務委員會，該委員會於 1955 年應艾森豪威爾總統的要求設立，旨在提高美國企業對國際問題的關注和認識。1992 年，美國國務卿勞倫斯·伊格爾伯格要求國際諒解商務委員會對美國大使進行培訓，以便開拓海外市場。國際諒解商務委員會領導着美國大多數軍火製造企業，如波音公司、雷神公司、諾思羅普・格魯曼公司，此外還有 IBM（國際商業機器公司）、摩托羅拉公司、亞致力公司等。

　　智庫、行政部門、企業、情報機構⋯⋯為了幫助美國最大限度地牟取經濟利益，這些機構傾巢而出。怎樣才能應付這樣規模龐大的經濟戰機器呢？難如登天！與空中巴士一樣，許多企業都是在付出慘痛代價後才學到這一課的。

　　2002 年 7 月，中國台灣的中華航空公司宣佈，將選擇一家歐洲供應商以更新其民用機隊。因為空中巴士在技術和財務實力方面都更加出眾，所以波音公司在這場商業戰的第一回合就敗下陣來，但它並未就此放棄。相反，波音公司啟動了政治接力，開始進行反擊。

　　波音公司發動了自己所有的關係網，迫使中華航空公司改變決定。美國國務院副國務卿理查德・李・阿米蒂奇是波音公司負責銷售的副總裁拉里・迪金森的私交好友，作為美國外交領域的二號人物，阿米蒂奇非常了解亞洲，因為他在擔任美國中央情報局特工時曾在亞洲境內進行過大量走訪。隨後，他通過自己創辦的阿米蒂奇諮詢公司成為波音公司的一名説客。[6] 還有三人也發揮了關鍵作用：美國國務院東亞地區負責人、美國戰略與國際問題研究中心太平洋論壇前主席、美國國家安全委員會亞洲事務處前處長詹姆斯・凱利；供職於美國國防部並擔任傳統基金會亞洲事務主管的彼得・布魯克斯，他也曾是中央情報局的成員；美國在台協會的道格拉斯・帕爾，他同樣曾是中央情報局的成員。

　　華盛頓和各智庫紛紛行動起來，向其他國家和地區傳遞一個簡明而有力的信號：選擇波音公司，就等於獲得了美國的保護。弦外之音是，選擇空中巴士就會失去美國的軍事和政治支持。很明顯，對某些國家和地區而言，它們對這些手段毫無招架之力。如果美國人不能在他們所希望的"公平和忠誠"的經濟競爭中享有一席之地，那麼一切都完了。

　　特朗普總統上台後，連智庫也變得多餘了：特朗普政府會直接向各國元首或政府首腦施壓，要求他們支持美國企業。一個典型的例子是伊拉克的電力市場。2018 年 9 月，伊拉克政府有一份標的額達 150 億美元的巨額合同，當時其最青睞的候選者是德國西門子公司。但是特朗普政府毫不猶豫地向伊拉克政府施壓，要求其拒絕德國的報價，將訂單留給美國通用電氣公司。美國方面居然宣稱這個要求是"代表 2003 年以來在伊拉克犧牲的 7 000 名美國士兵提出的"！[7]

發揮餘熱的外交官

　　精英在各個權力圈子之間的流動是為美國霸權服務的一張王牌。先在政府或高層部門工作一段時間，然後進入企業，再到大學教幾年書，然後再進入非政府組織或智庫。這種職業軌跡是絕無僅有的。這一體制所具備的高度流動性非常值得注意。20 世紀 80 年代起，另一種職業機會出現了：諮詢行業。這一時期，政府前雇員紛紛開始建立自己的國際諮詢機構，不僅為企業提供服務，也幫助美國政府制定和調整國際戰略。這一切是怎麼實現的呢？只要打開通訊錄就行了——不費吹灰之力，就有幾百萬美元進賬。

美國外交領域的幾位"老狐狸"促成了這一構想的實施：前國務卿、國家安全顧問亨利·基辛格；列根總統任期內短暫地擔任國務卿的亞歷山大·黑格[8]；前國家安全顧問理查德·V. 艾倫。但這一領域的所有榮耀都應當歸於當之無愧的霸主和先驅者，美國外交領域的"雄獅"——亨利·基辛格。基辛格聯合諮詢公司成立於 1982 年，其創始人基辛格擁有豐富的經驗和廣闊的關係網，並且還在美國外交領域擁有幾乎最長的職業生涯。這家公司專注於東南亞和中國業務。基辛格同時還是保險業巨頭美國國際集團的董事會成員，並與亞洲最大的審計公司之一 SGV、英國經濟情報公司哈克路特進行合作。基辛格的聲譽和周旋能力吸引了許多負有盛名的客戶：可口可樂、IBM、菲亞特、埃克森美孚、波音、默克、摩根大通……

20 世紀 90 年代初，亨利·基辛格取得的巨大成功啟發了美國精英的職業路徑，其後繼者包括：理查德·李·阿米蒂奇（阿米蒂奇諮詢公司）、布倫特·斯考克羅夫特（斯考克羅夫特集團）、卡拉·希爾斯（希爾斯事務所）等。隨後，2000 年起又出現了一股新浪潮：威廉·科恩（科恩集團），桑迪·伯傑（石橋國際公司），馬德琳·奧爾布賴特（奧爾布賴特諮詢公司）……

這些美國前高層政治家在世界各地縱橫捭闔，捍衛美國的經濟利益。他們藉此機會搜集了成千上萬條情報，並將這些情報分享給他們在政府部門和情報機構的聯繫人。

經濟合作與發展組織公約的新世界

自 1997 年經濟合作與發展組織的《反賄賂公約》簽署後，全球範圍內建立起了新的經濟框架。開拓市場的老辦法已經完全過時了。自此之後，如果沒有能對他人施加影響的有效措施，做生意就會變得舉步維艱，甚至完全被拒之門外。如果沒有行政部門、非政府組織、智庫和諮詢公司共同織就的龐大的重要人物關係網的支持，就不可能拿下任何大額合同。這種新環境對美國企業格外有利，它們坦然地棲息在自己長期以來竭力打造的全球關係網中。而歐洲企業卻因為不曾預料到這種變革，在適應全新的地緣經濟局勢時，遇到了許多困難。

忘記陳腐的商業策略吧！企業不能止步於僅在本國銷售產品和（或）服務，並維持生產和研發；它們不能再從位於巴黎、柏林、馬德里或阿姆斯特丹的總部控制全球市場了。它們必須放棄曾經使用的市場調研、發現商機、識別關鍵人物等過時的商業手段。

是時候開始思考新的商業戰略了。市場競爭已經變得越來越激烈，企業必須不斷關注市場的變動，不能錯過哪怕最微弱的信號，因為任何一個信號都有可能預示着日後的大好機會。為了贏得充足的訂單，公司必須找到位於目標市場核心的合作夥伴，與它們簽訂生產和(或)研發協議，考慮進行聯合經營，甚至是併購。

"積極主動，從源頭上發揮深層影響。"這就是美國在新千年來臨之際對商業戰略方針的總結。[9]這種方針主要體現在四個方面：政策、標準、規章和公民社會。這意味着僅僅關注商業機會的被動商業模式已經過時了。成功的企業必須具有廣闊的視野，對社會環境非常敏感，並且能自行製造"依存關係"，如本地投資政策、合營生產、技術轉讓、共同研發等。[10]簡而言之，企業必須通過遠遠超出其傳統使命的干預行為來制定政策，以便為自己的產品和服務培育市場。企業已經迎來"觀念政治"時代，這一術語最早在 20 世紀 90 年代末由美國五角大樓智囊團蘭德公司的研究人員提出。[11]觀念政治是控制知識的藝術，它使知識為權力服務。觀念政治時代的來臨意味着企業需要全面參與商業外交活動。[12]

觀念政治使父輩們的商業腐敗行為完全過時了。如今，依靠與本地精英領導人的緊密聯繫，企業僅需開口要求最好的市場便可。"很明顯，這是政治家、公務員和企業家之間的一種新的利益形式，不涉及金錢往來 —— 通過對經濟基礎的部分接管，再加上直接影響國家金融穩定的能力(尤其是通過對衝基金和媒體的影響力)，便可以形成強大的力量。"[13]

為了優化全球商業網絡，有時需要金融從業者的協助，或者更確切地說，共謀。在間接控制某個公司甚至某個市場時，需要在很大程度上保持隱秘，以避免引起懷疑。例如，金融合作夥伴可能會被分派到去控制目標公司或其分包商的銀行的任務，它還可以為希望重塑行業競爭力或在關鍵領域進行投資的國家提供諮詢服務。為了避人耳目，這類經濟干涉往往發生在私募股權行業，也就是非上市公司內部。因此，從 20 世紀 90 年代末至 21 世紀初，先進技術領域（航空航天、國防、能源、生物技術、交通等）的非上市公司逐漸成為美國投資基金的首選目標，這些基金當中就有令人擔憂的凱雷投資集團。

凱雷投資集團：一隻威脅性的投資基金

進入 21 世紀後，美國投資基金的活動逐漸令法國人感到擔憂。2005 年，法國國防部就此問題組織編寫了一份報告。"繼金普斯事件[14] 之後，收購德國造船廠 HDW 似乎證實了一個假設，即美國制定了一種'有意征服和控制歐洲民用和軍用領域的關鍵工業企業的戰略'[15]。"研究人員提出了一個核心問題：這些美國基金的行為是否意在破壞法國的經濟利益？"似乎並非如此。"報告作者給出了這樣的回答。但是當閱讀這份報告時，你會產生一種與這個結論相反的感覺。尤其要注意在這份報告的結論中，作者呼籲法國進行財務重組，以對抗來自大西洋彼岸的這些基金。

報告的第二部分最為有趣。它介紹了許多基金公司及其高管，以及它們的戰略。這些基金公司包括安佰深集團、賽伯樂資產管理公司、高雷資產管理公司、璞米資本投資公司、黑石集團，以及當時最為活躍的凱雷投資集團。在一份由法國經濟情報機構於

2003 年出具的研究報告中，凱雷投資集團被形容為"一個龐大、神秘的美國組織，其權勢來源於其合夥人及美國當權人物的私人利益和經濟利益"[16]。

　　凱雷投資集團於 1987 年正式成立，是幾位創始人並肩冒險的成果。這些人包括：吉米·卡特的前顧問大衛·魯賓斯坦、併購專家丹·達尼埃洛、工業金融專家小威廉·康威等。成立的前兩年，凱雷投資集團並未大放異彩，它在服務業和餐飲業中參與了一些小規模投資。1989 年，弗蘭克·卡盧奇加入了凱雷投資集團，他在列根政府中擔任國防部長，很多人懷疑他曾作為中央情報局特工參與 1961 年暗殺剛果領導人帕特里斯·盧蒙巴。請注意，卡盧奇曾接管作為中央情報局幌子的西爾斯國際貿易公司，並處理了這家公司的破產事宜。最後，卡盧奇還支持成立了另一隻投資基金，即同樣被法國人視作威脅的黑石集團。黑石集團常常被法國情報界稱為"中央情報局的金融之手"。

　　弗蘭克·卡盧奇的到來為凱雷投資集團開創了一個新時代。小打小鬧的投資自此不見蹤影，全世界都是他的新遊樂場。凱雷投資集團放棄了小額投資，開始涉足高科技企業領域。弗蘭克·卡盧奇吸引來了一些新的頗有聲望的投資者：高盛銀行、英國石油公司、美國國際集團，以及阿布扎比、科威特和迪拜等國主權基金，還有通用汽車公司和波音公司。凱雷投資集團投資入場門檻不斷攀升，上漲到超過 500 萬美元。但它帶來的回報也異常豐厚：平均每年 34% 的收益率！這遠遠高於投資基金的常規水平。

在不到 10 年的時間裡，弗蘭克·卡盧奇就將一家小型本地基金公司變成了一家全球巨頭。2005 年，凱雷投資集團管理着 14 隻基金（美國 7 隻、歐洲 4 隻、日本 1 隻、其他亞州國家 2 隻），每一隻基金的募集規模都超過了 10 億美元。四年後，它的投資對象已經超過了 370 家公司，這些公司的營業額總計達 300 億美元。早期，卡盧奇主要投資國防領域（佔比 60%），但很快，國防就變成了一個較為次要的領域（佔比 10%）。如今的凱雷投資集團活躍於航空航天、電信、能源、金融服務、房地產、醫療保健等行業，在全球 24 個辦事處共有 500 餘名員工。半數員工都是私募股權方面的專家。凱雷投資集團在現存的所有投資基金團隊中擁有最大的規模。

當然，凱雷投資集團沒有上市，它有對其賬戶和業務保密的傳統。因此，這家基金公司的一切都是不透明的。但人們知道它的團隊中有大量傑出人物，如美國前總統喬治·赫伯特·沃克·布殊，美國前國務卿詹姆斯·貝克，英國前首相約翰·梅傑，韓國前總理朴泰俊，菲律賓前總統菲德爾·拉莫斯，美國中央情報局局前局長羅伯特·蓋茨，還包括將軍、高官、波音公司前首席執行官等人。簡而言之，凱雷投資集團的通訊錄長到大概可以繞地球一圈。

很容易想像這樣一張關係網的巨大作用。沒有哪個國家元首或政府首腦是凱雷投資集團成員無法接觸到的。1999 年 5 月，韓國總統接待了以凱雷投資集團顧問身份到訪的喬治·赫伯特·沃克·布殊。2002 年，時任美國台灣商業理事會主席的弗蘭克·卡盧奇毫不猶豫地斥責了中國台灣地區的負責人，因為此人違背了此前曾做出的允許美國通用電氣在台投資核工業的承諾。作為交換，卡盧奇提出了另一個要求：放鬆能源部門的管控，為美國企業提供更多利益。

在那段時期，曾經是特工的卡盧奇是"美國製造"最好的代理商。他尤其關心波音公司的利益，因為這是他最忠實的合作夥伴之一。1990 年，波音公司向凱雷投資集團投資 1 億美元。兩家公司之間的關係非常密切：弗蘭克·施龍智於 1986—1997 年執掌波音公司，此前他曾在尼克遜與福特總統任期內供職於美國國防部，是凱雷投資集團的顧問。波音和凱雷還有生意上的往來，凱雷投資集團通過自己投資的公司 —— 沃特飛機工業公司、斯特萊公司、航空結構公司、仙童半導體公司 —— 為波音提供服務。

再讓我們回顧一下凱雷投資集團與黑石集團之間的聯繫。根據某些信源，美國國防部的一份報告中寫道："凱雷和黑石其實是一回事，它們是兩塊牌子、一套人馬。兩隻基金是由同一個小團體創建的，並受到他們的嚴格管控……這兩隻基金即使不是由中央情報局創建的，至少也是中央情報局用來洗錢及從事其他非法行為的工具或同謀。"[17]

難怪凱雷投資集團會被稱為"商業界的中央情報局"。這隻基金也有自己的情報網。1992 年，它收購了維納爾，這是一家提供軍事諮詢服務的公司。越南戰爭期間，維納爾公司曾在各種可怕的軍事行動中大顯神通。自此之後，該公司一直致力於開展情報培訓工作，尤其是在阿拉伯國家。它甚至還負責監督沙特皇家護衛隊的訓練。1997年，賺得盆滿缽滿的維納爾公司被轉售。兩年後，凱雷投資集團成為美國調查服務公司的戰略和財務合作夥伴，該公司是北美最大的個人安全和調查公司。此外，凱雷投資集團還與一家專門從事經濟、商業和金融情報調查的經濟情報公司——勤奮安保公司保持密切往來。這家公司由美國中央情報局和英國軍情五處的前雇員創立。凱雷投資集團的創始人之一埃德‧馬蒂亞斯就擔任勤奮安保公司的顧問。

依靠凱雷投資集團、黑石集團等全球商業界最為靈通的消息源，美國情報部門可謂受益良多。這些有能力組織數十億美元投資的金融巨鱷是美國開展秘密行動時可利用的寶貴資源，它們在全世界都是獨一無二的。至此，不難理解陳舊的腐敗手段為何已經完全過時了。凱雷投資集團和黑石集團的影響力勢不可當，沒有任何外國競爭者可以與之匹敵。

註 釋

1.　2017年9月在巴黎的採訪。

2.　第12870號總統令。

3.　第12835號總統令。

4.　後更名為彼得森國際經濟研究所。

5. 傳統基金會於 20 世紀 80 年代支持列根總統，後來轉而支持候選人特朗普，為他提供了支持和一些建議。特朗普在推特上承認他採納了傳統基金會 64% 的建議，如退出《巴黎協定》、增加軍費開支、不再資助支持墮胎的國際組織等。Elsa Conesa, "États-Unis : comment la très conservatrice Heritage Foundation avance ses pions", *Les* Échos, 11 juillet 2018.

6. 阿米蒂奇諮詢公司後更名為阿米蒂奇國際公司。

7. Patrick McGee, Ed Crooks, "General Electric Beats Siemens to Iraq Power-Generation Contract", *Financial Times*, 17 octobre 2018. Les deux sociétés finiront par se partager le marché. Patrick McGee, Ed Crooks, "GE and Siemens Sign Agreements for Iraq Power Deals", *Financial Times*, 21 octobre 2018.

8. 其任期為 1981 年 1 月 —1982 年 7 月。

9. 這同樣是某家經濟情報公司在 21 世紀初撰寫的一份機密報告中的定義。

10. 同上。

11. 約翰‧阿爾奎拉和大衛‧朗費爾特。

12. Voir l'article de ces deux auteurs : "The Promise of Noöpolitik", 2007. http://www.firstmonday.org/ojs/index.php/fm/article/view/1971/1846. Consulté en mars 2018.

13. Sorbas von Coester, "Penser au-delà de la convention OCDE", revue Prospective stratégique, n° 10, été 2002. Accessible à l'adresse suivante : http://european-security.com/n_index.php?id=3672. Consulté le 10 jan vier 2018.

14. 一家美國基金公司試圖接管智能儲存卡技術領域的領導者金普斯公司。Voir Nicolas Moinet, *Les Batailles secrètes de la science et de la technologie* : Gemplus et autres énigmes, Lavauzelle, 2003.

15. "La stratégie des fonds d'investissement américains dans les pays de la LOI", mercredi 1er juin 2005, direction des Affaires stratégiques (DAS), ministère de la Défense, p. 2.

16. "Étude sur la stratégie du groupe Carlyle", mars 2003, Datops.

17. "La stratégie des fonds d'investissement américains dans les pays de la LOI", mercredi 1er juin 2005, direction des Affaires stratégiques (DAS), ministère de la Défense, pp. 195−196.

14. 癱瘓的歐洲

"令我觸動的是，自法國巴黎銀行案以來，由於經濟制裁不斷加劇，法國企業越來越希望國家出面保護它們的利益。" 2015 年 1 月 13 日，時任法國外交與國際發展部長的洛朗·法比尤斯告訴貝爾西區的企業家。法國外交部對美國司法插手法國企業事務表示憤怒。幾個月前，法國巴黎銀行向美國司法機構簽發了一張價值數十億美元的支票。因此，這位部長動員部下抵制美國的司法圍獵。幾個月來，他的手下一直在調查此事，但始終未能找到解決方案。沒人能想到有效的方法。法國人被迫繳械，只能逆來順受。應當發動全歐洲共同行動嗎？法比尤斯的團隊想知道歐盟其他成員國的想法。於是，法國駐歐洲各國大使館開始探尋其他國家的態度。結果是，歐洲各國紛紛覺得事不關己。

在歐盟的 28 個成員國中，法國外交部只獲得了 16 個國家[1]的答覆。情況不容樂觀，法國大使館的電報總結稱："儘管某些公司確實遇到了困難，但各國對這一問題的關注十分有限。"[2] 歐盟的多數成員國並沒有對抗美國域外立法的打算，除了英國和愛爾蘭針對這些法律對本國企業的影響表示了強烈關切。德國和荷蘭也意識到了這個問題，因為兩國的銀行也遭受了嚴重損失，但這兩個國家並不將該問題視為優先事項。其他成員國對此相當漠然——誰也沒有嚴肅討論這個問題。親美國家（如羅馬尼亞、瑞典、匈牙利）拒絕抵抗，因為它們害怕得罪遠在大西洋彼岸的庇護者。那些沒有跨國企業的歐洲國家則認為本國可以高枕無憂。還有一些國家，如捷克，則表示自己會遵循美國法。

大多數國家承認 1996 年《歐盟阻斷法案》已經完全過時，不能發揮保護歐盟經濟利益的作用。捷克、斯洛文尼亞和波蘭似乎更贊成對《歐盟阻斷法案》進行修訂。德國人則警告不應進行改革，因為這將向美國盟友傳達負面的信息。歐洲對外行動署和歐盟委員會也持相同的觀點：修訂 1996 年《歐盟阻斷法案》將"構成一個過於強烈的政治信號"，對美國的回應必須更為溫和才行。歐盟委員會希望大西洋兩岸協調一致，請求美國人高抬貴手。畢竟，在制裁伊朗和俄羅斯時，歐盟和美國一向合作無間，那為甚麼不能在監管歐洲企業的問題上達成共識呢？並且，還有另外一個可以處理這些問題的框架：負責金融監管相關議題的金融監管論壇。但美國政府對此置若罔聞。

尤其應當注意的是，不能與美國人正面對抗。如果反應過於強硬，歐盟委員會擔心與美國的衝突會升級。美國可能會重新啟用《赫爾姆斯－伯頓法》和《達馬托法》，並將矛頭指向歐洲經濟體。即便是德國這樣的經濟強國也不想激怒美國。德國承認，美國人有權起訴所有使用美元進行交易的公司。德國人唯一關心的是，不能讓美國將德國企業列入實體名單（受到特別出口許可證的約束），以及特別指定國民（被凍結資產並禁止交易）名單。企業一旦出現在這兩個名單之中，就意味着會被自動驅逐出美國市場。因此，德國方面主張將此事提交世界貿易組織，同時適用1996 年《歐盟阻斷法案》，而不是修改或更新該條例，此外將過去20 年美國通過的許多法律補充進去。

歐洲是分化的：它不準備行動，寧願敷衍拖延，希望暴風雨早日過去。歐盟指望通過對話來平息美國司法界的怒火，但從來不曾試圖從根本上解決美國立法的域外管轄權問題。

發出照會的法國外交部官員對此表示遺憾，因為他們不相信美國心懷善意。他們對歐洲議會放棄修訂 1996 年《歐盟阻斷法案》的想法感到惋惜。在他們眼中，這無異於錯失良機，因為修訂後的《條例》本來有望成為對抗美國的有效籌碼。

如果絕大多數歐洲國家根本沒有反腐敗立法，更不用說阻斷法令了，那麼歐洲該如何自衛呢？然而，關於阻斷法令，歐洲1996 年《歐盟阻斷法案》其實是有相關約束的。應當明確一點：所謂的《歐盟阻斷法案》禁止公司不通過司法協助途徑而直接向外國政府提供經濟情報。愛爾蘭已經具備了這樣的立法，但實際上並沒有執行。在西班牙，這一機制僅適用於西班牙國有企業；

在捷克，有一部保護個人數據的法律可以用於阻斷信息的傳遞；在匈牙利，只有情報部門才有權限這樣做。

法國外交部照會給出的結論是，歐洲國家沒有意識到域外法對自身政治主權和經濟主權的威脅，對此它們不打算還手，也並不在意。"各國給出的回覆表明，它們對美國法域外管轄權的關注有限，即便它會帶來不利的影響。歐洲機構在這個問題上表現出了很大程度的保留態度。"對此，解決辦法是尋求建立巴黎－柏林－馬德里軸心。三個國家可以"邁出第一步"，喚醒歐洲。最後，法國外交部呼籲重啟歐盟和美國的跨大西洋合作，包括全方位合作及專門針對腐敗問題的合作，寄望於促進"各人自掃門前雪"的原則。

是歐洲機構的錯嗎？

歐盟沒有完全盡到它應盡的責任……大概只有一半吧！雖然歐盟於 1996 年制定了《歐盟阻斷法案》，但並沒有完全解決這個問題。它的目的並非質疑美國域外立法的意圖，而只是為了削弱其影響力。"歐盟委員會通過的立法方案，"歐盟委員會法律顧問於爾根·烏貝爾解釋道，"主要是為了削弱美國《赫爾姆斯－伯頓法》第 3 條和第 4 條造成的損害。"[3] 可以說，歐洲的反擊是軟弱無力的：僅僅是為了自保，而不是主動地捍衛自己的權利。

歐盟委員會指出，事實上問題在於成員國自身。現實情況是，歐盟各國很少依據 1996 年《歐盟阻斷法案》來質疑美國的要求。

大部分成員國在其通過時都抱着懷疑的態度。因此，我們可以注意到，歐盟大多數國家並沒有對本國法律做出相應修訂，以使《歐盟阻斷法案》更能發揮效力。"由於我們設法克服了美國《赫爾姆斯−伯頓法》和《達馬托法》的負面影響，所以沒有繼續關注這個問題。"一位歐盟高級官員略帶尷尬地承認道。[4] 域外立法監督委員會（《歐盟阻斷法案》第 8 條）從未成立過，而歐洲企業的罰款卻屢創新高。"我們處於一種缺乏應對之策的境地，"一位歐盟內部接觸過此案的人士表示，"歐盟委員會已經把《歐盟阻斷法案》擱置了。"[5]

企業也是如此。它們從未援引歐洲立法在美國政府或法院面前為自己辯護。它們總是寧願面對歐盟的指責，也不願面對美國的怒火！歐盟委員會承認，一些公司曾向歐盟提出請求以尋求保護，但歐盟委員會僅僅是禮貌地建議它們向自己的國家求助，因為這個問題不屬於歐盟管轄範圍。自 2009 年《里斯本條約》簽署生效以來，負責處理制裁問題的機構一直是歐盟對外行動署，這是歐盟外交與安全政策高級代表領導下的外交機構。

不過，歐盟委員會傾向於由歐盟成員國和歐盟外交機構處理這一問題，探討加強對企業的保護力度的新方案。歐盟委員會建議將美國國會近年來通過的新法律列入 1996 年《歐盟阻斷法案》的附錄，但是這一想法至今沒有實現。這難道不令人震驚嗎？只要通知歐盟理事會和歐洲議會，然後留出兩個月時間供各方提出反對意見即可。[6] 歐盟委員會還曾設想強制要求各成員國將 1996

年《歐盟阻斷法案》的主要內容加入其國內立法當中。首先應當從有管轄權的國家對違反歐盟規則的主體實施制裁開始。歐盟委員會還建議，應當根據《歐盟阻斷法案》的規定組建歐盟域外立法監督委員會，並召開會議。它可以作為成員國之間交流信息的機構，以便確定應對美國域外立法的最佳對策。歐盟委員會提出的第三種方案是實質性加強《歐盟阻斷法案》的效力。這是一個較為漫長的程序，需要由歐盟的三個機構（歐盟理事會、歐盟委員會、歐洲議會）共同決定，可能需要幾個月甚至幾年的時間。這取決於各成員國的意願，並需要歐盟理事會一致通過。可以說，這一方案具有很高的不確定性。

歐盟是否應當考慮向世界貿易組織提起新的訴訟？高級官員對此意興闌珊，因為目前的地緣政治背景與 1996 年歐盟首次提起訴訟時不可同日而語。怎麼可能阻止美國以國際安全的名義對伊朗和敘利亞實施制裁呢？此外，美國也正在妨礙世界貿易組織的正常運作。2018 年夏天，美國否決了爭端解決機構全部三名法官的提名，這一機構相當於世界貿易組織的上訴法院，其職能在於解決當事人之間的商業爭端。因此，不能再惹惱美國人，為唐納德·特朗普退出世界貿易組織增添新的藉口。

歐盟委員會承認自己無能為力，決定把應付美國司法進攻的難題交給各成員國。歐盟委員會沒抱有任何幻想，它深知這場戰鬥早已輸定，歐洲企業只能屈從於最強者的法律。

美國人了解這一點並加以利用。在這個議題上，跨大西洋對話已名存實亡。特朗普政府似乎既不贊成停火，也不贊成與歐盟協商。恰恰相反，每個國家各自解決"家醜"是不可能的。這是法國外交部 2016 年 11 月 18 日的一份照會給出的結論："與美國達成權宜之計，規定每個司法管轄區在各自轄區內依循自己的制度，這顯然是我們期望的，但是這並不現實。"

伊朗 —— 歐盟與美國之間的新爭端

想想歐洲人在 2018 年 5 月 8 日前夕的心態。2018 年 5 月 8 日是美國退出《聯合全面行動計劃》的日期。2015 年 7 月，在奧地利首都，聯合國五個常任理事國（美國、中國、俄羅斯、法國、英國）和德國，與伊朗共同簽署該協議，經聯合國批准後[7]，這一協議解除了對伊朗的經濟制裁，條件是伊朗大幅削減核計劃。

儘管國際原子能機構的多份報告證實伊朗遵守了承諾，但特朗普總統卻選擇出爾反爾。法國、德國和英國能將美國告上法庭嗎？不。2015 年 7 月簽訂的《聯合全面行動計劃》對於可能出現的爭議只規定了兩種情況：六個國家之一對伊朗提出控訴，或伊朗對六個國家之一提出控訴。六個簽署國之間不能彼此提起控訴：無論是英國、法國、俄羅斯、德國，還是中國，都不能在美國退出協議的情況下，將其上訴至《聯合全面行動計劃》針對該情形而設立的特設委員會（即所謂的聯合委員會）。[8] 在法律上，只有伊朗有這種權利，但這種行為會讓協議徹底走向終結，而伊朗並不想冒這個風險。

伊朗向聯合國安全理事會提出了一項訴訟，注意，它要求保障《聯合全面行動計劃》的實施。從理論上講，這是可能的。但現實中，面對美國擁有的一票否決權，這根本起不到甚麼作用。因此，伊朗於 2018 年 8 月又將該案提交聯合國的司法機關 —— 海牙國際法庭。伊朗指責美國公然發動侵略，並譴責美國試圖扼殺其經濟。[9] 海牙國際法庭並未立即針對案情做出裁決，而是對局勢的"緊迫性"，以及美國的某些制裁措施對伊朗人民造成的"不可挽回的損害"做出裁決[10]，於 2018 年 10 月 3 日譴責美國並命令華盛頓立即解除其對伊朗三個領域的制裁：食品和農產品、藥品、民用航空零部件。"法庭一致決定，美利堅合眾國……必須通過它所選擇的方式，消除 2018 年 5 月 8 日宣佈的措施對伊朗伊斯蘭共和國自由出口以下產品所構成的一切障礙：藥品和醫療材料，食品和農產品，為維護民用航空安全所必需的零件、設備和相關服務（尤其包括售後服務、維護、維修和檢查）。"[11] 儘管美國人聲稱法庭無權約束這些問題，但無濟於事。這的確是伊朗外交的一次勝利。

法國法學家俱樂部就美國退出《聯合全面行動計劃》撰寫了一份報告，該報告認為美國此舉是非法的。法律專家呼籲聯合國和國際原子能機構共同採取行動。"可以請國際原子能機構或聯合國大會將此事提交國際法庭，針對美國在伊朗遵守其協議義務的情況下仍退出《聯合全面行動計劃》動機的合法性發表諮詢意見。這種諮詢意見雖然不具備法律約束力，但依然可以為世界貿

易組織的法官、仲裁員、國內法院提供參考。"[12] 換言之，這種
意見可以找出更多的論據，以反對美國法律的霸權邪念。

美國退出《聯合全面行動計劃》不僅引發了布魯塞爾和華盛
頓之間的政治危機，而且再次將歐洲企業置於美國政府的密切關
注之下。唐納德·特朗普撕毀了協議，重新建立起對伊朗的最為
嚴厲的制裁制度。這是"史上最嚴厲的制裁"[13]，禁止美國以及所
有外國的企業與伊朗進行貿易，否則企業將面臨巨額罰款，甚至
被驅逐出美國市場。"我們理解，"美國國務卿邁克·蓬佩奧說，
"重新建立制裁制度以及此後對伊朗政權施加壓力將給我們的一
些朋友帶來財政和經濟上的困難。但是他們必須知道，我們將追
究違犯禁令者的責任。"[14] 來自美國總統本人的威脅則更加直白，
2018 年 8 月初，特朗普總統在推特上發佈了如下信息："任何與
伊朗做生意的人都別想再和美國做生意。"[15]

這個警告足夠清晰明了：歐洲企業必須離開伊朗，否則，它
們就要倒霉了。這相當糟糕，因為歐洲和這個古老的波斯帝國之
間的生意往來，在此前已經復蘇。[16] 歐洲與伊朗的貿易額已經從
2015 年的約 80 億歐元增長到 2017 年的 210 億歐元。在同一時
期，美國和伊朗之間的貿易額卻停滯在 1.8 億歐元止步不前！所
以，全軍覆沒的將是歐洲人。

歐洲各國被警告，如果違犯美國的禁令，華盛頓就要盯上
它們的錢包。就像以往一樣，它們紛紛抗議，但並不採取實際行
動。2018 年 5 月 18 日，在索菲亞舉行的歐洲峰會上，各國表現

得非常團結，但也僅此而已。然後，僅僅過了幾天，分裂的跡象便初露端倪。德國不想與美國正面交鋒。由於德國與美國的貿易順差很大（超過 500 億歐元），它擔心美國採取報復性措施，尤其是在汽車領域。2018 年春天，唐納德·特朗普宣佈其政府已經對汽車領域的問題展開調查，可能導致對歐洲汽車徵收的關稅上升 25%。東歐國家同樣對美國的舉動感到憂慮。波蘭建議考慮美國在伊朗問題上的要求。簡而言之，歐盟成員國之間的團結岌岌可危。

然而，正如法國總統馬克龍所說的，這是"對主權的考驗"。他說，歐洲不希望"與美國進行戰略貿易戰"。歐盟委員會主席讓－克勞德·容克在 2018 年 9 月的國情咨文中則認為，"攸關歐洲主權的時刻已經來臨"。[17] 他承諾將啟用赫赫有名的 1996 年《歐盟阻斷法案》，並考慮為希望繼續與伊朗進行貿易往來的企業提供歐元融資渠道[18]，特別是通過歐洲投資銀行為其融資。[19] 但是，這可嚇不倒前不久通過提高鋼鋁關稅（增幅分別為 25% 和 10%）對歐洲發起貿易戰的特朗普總統。[20]

美國於 2018 年 5 月 8 日宣佈，重新啟動的對伊朗的制裁主要包括兩輪。[21] 首先，2018 年 8 月 6 日起，下述行業的公司必須停止與伊朗的所有往來：黃金、紙幣、貴金屬、半成品金屬（鋁和鋼）、汽車零部件。其次，2018 年 11 月 5 日起，制裁擴大到石油[22]、天然氣、石油化工、海運及造船、金融通信、保險服務等行業。

　　面對美國的單方面決定，歐洲人拿出了他們的秘密武器。2018 年 9 月 25 日，歐盟外交機構負責人費代麗卡·莫蓋里尼在聯合國大會上宣佈，歐盟已經找到了與伊朗保持經濟往來的途徑：特殊目的載體。這是一個頗具技術性的術語，是一種偽裝回到史前時代的經濟解決方案：歐盟建議歐洲企業與伊朗採用以物易物的交易方式。不使用貨幣，也就避開了美元：伊朗可以用石油換取產品。例如，法國可以進口伊朗的石油，並向一家剛剛將其機床交付給伊朗的德國公司支付價款。歐盟希望通過這種方式對"美元病毒"免疫。這種做法嚇到美國人了嗎？美國國家安全顧問約翰·博爾頓笑稱："歐盟雖然言辭有力，但卻執行不力。" [23] 美國國務卿邁克·蓬佩奧承諾，美國會毫不遲疑地進行反制。"我們不會允許歐洲或任何其他人規避我們的制裁。" [24]

　　歐洲是否已經觸及美國敏感的神經？繞開美元無疑是對美國最嚴重的威脅。如果歐洲各國在國際貿易中越來越多地使用美元之外的貨幣進行交易，例如歐元或人民幣，那麼美元可能就會失去其霸權寶座。"這很荒唐，"歐盟委員會主席指出，"歐洲 80% 的能源進口都是以美元支付的 —— 相當於每年 3 000 億歐元，而能源進口其實只有 2% 來自美國。歐洲企業要使用美元而不是歐元購買歐洲飛機，這很荒唐。" [25] 加州大學伯克利分校的經濟學教授巴里·艾肯格林則撰文稱："隨着特朗普政府重新啟動對伊朗的制裁，美元的全球地位將被動搖……依賴美元所造成的慘痛教訓，可能會迫使其他經濟參與者避開美國貨幣。" [26] 走着瞧吧……

註 釋

1. 芬蘭、瑞典、意大利、荷蘭、德國、波蘭、捷克、立陶宛、羅馬尼亞、匈牙利、斯洛文尼亞、奧地利、英國、斯洛伐克、西班牙、愛爾蘭。

2. 引文來自 2017 年 2 月法國外交部的內部備忘錄。

3. Jürgen Huber, "Le dispositif législatif adopté par l'Union européenne pour neutraliser les effets des lois américaines Helms-BurtonetD'Amato-Kennedy", in Habib Gherari, Sandra Szurek (sous la dir.), *Sanctions unilatérales, mondialisation du commerce et ordre juridique international*, Cedin-Paris X Nanterre, Montchrestien, 1998, p. 220.

4. 2017 年 12 月在布魯塞爾的採訪。

5. 同上。

6. 《歐洲聯盟條約》第 290 條。

7. 聯合國安全理事會第 2231 號決議，2015 年 7 月 20 日。

8. 這一流程被稱為 "回撤"（snapback）。

9. "L'Iran appelle la justice internationale à bloquer les sanctions américaines", Challenges/AFP, 27 août 2018. https://www.challenges.fr/monde/moyen-orient/l-iran-appelle-la-justice-internationale-a-bloquer-les-sanctions-americaines_608813.

10. Communiqué de presse de la Cour internationale de justice, du 3 octobre 2018. https://www.icj-cij.org/files/case-related/175/17520181003-PRE-01-00-FR.pdf.

11. 同上。

12. "Le retrait des États-Unis de l'accord de Vienne sur le programme nucléaire iranien : une situation juridique contrastée", Le Club des juristes, synthèse du rapport de juillet 2018, p. 17.

13. 據美國國務卿邁克·蓬佩奧的表述。

14. 2018 年 5 月 21 日在傳統基金會所做的演講。https://www.heritage.org/defense/event/after-the-deal-new-iran-strategy.

15. 2018 年 8 月 7 日的推文。

16. "Des contrats de plusieurs milliards s'envolent avec les sanctions américaines contre l'Iran", *Le Monde*/AFP, 9 mai 2018.

17. Jean-Claude Juncker, "Discours sur l'état de l'Union 2018. L'heure de la souveraineté européenne". https://ec.europa.eu/commission/priorities/state-union-speeches/state-union-2018_fr.

18. 另見雅克·德洛爾研究所關於應對歐洲主權受到的這一挑戰的建議。 Marie-Hélène Bérard, Farid Fatah, Pascal Lamy, Louis Schweitzer, Pierre Virmont, "L'Europe face aux sanctions américaines, quelle souveraineté?", *Policy Paper*, n°232, 23 octobre 2018.

19. 2018 年 1 月 6 日，伊朗被註冊為該銀行的合夥人。但考慮到這種情況將涉及美元交易，歐洲投資銀行最終撤回這一決定。

20. 2018 年 6 月 1 日和 2 日的《回聲報》，以及 2018 年 6 月 2 日的《世界報》。

21. "Frequently Asked Questions Regarding the Re-Imposition of Sanctions Pursuant to t-he May 8, 2018 National Security Presidential Memorandum Relating to the Joint Comprehensive Plan of Action (JCPOA)." 8 mai 2018. https://www. treasury.gov/resourcecenter/sanctions/programs/documents/jcpoa_winddown_ faqs.pdf.

22. 2018 年 11 月 5 日，美國為 8 個國家和地區提供了額外時限，允許它們在 6 個月內繼續向伊朗購買石油。這些國家包括印度、中國、韓國、日本、土耳其、意大利、希臘和中國台灣地區。 Yves Bourdillon, "Pétrole iranien : le gouvernement américain allège ses sanctions", *Les Échos*, 5 novembre 2018. Virginie Robert, "Sanctions américaines contre l'Iran : huit pays exemptés", *Les Échos*, 6 novembre 2018.

23. 2018 年 9 月 25 日的宣言。

24. AFP，2018 年 9 月 26 日。

25. Jean-Claude Juncker, "Discours sur l'état de l'Union 2018. L'heure de la souveraineté européenne". https://ec.europa.eu/commission/priorities/state-union-speeches/state-union-2018_fr, p. 11.

26. Barry Eichengreen, "Le roi dollar est nu", *Le Monde*, 25 octobre 2018.

15. 癱瘓的法國

　　2018 年 5 月 15 日，星期二，下午兩點，法國經濟與財政部預訂了一個很小的場地。會場有近百名記者在等待經濟部長、外交部長的發言。在此之前，從未有這麼多媒體報道經濟戰相關的主題。就在上一週，美國總統特朗普剛剛撕毀了在維也納簽訂的《聯合全面行動計劃》。這一舉動意味着美國將恢復對伊朗的經濟制裁，進而殃及那些不能在 2018 年 11 月 5 日前撤離伊朗的歐洲企業。未撤離的"頑抗者"暴露在美國財政部海外資產控制辦公室的圍獵視線範圍內，面臨支付天價罰款的風險，甚至還可能被美國市場拒之門外。

　　基於此，2018 年 5 月 15 日，媒體想知道法國政府打算如何應對。法國經濟部長布魯諾‧勒梅爾與法國外交部長讓－伊夫‧勒德里昂在當天早上剛接待完大約 60 家為此事憂心忡忡的法國企業。他們是對這些企業進行了安撫，還是告知法國政府對它們的遭遇無能為力呢？媒體想知道答案。

美國將以甚麼名義制裁與伊朗存在貿易往來的外國企業？法國政府會放任不管嗎？它將如何回應？歐盟總部又能做些甚麼？針對記者的提問，兩位部長回答起來含糊其詞。他們僅僅表達了"美國企圖禁止其他任何國家與伊朗之間進行貿易"，以及法國政府對此深感不滿。眾所周知，跨大西洋夥伴關係陷入嚴重危機，歐盟與美國之間存在根本性政治分歧。但是如何解決呢？

在涉及國家經濟利益的問題上，部長們似乎就沒那麼能說會道了。他們提出了一些應對方案，不過有的方案自相矛盾。法國政府一方面對美國的單方制裁提出質疑，另一方面卻寄望於請求美國給予法國企業制裁豁免，並且還要求延長豁免期，以便法國企業能夠有序地撤出伊朗。我們無法理解法國政府的戰略意圖。它是想抵制美國制裁伊朗的決定，還是想最小化這一決定給法國企業帶來的損失呢？

法國政府正在制定一套適用於歐洲、用歐元結算的金融交易機制，以此來規避使用美元進行結算。因為一旦其客戶與伊朗進行貿易，或者更廣泛地說，與任何一個受美國制裁的國家進行貿易，法國的銀行便不能再為其辦理業務。更糟糕的是，為了避免被美國列入制裁名單，法國的銀行在所有合同中加入了一項退出條款：如果客戶堅持與美國黑名單上所列的國家進行貿易，那麼銀行可以選擇銷戶。"這是一種不公平的做法，"奧利維爾·多爾岡律師表示，"銀行可能會因此被起訴。"換句話說，銀行無法禁止其客戶履行在美國禁令的最後期限生效前與伊朗簽訂的合同。但在 2018 年 11 月 4 日之後，銀行可以拒絕發放沒有事先確定用途的貸款。法國政府同時表示，法國國家投資銀行正在研究一個解決方案，以確保法國能繼續與伊朗開展貿易。但這都是白費心思，因為這家使用美元結算機制的銀行的負責人不願意讓他的銀行受到美國的遷怒。"反抗美國的次級制裁，"法國國家投資銀行合規與監督部門的主管卡琳·德莫內表示，"這是一項不可能完成的任務。"[1]

《歐盟阻斷法案》禁止歐洲公司在未經司法機構批准的情況下向外國政府提供信息。但那又如何呢？對於政府來說，這並不構成一項報復措施。使用更加嚴厲的手段懲罰違犯《歐盟阻斷法案》的公司根本無濟於事。然而，2018 年夏天，法國政府在本來有機會通過《商業秘密法》（將歐盟法轉換為國內法）[2] 的時候升級《歐盟阻斷法案》。在最後一刻，法國政府刪去了對為外國司法部門提供信息的公司及其領導人進行懲罰的修正案。

至少，法國政府承諾會更新 1996 年引入的《歐盟阻斷法案》，將美國新的域外法權加入其反制範圍。最後一根救命稻草是創建歐洲的海外資產控制辦公室。從這項措施中依然很難看出一個負責實施歐盟做出的經濟制裁決定的機構能解決燃眉之急。

所以這都是換湯不換藥。近年來這些提議反覆出現在各種報告和國情咨文中，卻從未真正被付諸實踐。國家未能履行其保護義務，至少法國法學家俱樂部是這麼認為的："如果法國政府拒

絕採取任何措施來補償被迫單方面終止與伊朗進行交易的公司，
或拒絕採取任何有效措施來反抗美國對伊朗實施制裁的單方面決
定，將導致捲入制裁風波的法國承擔責任，這會讓美元使用者遭
受不合常規且不公正的束縛。"[3] 要知道法國與歐盟的法律都採納
了《聯合全面行動計劃》中的條款。[4]

那麼向世界貿易組織上訴呢？這不是一個可選項。"絕不能
惹怒美國人，"布魯諾·勒梅爾的顧問私下回答道，"這會讓他們
有藉口退出世界貿易組織。"法國政府更願治標不願治本。然而
這個問題至關重要，因為它事關法國的經濟主權。"這些域外經
濟制裁是不可接受的，"法國經濟部長布魯諾·勒梅爾斥罵道，
"美國絕不應該是世界經濟警察。"[5]

但事實就是如此。美國的舉動影響了法國與伊朗之間的貿易
往來。自從 2015 年簽署《聯合全面行動計劃》以來，法國對伊朗
的出口增長了兩倍，從 5 億歐元猛增到 15 億歐元。所以出口量
很可能回到四年前的水平。

在這些政府官員白費口舌之時，法國企業已經陸續撤出伊
朗。法國石油巨頭道達爾很快宣佈，將在美國禁令最後期限到來
之前，[6] 將其在南帕爾斯天然氣田第 11 期項目的股份轉讓給中國
石油天然氣集團有限公司。南帕爾斯天然氣田日產能約合 40 萬
桶石油當量。與當時道達爾日產 270 萬桶石油當量相比，是非常
可觀的。但是這家法國石油巨頭別無選擇，它 90% 以上的融資
交易都通過美國銀行以美元結算，更不用說美國人在道達爾持有

30% 的股份了。

那麼空中巴士、雷諾、標緻、雅高、賽諾菲這些公司呢？它們也都一一撤離了。2018 年 6 月初，標緻公司宣佈撤出伊朗，2017 年它在伊朗的汽車銷售量達 45 萬輛。15 天後，雷諾（2017 年的汽車銷售量為 16 萬輛）的首席執行官卡洛斯·戈恩宣佈，他的公司將會繼續留在伊朗，但會減少駐留人員、縮小規模，並與美國方面共同研究"甚麼可以做，甚麼不可以做"。[7] 波洛萊、虎立業等企業也都撤出了伊朗市場。就連生物梅里埃這樣的醫療技術公司也屈從於美國，哪怕醫療領域並不在美國的制裁範圍之內，但是問題在於，沒有任何一家銀行願意向該機構提供資金保障，即使是歐元。

"我每天看着各家公司打包走人。"[8] 阿米爾－阿斯拉尼律師惋惜地說道。他是科恩·阿米爾－阿斯拉尼律師事務所的合夥人，也是為數不多在德黑蘭工作多年的人。"歐洲人到處宣揚自己不會坐視不管，然而沒甚麼用，"他補充道，"他們已經雙膝跪倒在目空一切的美國的超級力量面前。"伊朗不值得他們與美國翻臉。畢竟，伊朗市場在規模龐大且無法繞開的美國市場面前不值一提。

但是為甚麼在撤離伊朗以後，這些企業不去美國法院起訴美國政府呢？為了不再受到制裁的威脅，這些企業可以向美國政府提起訴訟，以美國作為《聯合全面行動計劃》的簽署國卻撕毀協議為由，要求其賠償營業額的損失。從理論上講，這樣一項指控是完全可行的。但是實際上，沒有任何一家歐洲企業有過要挑戰美國政府的念頭。

此外，這些撤離的法國企業卻不能保證伊朗人不會起訴逃離其領土的企業。更何況他們還可以訴諸法國法律。巴黎上訴法院[9]和法國最高法院[10]在一家伊朗公司起訴一家美國醫藥公司法國子公司的案件中，就抵制制裁是否可以使損害最小化的問題給出了各自的判決意見。在該案中，伊朗公司認為法國子公司突然中斷所有合作關係導致其遭受巨大損失。兩家法院（巴黎上訴法院與法國最高法院）都支持了伊朗一方，認為美國的域外法權不足以構成法國子公司違約的理由。這個案件是關於美國的一級制裁，也就是說其針對的主體只是美國的企業。由此我們可以預料，法國法院在涉及針對外國企業的次級制裁案件中會採取更加堅定的立場。

目前，歐洲與美國之間的局勢非常嚴峻。由於歐洲與美國的商業糾紛倍增，[11]就連特朗普"最好的朋友"馬克龍也耗盡耐心、怨聲不斷。這位法國總統想聯合歐洲各國共同對抗美國新的挑釁行為。他質問道："難道我們會接受他人制定的規則，甚至是他人的專制嗎？我們選擇與誰進行貿易，這應該由誰來決定？難道是由那些因為如今的國際規則不再符合他們的利益就轉而威脅我們的人來決定嗎？我們選擇在近東和中東建立和平，而其他大國卻選擇了食言。難道我們要向霸權政治屈服嗎？"[12]

法國需要歐洲的支持來捍衛傳統大陸的經濟利益，但是參議院的歐洲事務部在 2018 年 10 月 10 日發佈的一份報告顯示，沒有人真正相信這一點。[13] 芒什省的共和黨參議員、歐洲事務部主席讓·比才認為，美國的單方制裁令人難以容忍。塔爾納省的中間派聯盟參議員、該份報告的作者菲利普·博納卡雷爾表示，美國的對伊制裁"體現了其稱霸世界的政策目標"。[14] 然而，沒人具體回應美國的域外法權帶來的挑戰。只有歐盟的高級代表費代麗卡·莫蓋里尼提出，可以在伊朗和外國企業之間建立以貨易貨的平台，打造一個"特殊目的載體"。從更長遠的角度來看，參議員們希望歐元能在國際貿易中擊敗美元的霸權地位。博納卡雷爾議員承認自己感到有心無力，他認為"這僅適用於歐洲的少數小型企業"。[15]

如果歐盟繼續保持沉默，[16] 法國政府將獨自應對美國的挑戰。自 2018 年 5 月 8 日以來，法國經濟和財政部頻繁地召開各種聽證會，參加人有專家、律師、企業家、經濟情報顧問等。解決辦法陸續浮出水面：加強歐元在國際貿易中的地位，特別是在與伊朗貿易中的作用；支持希望繼續留在伊朗的企業，幫助它們找到不使用美元結算的金融機構合作夥伴……

其中有一個解決辦法特別大膽。法國經濟與財政部正在制訂一項計劃，確保法國可以繼續從伊朗進口石油。怎麼做呢？通過法蘭西銀行從伊朗購買石油，再將其出售給道達爾和其他大公司，並且為這些繼續與伊朗交易的法國企業支付款項。很聰明的做法。一位知情人士表示："美國不敢攻擊像法蘭西銀行這樣的公共機構。那將會被解讀為真正的經濟戰爭宣言。"[17]

結果如何，只有等到將來才能知道。在此期間，現實中的法美關係陰雲漸濃。2018 年冬天，美國司法部的官員被法國金融檢察官辦公室列為"不受歡迎的人"。法國的檢察官不喜歡他們"牛仔式"的辦案方式，並指責他們沒有通過司法協作的正常渠道來獲取法國興業銀行的關鍵信息 [18]，其中一些信息本應由法國警方提供。法國金融檢察官實在是忍無可忍，再也不願與不尊重法國法律的人打交道，於是該案就成為法國檢察官向美國司法部開戰的導火索。

然而，美國政府向法國金融檢察官辦公室提出了一項"誠懇"的建議：兩國攜手處理法國興業銀行的案子，共同起訴銀行，法國還可就罰款金額分一杯羹。僅此一次，美國人願意與他人一起分享戰利品。法國檢察官極不情願地接受了美國的提議。2018 年 6 月初，法國興業銀行被判處向美國司法部、美國商品期貨交易委員會和法國金融檢察官辦公室支付共 13 億美元的罰款，從而就操縱銀行同業拆借利率 [19] 和賄賂利比亞官員 [20] 達成和解協議。法國在這場交易中僅收到 2.928 億美元罰款，不及法國興業銀行所支付罰款總額的 1/4。[21] 當然遠遠不止這些。

11 月 19 日，法國興業銀行發佈聲明稱，該銀行同意向美國政府支付總額為 12 億歐元的罰款，從而了結"對法國興業銀行所涉美元業務的調查。這些業務涉及的一些國家、個人和實體是美國經濟制裁的對象，法國興業銀行的做法違犯了紐約州的法律"。[22] 法國興業銀行被起訴的一個理由是，其曾經違犯了美國制定的針對古巴的禁運令。法國興業銀行因此簽署了一份《延緩起訴協議》，[23] 獲得三年暫緩起訴期，而且必須在 18 個月內向美國提交一份審計報告。[24] 這筆總額 12 億歐元的罰款全進了美國國庫。

此外，美國在 2018 年 6 月將法國興業銀行的部分罰款分給法國政府，是否意味着美國終於開始信任法國的司法機構了？"美國提出的方案，我們必須接受，"一位知情人士稱，"這是與美國政府恢復對話，同時向美方明確法國底線的一次機會。"[25]

現在的問題是，如何讓美國相信法國會嚴懲違規企業，從而也就不再需要美國人動用他們的法律來懲罰法國的企業巨頭。法國外交部的高級官員表示："我們不能指望美國自動地明白這一點，但這不排除在某些情況下，如果美國相信歐洲確實在有效地追究違法公司的責任，就會同意不起訴歐洲企業。"有一點是肯定的，美國不會放慢追捕獵物的腳步：與 2017 年相比，美國證券交易委員會在 2018 年做出的制裁有所加劇，將近 40 億美元的罰款悉數納入囊中。[26] 僅巴西國家石油公司中的一家，就因違犯美國的《反海外腐敗法》而被處以 17 億美元罰款 [27]（列在美國司法部的罰款名單中 [28]）。

因此，法國經濟的繁榮要寄希望於美國承認法國在打擊腐敗方面的努力。[29] 如果美國不肯承認呢？那麼法國將繼續苦思冥想解決方案。2018 年 7 月末，法國總理要求共和國前進黨議員拉斐爾·戈萬 [30] 提交一份報告，研究新的司法對策來保護法國的企業及其管理人。不斷提交新的報告導致具體實施行動的時間一再推遲。

　　此時，法國議員們開始意識到國際經濟關係的殘酷局面。
2018 年 9 月初，大約 40 名共和國前進黨議員試圖推動創建一個
類似美國外國投資委員會的經濟安全議會代表團，[31] 以此更好地
捍衛法國經濟利益、監測可能的風險，同時也為了監督法國境內
的外商投資。這項提議遭到了反對，有些議員擔心經濟安全議會
代表團將會威脅議會咨情代表團的地位。9 月 14 日，法國共和國
前進黨議員瑪麗．萊貝克提出了一項限制經濟安全議會代表團權
力的修正案，並規定禁止向其成員授予安全審查的權力："對方報
告人提出的再修正案旨在明確經濟安全議會代表團權力的行使不
得超過議會咨情代表團的權力範圍，同時經濟安全議會代表團的
成員也無權了解國防層面的機密信息。"[32] 換句話説，如果法國
議會兩院投票通過了這項修正案，那麼經濟安全議會代表團的成
員將無法獲取法國情報部門的機密信息，而這無疑會嚴重限制他
們在保護法國經濟利益方面的監督能力和影響力。顯然，前面的
道路仍舊漫長而曲折……

註　釋

1.　　向歐洲事務委員會參議員發表的聲明。Philippe Bonnecarrère, "Rapport
　　　d'information fait au nom de la commission des affaires européennes, sur
　　　l'extraterritorialité des sanctions américaines : quelles réponses de l'Union
　　　européenne ?", Sénat, 10 octobre 2018, p. 58.

2. 這項法律旨在保護公司的商業信息與技術信息，並懲罰違法者。

3. "Le retrait des États-Unis de l'accord de Vienne sur le programme nucléaire iranien : une situation juridique contrastée", Le Club des juristes, synthèse du rapport, juillet 2018, p. 18.

4. 根據《歐洲聯盟運行條約》第 288 條第 2 項。

5. 對帕特里克·聖–保羅的採訪，《費加羅報》，2018 年 5 月 17 日。

6. 除非法國獲得美國的豁免。發佈於 2018 年 5 月 16 日，星期三。

7. 法國新聞社，2018 年 6 月 15 日。

8. 2018 年 7 月在巴黎的採訪。

9. 巴黎上訴法院，2015 年 2 月 15 日，案號：n°12/23757。

10. 法國最高法院商事庭，2017 年 2 月 8 日，案號：n°15-20.553。

11. 特朗普政府於 2018 年 6 月 1 日決定，對進口自歐盟的鋼鐵和鋁徵收關稅，威脅要對歐洲汽車徵收進口稅，特朗普指責歐洲和日本將美國藥價高昂問題推到風頭浪尖上。

12. 2018 年 5 月 10 日，埃瑪紐埃爾·馬克龍在德國亞琛領取查理曼獎時發表的演講。

13. Philippe Bonnecarrère, "Rapport d'information fait au nom de la commission des affaires européennes, sur l'extraterritorialité des sanctions américaines : quelles réponses de l'Union européenne ?", Sénat, 10 octobre 2018.

14. 2018 年 10 月 10 日，在參議院媒體早餐會上發表的言論。

15. 同上。

16. 2018 年 6 月，法國、德國和英國聯合致信美國，要求美方豁免已進入伊朗市場的歐盟企業。"Iran : Paris, BerlinetLondresdemandentdesexemptions aux États-Unis", Le Figaro/AFP, 6 juin 2018.

17. 2018 年 6 月在巴黎的採訪。

18. 在 2018 年春天，法國興業銀行的三項行為成為美國司法部調查的目標：違反美國對一些國家的禁運令，操縱銀行間同業拆解利率，以及與利比亞主權財富基金之間的糾紛。

19. 操作銀行同業拆借利率：倫敦銀行間同業拆借利率和歐洲銀行間歐元同業拆借利率。

20. 通過行賄非法獲取利比亞主權財富基金的業務。

21. 美國司法部收到 2.75 億美元罰款，美國商品期貨交易委員會因為銀行同業拆借利率案收到 4.75 億美元罰款；美國司法部因利比亞行賄案收到 2.93 億美元罰款。詳情參見法國興業銀行在 2018 年 6 月 4 日的新聞通稿。另可參見美國司法部的公告。https://www.justice.gov/opa/pr/soci-t-g-n-rale-sa-agrees-pay-860-millioncriminal-penalties-bribing-gaddafi-era-libyan.

22. "Société générale conclut des accords avec les autorités américaines mettant fin aux enquêtes relatives aux sanctions économiques et à la lutte contre le blanchiment d'argent", 19 novembre 2018. https://www.societegenerale.com/fr/newsroom/conclusion-accords-autorites-americaines-fin-enquetes.

23. 紐約南區聯邦檢察官辦公室和紐約州地方檢察官辦公室簽署的協議。"Manhattan US Attorney Announces Criminal Charges Against Société Générale SA For Violations Of The Trading With The Enemy Act", 19 novembre 2018. https://www. justice.gov/usao-sdny/pr/manhattan-us-attorney-announces-criminal-chargesagainst-soci-t-g-n-rale-sa-violations.

24. Thibaut Madelin, "Société générale solde ses litiges aux États-Unis", *Les Échos*, 20 novembre 2018.

25. 2018 年 9 月在巴黎的採訪。

26. Laurence Boisseau, "Le gendarme boursier américain a infligé 4 milliards de dollars d'amendes", *Les Échos*, 3 novembre 2018.

27. "Petrobras Reaches Settlement With SEC for Misleading Investors", 27septembre2018. https://www.sec.gov/news/press-release/2018-215.

28. Petróleo Brasileiro SA – Petrobras Agrees to Pay More Than $850 Million for FCPAViolations", DOJ, 27septembre2018. https://www.justice.gov/opa/pr/petr-leo-brasileiro-sa-petrobras-agrees-pay-more850-million-fcpa-violations.

29. 2018 年 9 月初，法國製藥巨頭賽諾菲宣佈與美國證券交易委員會達成和解協議。因涉嫌賄賂，賽諾菲在 2006—2015 年的活動遭到調查，涉及其在哈薩克斯坦、約旦、黎巴嫩、巴林、科威特等國家的子公司。"在此次調查中，公司在新聞稿中稱賽諾菲不承認也不否認公司有任何不當行為。"這並不妨礙賽諾菲向美國證券交易委員會支付 2500 萬美元的罰款，並向其承諾"就加強內部管控的有效性進行為期兩年的自我彙報"。

"Sanofi conclu tun accord avec la « Securities and Exchange Commission» américaine", communiqué de presse, 4 septembre 2018. Voir également le communiqué de la SEC. https://www.sec.gov/news/press-release/2018-174.

30.　《商業秘密法》的專家律師和報告人。

31.　以"推動企業增長與轉型行動計劃"法案中的修正案(第 55 條之三)的形式。http://www.assemblee-nationale.fr/15/projets/pl1088.asp.

32.　http://www.assemblee-nationale.fr/15/pdf/rapports/r1237-tI.pdf, p. 876.

結　論

　　我並不怨恨一無所成或支持 40 年停火協議的人。我也
十分理解那些拒不追隨戴高樂的人。他們偏安一隅，追求紙
醉金迷的安穩日子，美其名曰人文關懷。後來他們吸取教
訓，開始學"聰明"了，漸漸把他們所謂的生活理念灌輸給
我們，荼毒、污染着我們，讓我們學得卑躬屈膝、不思反抗、
逆來順受。

——羅曼·加里《黎明的承諾》

　　自 20 世紀初就有一種罪惡侵蝕着歐洲。這片大陸呈現出強
烈的不適感，自第一次世界大戰以及向美洲大陸苟延殘喘地尋求
保護後，它已失去自信，這種不適在整個 20 世紀蔓延，直至反殖
民浪潮襲來。"顯然，歐洲大陸憧憬着被美國資本供養，"保羅·
瓦萊里寫道，"其政策都是圍繞着這一目的制定的。"[1] 2016 年 10

月，隨着一位億萬富翁入主白宮，歐洲大陸對美國溫情的最後憧憬和幻想破滅了。

然而，唐納德·特朗普並沒有推出甚麼新的政策，他只是延續了之前幾任總統的做法，率先舉全國之力發動經濟戰的並不是他，而是列根、布殊父子、克林頓和奧巴馬。投票通過美國域外管轄法律的也不是他，而是所有之前的美國總統。人們斥責他實行經濟保護主義。誠然，在他的授意下，美國政府於 2017 年通過了 90 項貿易保護主義新措施，世界上所有該類型的措施增長至 467 項，單單美國就佔了 20%。[2]"在所有主張推行貿易壁壘的國家中，美國是唯一在 2017 年比 2016 年通過法令更多的國家。"比 2016 年多了 6 項，比 2015 年多了 4 項。[3]美國在經濟上重整裝備，蓄勢待發。[4]儘管如此，挖掘出經濟戰這一戰斧的並不是特朗普而是諸位前任總統。

幾十年來，美國總統們一直延續着要把歐洲變為美國附庸的政策方針，美國想要把歐洲徹底變為它的軍事、政治和經濟上的傀儡。美國從不掩飾它對歐洲大陸這個美國起源之地的地緣戰略上的野心。美國前總統吉米·卡特的顧問茲比格涅夫·布熱津斯基在其著作《大棋局》中就詳細概述了這一點。為了維持世界霸主地位，阻止任何競爭者的崛起，美國在對外政策上需要保證三點："避免其附庸國之間產生摩擦，並保持它們在國家安全上對美國的依賴；一些敏感問題讓它們自行決定；阻止激進派組成反對聯盟。"[5]歐洲也一直扮演着被馴服的附庸的角色。激進派主要指的是俄羅斯。早在很久之前彌撒結局已然注定，但歐洲精英們卻總是裝聾作啞。直到另一種壓力出現了，那就是美國的域外管轄法律。"這種域外司法政策，"法國共和黨議員布魯諾‧赫達約寫道，"可以達到一箭雙雕的目的。首先是外交層面，使用如此手段將美國法律強加於歐洲國家，使其進一步淪為美國附庸。伊朗就是一個值得吸取教訓的例證……此外是經濟層面，這種政策旨在向美國企業的主要競爭對手處以巨額罰款，以此方式削弱它們。"[6]

現在，美國的目標沒有變，變的只是方式與方法。在財稅改革的促進下，特朗普解凍了美國企業海外被凍結的 1.4 萬億美元，並承諾對回流美國的資本只收取 15.5% 的稅。他授意企業在歐洲市場上搜刮搶掠。繼阿爾斯通和德希尼布這兩大法國工業支柱深陷美國司法機構的泥淖，而不得不破大財免災後，厄運又將會降臨到誰的頭上呢？

在法國政府默許下建立起來的這堵橫亘大西洋的牆能否幫助法國遮風避雨呢？2018 年 2 月，法國總理愛德華‧菲利普宣佈，擴大蒙特伯格法令的執法範圍，該法令旨在保護外商投資的法國戰略資產，並賦予國家組織相關方協商談判的權力。它涵蓋了新興科技（人工智能）、空間、數據資源存儲、微電子技術和金融市場的技術基礎領域。[7] 法國也應鞏固在某些敏感企業中持有的"黃金股"（或"特殊股份"），這些股份賦予國家在某些企業戰略決策（研發部門位置、知識產權轉移、投標流程等）中擁有監管權和否決權。但法國如何能螳臂當車？

德國總理安格拉・默克爾對唐納德・特朗普 2017 年 5 月 26 日和 27 日在意大利西西里 G7 峰會上的發言表示認同，翌日即宣佈："我們完全依賴別人的日子已經過去了。作為歐洲人，我們應該將自己的命運掌握在自己的手裡。"[8] 兩大陸間的鴻溝自此顯露無遺。但誰可擔當捍衛歐洲經濟利益這一重任呢？歐洲人是否幻想着美國人的核保護傘也能保護歐洲的經濟利益呢？歐洲理事會主席唐納德・圖斯克在 2018 年 5 月索菲亞峰會開幕式上隱晦地表示："實話實說，歐洲要感謝特朗普總統，因為正是他打破了我們的所有幻想。他讓我們意識到只有自己動手，才能豐衣足食。"

如果特朗普沒有當選又該如何？歐洲是否能繼續幻想尋求美國的庇護，抑或自己終將掌握自己的命運？在那些天真幼稚的歐洲領導人看來，這些問題尚且有待商榷，殊不知他們只是美國股掌間甚至是全球化浪潮中"有用的傻瓜"。

特朗普的意圖昭然若揭。他認同甚至宣揚新自由主義最陰暗的一面：人人為己，自私自利。這種毫無底線、瘋狂競爭贏得世界上霸主地位的做法讓幼稚天真、憧憬美好的歐洲人看不到任何希望，也迫使歐洲企業甚至歐洲國家不惜弄虛作假、訴諸暴力來保護並贏得市場份額。法律只是美國的一種手段，它雖不是唯一一種，但效率卻毋庸置疑，特別是用來對付那些依然相信法律公平正義並多年來忽視其對經濟致命影響的歐洲人。

特朗普逼着其他國家走上角鬥場。"這就是個老小子的伎倆，"一位美國官員說，"他重重給你一拳，如果你還擊，他就會問：'咱們還是不是哥們兒？'有的國家做出反擊，特朗普就退讓了。而反觀歐洲，卻徒勞地向特朗普反覆示好，結果只是一無所獲。"歐洲精英們不能再迴避觸及國際經濟關係本質和發展方面的論戰了。暴力不能壟斷政治，貿易也並不總能緩解國家間的觀念衝突。真相已為歐洲敲響警鐘。如果歐洲不想繼續對這位不可結交的特朗普只進行口頭上譴責，而是想要言行一致、身體力行地抵制乃至衝破美國司法和經濟桎梏；如果歐洲不再履行與伊朗的協議並公開放棄其在伊朗的企業，結局將是注定的：歐洲將不復存在。如果歐洲昂首挺胸，對美國這位歐洲盟友發起還擊，那將證明歐洲模式才是正確的，因為公道高於法律。

2018 年 12 月 17 日

於巴黎

註 釋

1. Paul Valéry, "Notes sur la grandeur et décadence de l'Europe", in *Regards sur le monde actuel*, Folio-Essais, Gallimard, 2017, p. 28.

2. "Protectionism. Trade Wars Reloaded", étude Euler Hermes, février 2018.

3. 同上。

4. Robert D. Blackwill, Jennifer M. Harris, *War by Other Means. Geoeconomics and Statecraft*, Belknap/Harvard, 2016.

5. Zbigniew Brzezinski, *Le Grand Échiquier. L'Amérique et le reste du monde*, Hachette Pluriel, 2002, p. 68.

6. BrunoRetailleau, "L'Europe doit riposter à l'impérialisme juridique américain", *Les Échos*, 16 octobre 2018.

7. 蒙特伯格法令（2014）與前經濟部長阿爾諾·蒙特伯格早先許可的外國投資項目相關，它擴大了 2005 年第 1739 號法令在以下領域的職權：能源、水利、運輸、公共健康、電子通信。 2018 年頒佈的"推動企業增長與轉型行動計劃"進一步強化了該法令，而 2005 年第 1739 號法令第一款也明確提出要保障國防安全。

8. 2017 年 5 月 28 日，德國基督教社會聯盟黨在巴伐利亞州的一次會議。

9. "For European Firms, Resisting American Sanctions May Be Futile", *The Economist*, 19 mai 2018. Non signé.

責任編輯　　楊克惠
書籍設計　　彭若東
排　　版　　周　榮
印　　務　　馮政光

書　　名　　隱秘戰爭
叢　書　名　　焦點
作　　者　　阿里·拉伊迪 (Ali Laïdi)
譯　　者　　法意
出　　版　　香港中和出版有限公司
　　　　　　Hong Kong Open Page Publishing Co., Ltd.
　　　　　　香港北角英皇道 499 號北角工業大廈 18 樓
　　　　　　http://www.hkopenpage.com
　　　　　　http://www.facebook.com/hkopenpage
　　　　　　http://weibo.com/hkopenpage

香港發行　　香港聯合書刊物流有限公司
　　　　　　香港新界大埔汀麗路 36 號 3 字樓
印　　刷　　中華商務彩色印刷有限公司
　　　　　　香港新界大埔汀麗路 36 號中華商務印刷大廈
版　　次　　2020 年 1 月香港第 1 版第 1 次印刷
規　　格　　16 開 (154mm×230mm) 296 面
國際書號　　ISBN 978-988-8570-91-1

Originally published in France as:
Le droit, nouvelle arme de guerre économique by Ali Laïdi
© Editions Actes Sud, France 2019
Current Chinese translation rights arranged through Divas International, Paris 巴黎迪法
國際版權代理